ANHUI SHIFAN DAXUE WANJIANG XUEYUAN YUANSHI (2003—2015 NIAN)

安徽师范大学皖江学院

院史（2003—2015年）

主　编　王世华

副主编　闫蒙钢　李子华　戴长江

安徽师范大学出版社

·芜湖·

图书在版编目(CIP)数据

安徽师范大学皖江学院院史:2003—2015年/皖江文化系列丛书编委会编.—芜湖:安徽师范大学出版社,2017.6

ISBN 978-7-5676-3183-0

Ⅰ.①安… Ⅱ.①皖… Ⅲ.①安徽师范大学皖江学院－校史 Ⅳ.①G649.285.4

中国版本图书馆CIP数据核字(2017)第319679号

安徽师范大学皖江学院院史(2003—2015年)

皖江文化系列丛书编委会　编

责任编辑:辛新新

装帧设计:任　彤

出版发行:安徽师范大学出版社

芜湖市九华南路189号安徽师范大学花津校区

网　　址:http://www.ahnupress.com/

发 行 部:0553-3883578　5910327　5910310(传真)

印　　刷:江苏凤凰数码印务有限公司

版　　次:2017年6月第1版

印　　次:2017年6月第1次印刷

规　　格:710 mm × 1000 mm　1/16

印　　张:18.75　　插页:18

字　　数:370千字

书　　号:ISBN 978-7-5676-3183-0

定　　价:78.00元

◆ 安徽师范大学皖江学院院徽、院旗、院训

学院院徽

学院院旗

学院院训

◆ 安徽师范大学皖江学院历任董事长

蒋玉珉（2005—2010年，任学院董事长）

王伦（2011年至今，任学院董事长）

◆ 安徽师范大学皖江学院历任、现任党委书记

王世华（2005—2012年，任学院党委书记）

闫蒙钢（2012—2014年，任学院党委书记）

马三保（2014年2月至今，任学院党委书记）

◆ 安徽师范大学皖江学院历任、现任院长

王世华（2005—2012年，任学院院长）

闫蒙钢（2012—2014年，任学院院长）

李子华（2014年至今，任学院院长）

◆ 安徽师范大学皖江学院历任、现任领导班子合影

学院第一任领导班子合影

（左起：张先云　闫蒙钢　王世华　孙利平　李裕鑫）

学院第二任领导班子合影

（左起：叶旭萍　李子华　闫蒙钢　李裕鑫　俞晓红）

学院第三任领导班子合影

（左起：叶旭萍　李子华　马三保　王传辉）

◆ 学院风光

学院大门（院名由首任院长王世华亲笔题写）

学院图书馆

迎宾大道

艺术长廊

孔子铜像

学院田径运动场

学生食堂

◆ 关怀与期望

2007年11月14日，联合国人事司副司长翁盈盈女士（左）应院长王世华（右）的邀请访问学院

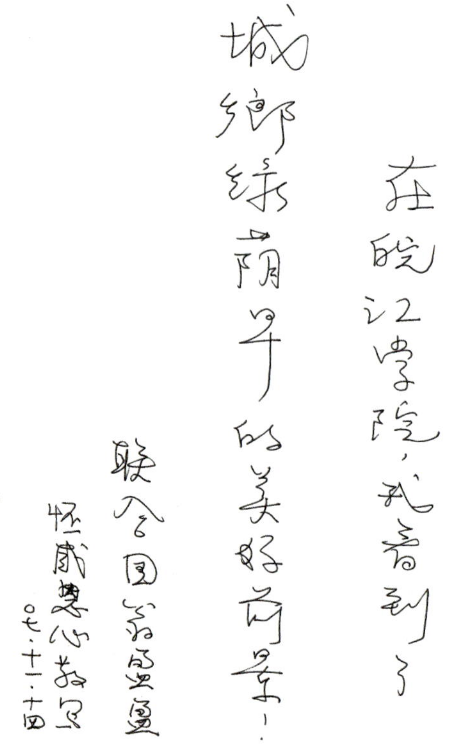

联合国人事司副司长翁盈盈女士题字

2007年11月2日，安徽师范大学党委书记吴良仁（左）莅临皖江检查指导工作。图为院党委书记、院长王世华（右）陪同吴良仁深入学生食堂，了解学生食堂饭菜味道、价格等情况

2011年4月12日，安徽省委第五巡视组组长夏望平（中）率领全体巡视组成员莅临皖江，了解学院改革与发展情况。图为安徽师范大学校长王伦（左）、皖江学院院长王世华（右）陪同夏望平一行巡视校园

2012年5月4日，安徽师范大学党委书记顾家山（前排左）在校党委组织部部长毕明福（后排左，现任安徽师范大学副校长）的陪同下莅临皖江，指导学院迎接学士学位授予权评估工作。图为党委书记、院长闫蒙钢（前排右）向顾家山一行介绍学院“七彩皖江——皖江学院办学成果展”

2013年3月25日，省文化厅党组书记、厅长杨果（左2）莅临皖江，参观并指导学院美术系承担的安徽省重大历史题材创作工程。图为著名画家巫俊（左3）向杨果及陪同的院领导介绍正在创作中的油画《皖江第一桥》和《工业巨子周学熙》

2015年4月11日，省教育厅高教处处长（现任教育厅副厅长）储常连应邀莅临皖江，纵论创建地方应用型高水平大学的方针和路径

◆ 历史瞬间

2005年下半年，安徽师范大学委派王世华（中）率领（左起）侯超、戴长江、张钢、周淑芳开启安徽师范大学皖江学院独立办学之路

2006年12月14日，中国科学院南京紫金山天文台研究员、行星天文学家王思潮应邀为皖江学子作《UFO与地外文明》的报告

2011年1月13日，学院召开年度工作务虚会。院党委书记、院长王世华提出四点希望：一要注重应用型复合型人才培养，二要进一步做好师资队伍建设；三要增强自身造血功能；四要认真思考大学的使命，要重视人的教育

2012年5月18日，以安徽财经大学副校长王建刚教授为组长的省学士学位授予权评审专家组莅临皖江，对学院学士学位授予权进行评审

2012年11月14日，著名笛箫演奏艺术家罗守诚为学院师生作“中国吹管乐经典作品赏析”报告

2013年9月9日，学院聘任合肥工业大学巫俊先生（左）为特聘教授。图为学院党委书记、院长闫蒙钢（右）为巫俊先生颁发聘书

2013年9月9日，学院聘任安徽师范大学陈文忠先生（右）为特聘教授。图为学院党委书记、院长闫蒙钢（左）为陈文忠先生颁发聘书

2014年4月2日，香港孔教学院院长、世界儒商联合会会长汤恩佳先生（左）向学院捐赠孔子铜像。图为汤恩佳先生与安徽师范大学校长、学院董事长王伦（右）共同为铜像落成揭幕

2014年4月2日，香港孔教学院院长、世界儒商联合会会长汤恩佳先生（中）为学院题写院训。院党委书记马三保（右）、院长李子华（左）与汤恩佳先生合影留念

2014年11月4日，台湾敏惠医护管理专科学校校长叶至诚（左三）和台湾实践大学副校长丁斌首（左二）、教务长蔡博文（左一）一行访问皖江。图为院领导马三保（右三）、李子华（右二）、叶旭萍（右一）与来访客人合影留念

2014年11月30日，学院首次召开青年教师队伍建设工作会议

2015年5月30日，学院首次召开实践教学改革暨实习基地建设研讨会

2015年11月25日，由中共安徽省委教育工委、安徽省教育厅主办的“纪念中国人民抗日战争暨世界反法西斯战争胜利70周年安徽省高校合唱展演”在合肥举行，学院合唱队作为全省唯一一所独立学院代表队参加现场演出

皖江学子纪律严明

皖江健儿奋力拼搏

“外语之角”

2014年10月，学院举办“新生18岁成人礼”，皖江国学社演绎古代女子笄礼

◆ 获 奖 证 书

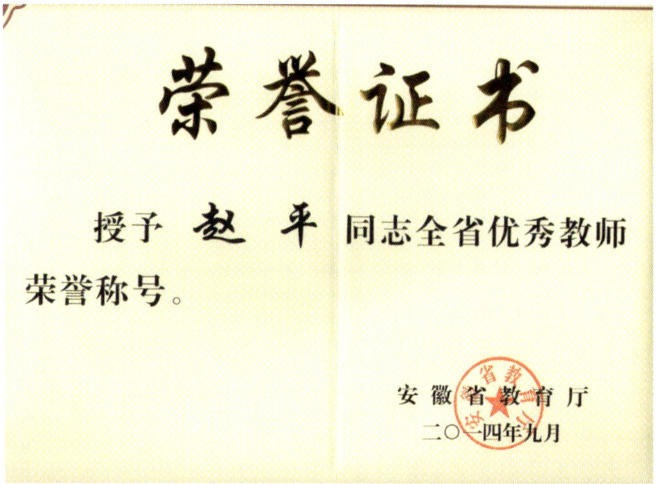

2014年9月，学院思想政治理论课教研部主任赵平教授荣获“全省优秀教师”荣誉称号

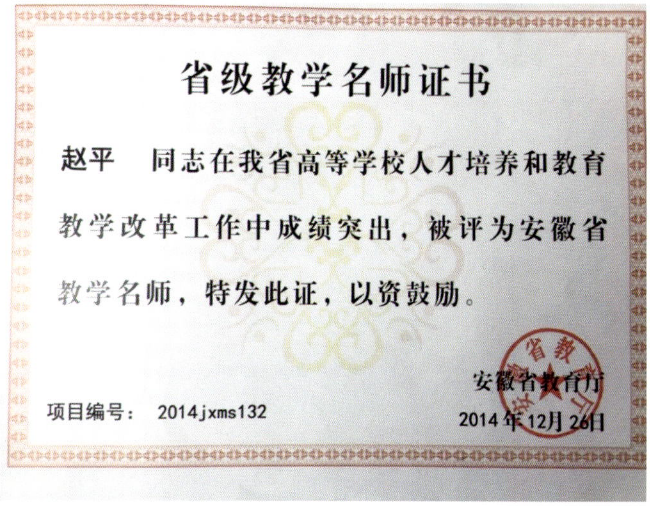

2014年12月26日，学院思想政治理论课教研部主任赵平教授荣获“安徽省教学名师”荣誉称号

2014年1月9日，安徽省人民政府为在我省经济建设和社会发展做出突出贡献的外国专家颁发第十三届“黄山友谊奖”证书。学院乌克兰外教Tamila Zakharchenko（塔密拉·扎哈尔千科）获此殊荣

2011年4月16日，学院喜获安徽省首届动漫大赛“金喜鹊”奖杯

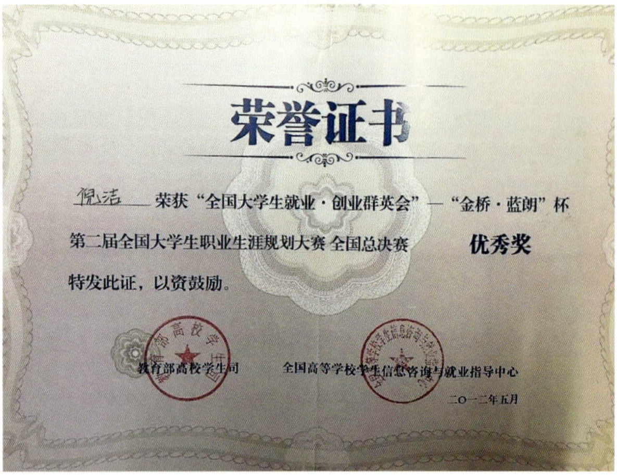

2012年5月，广播电视学专业2010级学生倪洁获第二届全国大学生职业生涯规划大赛全国总决赛优秀奖

2015年12月，网络工程专业2013级学生朱慧慧（中）荣获第八届安徽省青年模特大赛冠军

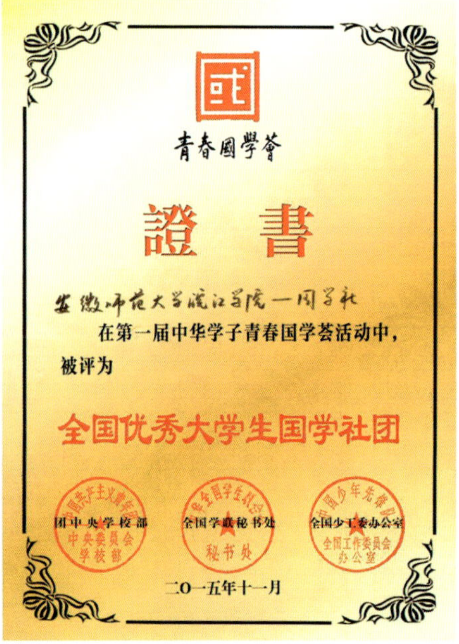

2015年11月，皖江国学社获“全国优秀大学生国学社团”荣誉称号

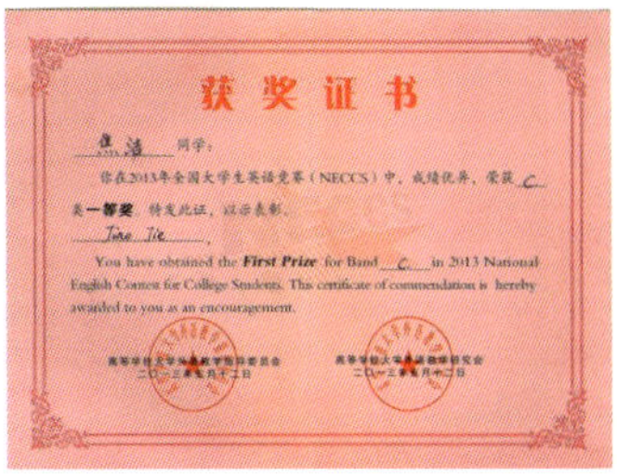

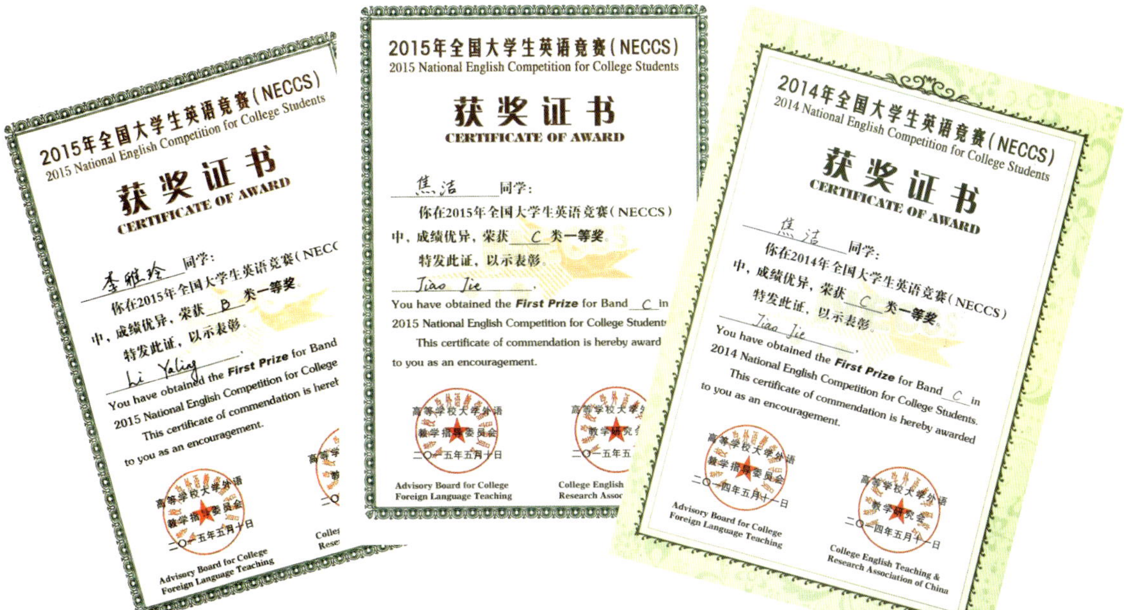

皖江学子参加国家级赛事获奖证书一瞥

◆ 安徽师范大学皖江学院教职工全家福

2015年9月10日，在第31个教师节之际，学院近300名教职工欢聚一堂，合影留念

皖江文化系列丛书编委会

本书编写组

主　编：王世华

副主编：闫蒙钢　李子华　戴长江

其他成员（按姓氏笔画排序）：

马三保　王　灿　王光煜　方　新　朱小丽

刘　昊　刘　巍　张　钢　周新胜　周淑芳

侯　超　曹　莉　章敬峰

总　序

大学文化是一所大学生存、发展的根基，是大学个性特征的重要标志，也是学校的精神资源、无形资产和核心竞争力的重要组成部分。大学文化具有崇尚学术、理性批判、追求真理、自由包容、多元开放等特征，不仅发挥着育人、凝聚师生的学校功能，还发挥着传承人类文明、增强创新意识、引领社会发展的社会功能。加强大学文化建设，努力构建具有历史传承、时代特征和学院特色的文化体系，对不断增强师生的凝聚力和向心力，促进师生的健康发展和人格塑造，全面提升人才培养的质量和办学水平，具有重要的意义和深远的影响。

长期以来，安徽师范大学皖江学院紧紧围绕“立德树人”这一根本任务，牢固树立以文化建设引领学院发展的理念，根据学院的办学方向、人才培养目标和学生的自身特点，以“全面育人，全程育人，全员育人，全情育人”为要求，以“生命、生活、生涯”教育为内容，以学生“成长、成人、成才、成功”为目标，研究制订了《安徽师范大学皖江学院文化建设方案》，积极开展丰富多彩的校园文化活动。先后开辟皖江大讲坛、人文之光、皖江学子大讲堂等文化交流阵地；确定院徽，确立院训——厚德、开物、自强，凝练皖江精神——革故鼎新的创新精神、笃学尚行的实践精神、上善若水的包容精神、自强不息的拼搏精神；将孔子铜像落户校园；深入开展“皖江200”学生课外阅读活动；开展开学典礼、新生成人礼、学业颁奖典礼、毕业典礼，迎新生·迎新年晚会、体育运动会、欢送毕业生晚会“四礼三会”校园文化活动，形成了以文育人、以文化人的浓郁氛围。

为回顾办学历史，总结办学经验，凝聚精神力量，学院研究决定出版“皖江文化系列丛书”，主要包括《安徽师范大学皖江学院院史（2003—2015年）》《我在皖江听讲座——皖江大讲坛荟萃》《我在皖江话成长——安徽师范大学皖江学院优秀学子事迹汇编》《我在皖江话读书——安徽师范大学皖江学院学生优秀读书笔记汇编》《我在皖江画成长——安徽师范大学皖江学院视觉艺术系学生优秀作品集》，以期固化文化建设成果，满足师生日益增长的文化需求，进一步提升学院的影响力和美誉度。

在丛书编写及出版过程中，得到了各级领导、有关专家、部分师生和安徽师范大学出版社的大力支持、指导和帮助，谨此一并表示诚挚的敬意和衷心的感谢！限于时间和水平，丛书中多有疏漏和不妥之处，敬请大家指正并予海涵。

皖江文化系列丛书编委会

2016年10月

前　言

独立学院是20世纪90年代末为顺应我国经济社会发展趋势，加快高等教育大众化进程而出现的新生事物。为了满足广大群众日益增长的对接受高等教育的需要，2003年初，安徽师范大学时任领导不失时机，凝聚共识，积极申办“安徽师范大学皖江学院”（以下简称“皖江学院”）。皖江学院的创办成功，是安徽师范大学为全省教育事业发展和美好安徽建设做出的又一贡献。

2015年是皖江学院成立第12年（独立办学第10年）。学院组织力量编写《安徽师范大学皖江学院院史（2003—2015年）》，回顾办学历程，总结办学经验，展现皖江风貌，促进学院发展，并以史鉴今、以史励人、以史育人。

独立办学十年来，皖江人上下求索、明确目标。学院在安徽师范大学党委和皖江学院董事会的领导下，高举中国特色社会主义伟大旗帜，以马克思列宁主义、毛泽东思想、邓小平理论、“三个代表”重要思想、科学发展观为指导，深入贯彻落实习近平总书记系列重要讲话精神和治国理政新理念新思想新战略，紧紧围绕“立德树人”这一根本任务，全面贯彻党的教育方针，切实遵循高等教育规律，凝心聚力抓建设，一心一意谋发展。学院创办伊始，以“依托母体，立足地方，错位发展，强化应用，凸显特色”为战略定位，坚持“扩大规模与提高内涵同时并举，规范办学与深化教改双管齐下”的工作方针，形成了“深化教改，强化特色，提高质量，创建品牌”的办学思路和确定了“厚基础，重应用，强技能”的高级复合型、应用型人才培养目标。后来，为响应教育部提出的地方普通本科高校向应用型高校转变的要求，适应经济社会发展对人才培养的现实需求，学院在认真总结办学经验的基础上，进一步明确了办学目标和人才培养目标定位，即：努力将学院办成全省领先、全国有影响、特色鲜明的应用技术型高等院校，着力培养“明明德，厚基础，强技能”的高素质应用技术型人才。皖江学院独立办学10年间，共为社会培养本科应用技术型人才10 208名。

独立办学十年来，皖江人筚路蓝缕、艰辛创业。学院从创办初期的4个专业扩大到46个专业，初步形成了信息工程类、金融财经类、语言艺术类、现代服务类、设计传播类、工商管理类6大专业群；在校生规模从当初的315人扩大到8 621人，形成了以皖江校区为主、花津校区和赭山校区为辅的三校区办学格局；自聘教职工从20多人增加到216人。学院围绕办学目标，以教育思想观念更新为先导，以培养学生创新精神和实践能力为核心，以修订人才培养方案为抓手，推进了学分制、课程体系、教学内容、实践教学、课程考核、公共基础课和教学管理体制等一系列改革，建立了院、系（部）两级教学质量监控体系和以系（部）为重心，教务处、学生处等多部门联动的学风建设管理体制。学院以学生的“生命、生活、生涯”教育为内容，以促进学生“成长、成人、成才、成功”为目标，秉持“全面育人、全程育人、全员育人、全情育人”的理念，推进学生管理工作机制改革，形成了“分区建设、分级指导、分类管理”的新思路，探索了“互联网+学生教育管理”的新模式。学院根据办学实际，坚持“不求所有，但求所用”的原则，构建了多元化用人机制，初步建立了一支基本满足教学需要、多渠道、多类型、多层次的师资队伍。学院以社会主义核心价值观为引领，以传承创新中华优秀传统文化为抓手，着力打造具有社会主义特点、时代特征和学院特色的校园文化品牌。先后明确了学院价值观，确立了院训，凝练了皖江精神，开辟了文化广场，迎请孔子铜像落户皖江，创新“四礼三会”仪式教育，开设“皖江大讲坛”“皖江学子大讲堂”“‘人文之光’校园文化活动”，开展“皖江200”大学生课外阅读活动等，形成了以文育人、以文化人的办学特色。2012年，学院顺利通过安徽省学位委员会专家组实地考察评审，增列为学士学位授予单位。

独立办学十年来，皖江人务实创新、励精图治。随着办学规模的不断扩大，学院根据独立学院的特点，积极推进内部管理机构建设与改革，探索实施“扁平化”管理，推行“一人多岗，一岗多责”的主岗、辅岗用人模式。从创建初期的综合办公室、教务办公室、总务办公室、财务办公室、团学办公室和5个系，发展为2015年的10个党政管理机构、11个教学机构、2个教辅机构和2个群团组织，基本形成了符合现代大学制度和治理结构、运行平稳顺畅、集约高效的管理体制和运行机制。学院不断加强党的建设，建立了党委、党总支、党支部三级组织机构，完善了党政联席会议制度，规范了“三重一大”等议事决策规则，建立并严格执行党委中心组学习制度，加强了干部队伍建设和教育，强化了党对宣传文化工作和群团组织的领导，党的凝聚力、战斗力持续增强，学生思想政治工作的针对性、实效性显著提升，一支党性观念强、敬业精神足、工作作风实、结构相对合理、富有朝气、充满活力的管理骨干队伍已基本形成。学院大力开展规章制度体系建设，逐步完善人事管理、收入分配、资源配置等制度，初步建立起了一套符合独立学院特点、“任务链”完整明确、“执行链”畅通高效的管理考核办法，学院的核心竞争力、内在向心力和外部影响力已获得社会的广泛关注和高度好评。

书十年办学历史，成汗青以勖后人。纵观皖江十年独立办学历程，物换星移，世事更迭，但始终不变的是皖江人心系人才培养的情怀，心系民族未来的使命感以及由此而形成的创新创业精神。传承这种精神，继承这笔财富，是今天每一名皖江人的责任和义务。面对新时代、新任务和新要求，学院根据办学目标和工作实际，紧紧围绕人才培养这一中心工作，不断完善专业人才培养和学生人格教育两个方案，充分发挥党建统领、文化引领、部门督领三大功能，牢牢把握报到率、就业率、考研率和专业技能达标率四项关键指标，大兴务实之风，笃行创新之举，共创皖江学院更加美好的明天！

本书编写组

2017年6月

目　　录

第一章　顺应大势，破茧而出

（2003.1—2005.6）

第一节　概　述

独立学院是顺应我国经济社会发展趋势尤其是我国高等教育发展趋势应运而生的新生事物，它的出现有着深刻的时代背景。

1979年以来，我国实行改革开放，社会经济呈现出蓬勃发展的局面。经过20年的奋斗，到1999年我国GDP（国民生产总值）达1.65万亿美元，排名全球第七。经济的发展自然对各类人才有了较大的需求，而我国当时的高等教育并没有突破性的发展，成为经济社会发展的“短板”，已不能很好地适应时代发展的需要。

毋庸讳言，当时我国高等教育规模太小。美国教育社会学家马丁·特罗把高等教育的发展划分为三个阶段，即精英阶段（入学人数占适龄人数的比例低于15%）、大众阶段（入学人数占适龄人数的15%—50%）和普及阶段（入学人数占适龄人数的50%以上）。按照这一观点，西方大多数国家在20世纪60年代至70年代实现了高等教育的大众化，并逐步向普及阶段迈进。根据联合国教科文组织提供的数据，1998年世界高等教育适龄人口的平均毛入学率为18.8%，其中发达国家为40.2%，发展中国家为14.4%。而我国1998年的高等教育毛入学率仅为9.2%，低于发展中国家的平均水平，距离高等教育大众化的最低标准（适龄人口毛入学率15%）还有相当的差距，仍然处于精英教育阶段。

更值得关注的问题是，当时我国高等教育适龄人数（18—21岁）的高峰期即将到来。2006—2010年，年均高等教育适龄人数达8 955万[①]。所以，人民群众不断增长的教育需求同教育供给特别是优质教育资源供给不足的矛盾是当时我国教育发展面临的主要矛盾。

为了有效化解这一矛盾，尽快满足经济社会快速发展对各类人才的需求，高等教育必须扩大规模。所以，自1999年起，我国高校开始了大规模的扩招，从1998年全国普通高校招生108万人，到2002年全国普通高校计划招生275万人，增幅高达154.6%。据统计，扩招前，我国高考录取率在30%左右，扩招后的高考录取率一度接近50%，但仍有大量的高中毕业生无法进入普通高校的大门。而且如此大规模的扩招，已使全国多地出现了不少万人规模的大学。大部分公办大学的潜力已经充分发挥，容量已接近饱和，部分高校甚至早已处于超负荷运转状态，国家财力也无法进一步满足高校扩招的经费需求。

必须以改革的思维来解决这一矛盾。正是在这样的情况下，从1999年开始，浙江省出现了一批高校民办二级学院。所谓高校民办二级学院，特指经浙江省人民政府批准成立、由高校管理、按民办机制运行、实施相对独立的本科教育的二级学院，与高校按学科和专业类别设置的学院有很大区别。如浙江大学城市学院是1999年7月经教育部和浙江省人民政府批准，与浙江省邮电管理局（现为浙江电信实业集团公司）共同发起和创办的。杭州市政府划拨1 027亩行政用地用于学院的建设，并投入资金6 000万元。学院同时通过银行贷款、后勤服务社会化、组建教育发展公司等方式争取到社会资本投资和社会捐赠共融资近6亿元。学院实行董事会领导下的院长负责制，法人为杭州市副市长。这样，浙江大学城市学院就具有了名校办学、政府支持和机制灵活等特点。

二级学院这一新生事物一出现，就受到社会的热烈欢迎。全国各地也相继仿照这一模式纷纷创办二级学院，这种创新模式在保证高等教育规模的增长、扩大高等教育资源等方面起到了积极作用。但由于种种原因，也出现了各种问题。一是名称不统一，有的地方叫二级学院，有的地方叫独立学院。二是在招生、收费、培养等环节也出现各行其是、各自为政的现象。这就需要政府对相关的政策进一步明确，管理工作也应进一步加强和规范。

2003年4月23日，教育部下发了《关于规范并加强普通高校以新的机制和模式试办独立学院管理的若干意见》（以下简称《意见》）。《意见》首先规范了二级学院的名

① 李学锋.高等教育招生规模持续扩大的动力因素探析[J].湖北社会科学，2002(9)：61—63.

称，统称独立学院。所谓独立学院，是专指由普通本科高校按新机制、新模式举办的本科层次的二级学院。《意见》充分肯定了独立学院这一新生事物的重大意义：独立学院是新形势下高等教育办学机制与模式的一项探索和创新，是更好更快扩大高等教育资源的一种有效途径，对今后我国高等教育的持续、健康发展具有重大的意义。为此，今后各地、各部门和各高等学校都要继续有步骤、有计划地推进独立学院的试办工作，既要鼓励积极探索、大胆实践，又要切实加强管理，不断规范办学行为，注意并坚决反对一哄而起和“刮风”现象，确保独立学院稳妥、健康地发展。

安徽师范大学皖江学院就是在这种形势下应运而生的。

第二节　抢抓机遇，积极申报

国内高等教育形势的快速发展对我省形成了巨大的压力，同时，也促进我省高等教育必须尽快进行改革。

我省高等教育的发展与社会经济文化发展之间的矛盾更大，形势更为严峻，主要表现在以下几个方面：“（1）1999年安徽有普通高校37所，占全国高校总数1 071所的3.45%；有本专科在校生13.3万人，占全国总数408.6万人的3.26%。1999年安徽总人口为6 237万人，占全国人口总数125 909万人的4.95%。可见较之我省的总人口数，安徽的高校数、在校生数占全国的比例偏低。（2）根据第五次人口普查数据计算，2000年我省每10万人口中普通高校本专科学生数仅有291人，远低于全国439人的平均水平；1999年安徽人均GDP为4 707元，比全国平均值6 534元低1 827元。安徽省10万人口中在校大学生数和人均GDP值在全国（不包括台、港、澳）31个省、自治区、直辖市中均排在第20位上下。（3）2000年我省高等教育毛入学率约为9.0%，比全国平均值11.5%低2.5个百分点，比江苏省15%低6个百分点。（4）1999年安徽普通高校平均在校生规模为3 595人，比全国平均值3 965人少370人，比高教发达省份江苏省的4 809人少1 214人，表明我省高校规模办学效益有待提高。”①

毋庸讳言，安徽省独立学院的创办是比较迟的。2003年初，省教育厅意识到必须抢抓机遇，组织我省省属十所高校积极申报。我校高度重视，原党委书记、校长

① 王章豹，郑治祥．安徽高等教育发展规模探讨[J].合肥工业大学学报（社会科学版），2002(1)：24.

丁万鼎专门召集人员进行会议研究，会议认为，我校是省属历史悠久、学科比较齐全的高校，绝不能错失当前机遇。

2003年3月21日，安徽师范大学向省教育厅递交了《关于成立安徽师范大学二级学院的请示》①，明确提出，为适应我省经济、政治、文化和社会发展对人才的迫切需要，满足我省广大人民群众接受高等教育的强烈需求，进一步推动教育创新，深化高等学校办学体制和人才培养模式改革，根据教育厅有关文件精神，特申请创办安徽师范大学皖南学院（后又更名为安徽师范大学信息技术学院），办学层次为全日制一般本科，学制四年。管理模式和运行机制为：（1）皖南学院采取直接利用我校现有教学资源的模式，并相对独立办学；（2）皖南学院在学校统一领导下开展工作，实行统一法人、统一校区、统一教学管理、统一就业指导、统一证书发放。（3）根据培养目标和生源基础，按照我校相同本科专业教学计划开展教学，独立编班，安排专人负责党团和思想政治工作。

2003年6月12日，安徽省教育厅、安徽省发展计划委员会联合发文，批准我省十一所本科院校试办二级学院，安徽师范大学信息技术学院（后改为安徽师范大学皖江学院）名列其中，并明确指出试办的二级学院采取国有民办机制。

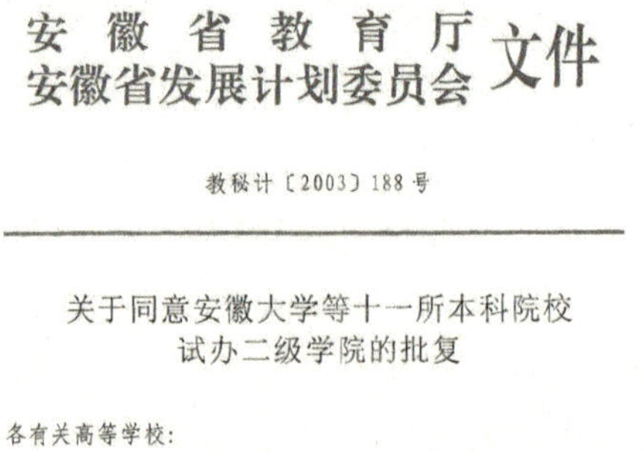
安徽省教育厅
安徽省发展计划委员会 文件

教秘计〔2003〕188号

关于同意安徽大学等十一所本科院校
试办二级学院的批复

各有关高等学校：

根据省政府的批复精神和有关普通高校关于举办二级学院的报告，经研究，同意安徽大学、安徽师范大学等十一所普通高校今年按照新的模式试办本科二级学院。这些二级学院是：安徽大学国际商学院、安徽师范大学信息技术学院、安徽农业大学经济技术学院、安徽医科大学临床医学院、安徽工业大学工商学院、安徽理工大学工商学院、安徽财贸学院商学院、淮北煤炭师范学院信息学院、安徽建筑工业学院城市建设学院、安徽工程科技学院机电学院、阜阳师范学院信息工程学院。现就有关事项批复如下：

一、上述二级学院（以下简称二级学院）试办阶段实行国有民办的管理体制。学院凝聚校本部优质高教资源，同时引进

图1-1　关于同意安徽大学等十一所本科院校试办二级学院的批复

2003年1月6日，安徽省教育厅、安徽省发展计划委员会《关于下达2003年省

① 安徽师范大学文件(校办字〔2003〕6号)。

属普通高等教育分校分专业招生计划的通知》①和2003年10月8日，安徽省教育厅、安徽省发展计划委员会文件《关于补充下达2003年省属本科学校二级学院专业招生计划的通知》②，批准我校二级学院2003年4个专业招生计划：英语90人、日语30人、计算机科学与技术100人、电子信息工程95人，共315人（见表1-1）。

我省独立学院创办初期，严格按照教育部的有关规定执行，招生专业必须经教育部备案通过。2005年4月27日，我省独立学院本科专业清理备案公布，我院招生的共7个专业全部通过：经济学、教育技术学、英语、日语、新闻学、电子信息工程、计算机科学与技术③。

表1-1 2003—2005年皖江学院招生人数一览表

年份	系别	专业	录取人数（人）	小计
2003年	外国语学院	英语（应用英语）	90	315
	外国语学院	日语（商贸日语）	30	
	数学计算机科学学院	计算机科学与技术（软件）	100	
	物理与电子信息学院	电子信息工程	95	
2004年	文学院	新闻学	80	500（不含增补计划）
	外国语学院	英语（应用英语）	80	
	外国语学院	日语（商贸日语）	30	
	经济管理学院	经济学	80	
	物理与电子信息学院	电子信息工程	80	
	数学计算机科学学院	计算机科学与技术（软件）	80	
	教育科学学院	教育技术学	70	
2005年	新闻系	新闻学	140	980
	经济系	经济学	230	
	外语系	英语（应用英语）	180	
	外语系	日语（商贸日语）	90	
	教育技术系	教育技术学	110	
	电子系	电子信息工程	230	
合计				1 795

① 安徽省教育厅　安徽省发展计划委员会文件（教计〔2003〕19号）。

② 安徽省教育厅　安徽省发展计划委员会文件（教计〔2003〕30号）。

③ 安徽省教育厅文件（教秘高〔2005〕31号）《关于公布独立学院本科专业清理备案结果的通知》。

第三节　分散教学，挂靠管理

独立学院新生进校后怎么教学？怎么管理？这是新问题，大家都没有经验，一切都在探索中。经研究，学校决定采取分散教学、挂靠管理的模式。即将独立学院第一届新生插入到安徽师范大学有关专业，随同大学本科生一起听课，完全按大学本科的教学计划进行教学，平时的学生管理委托所在院系负责。经过研究，皖江学院由时任分管教学的副校长王世华同志分管，下设一个办公室，处理协调有关事务。第二届学生也是采取这种管理模式。这时的独立学院实际上是一种“校中校”模式。

此时全国的形势如何呢？“据不完全统计，全国现有25个省市举办的独立学院共300多个，现有本科在校生40多万人，今年还计划招生近30万人。初步建成了占地约7万亩、校舍约876万平方米、教学仪器设备价值约12亿元、图书约2 000万册的高等教育资源。”[①]独立学院的创办确实促进了我国高等教育的快速发展。但发展中也出现了一些问题，主要是办学机制、模式、教学和管理等方面还存在种种不足，为此，教育部组织专家对新开办的独立学院进行检查指导。

2004年下半年，教育部专家组来到芜湖，对安徽师范大学皖江学院进行了检查指导。他们认真听取了学院领导的汇报，实地考察了学院的教学设施，并走访了学院的在读学生。专家组认为，皖江学院作为刚兴办的高校，其发展是健康的，学生对学校也是基本满意的。但有两点不符合教育部的指示精神：一是“校中校”的模式应尽快改变，争取有自己的独立校区；二是独立学院的学生由于入学分数线低于安徽师范大学本科生的入学分数线，如果照搬大学本科的教学计划、教学方式，不太适合独立学院的学生，独立学院应有自己的培养目标、教学计划和教学方式。

教育部专家组给我们上了深刻的一课，促使我们的教育观念发生了较大转变。本来我们认为让独立学院的学生和安徽师范大学的学生一起上课，用同样的教材，岂不是让独立学院的学生也能享受到更多的优质教育资源？殊不知，这样做是不符合独立学院培养目标的。

要想办好独立学院，我们必须进行教学改革。

① 周济.促进高校独立学院持续健康快速发展[J].中国高等教育，2003(13)：4.

至于“校中校”问题，当时还真的难于很快解决。虽然，那时占地将近3 000亩的安徽师范大学新校区已在建设，但没有一两年时间是不能迁入的。从2000年起，安徽师范大学开始扩招，规模已超万人，仍在占地600多亩的老校区办学，已经十分拥挤，哪有空间给独立学院呢？要解决这个问题，我们只能寄希望于新校区早日建成了。

第二章 独立校区，探索前进
（2005.7—2007.12）

第一节 概 述

为进一步深化高等教育管理体制改革，优化高等教育布局结构和资源配置，2005年2月21日，教育部下发了《教育部关于同意芜湖师范专科学校并入安徽师范大学的通知》[①]，2005年5月9日，安徽省人民政府批复同意芜湖师范专科学校整体并入安徽师范大学[②]。芜湖师范专科学校已有50年的办学历史，是我省师范专科学校的排头兵，培养了大批优秀师范专科人才。早在2003年，芜湖师范专科学校就与安徽师范大学联手合作招收本科生并联合培养，如今已有两届本科学生。

为了落实教育部和省政府这一决定，安徽师范大学党委进行了认真研究，制定了《芜湖师范专科学校并入安徽师范大学实施方案》[③]，并向省教育厅请示，省教育厅很快批准了这一方案[④]。安徽师范大学党委同时决定，从2005年起，芜湖师范专科学校停止招收学生，芜湖师范专科学校所有教师对口并入安徽师范大学各专业。原芜湖师范专科学校校址改为安徽师范大学北校区（以下简称“北校区”），安徽师范

① 教育部文件（教发函〔2005〕19号）。

② 安徽省人民政府文件（皖政秘〔2005〕54号）《安徽省人民政府关于同意芜湖师范专科学校并入安徽师范大学的批复》。

③ 安徽师范大学文件（校办字〔2005〕18号）《关于报送〈芜湖师范专科学校并入安徽师范大学实施方案〉的请示》。

④ 安徽省教育厅文件（教秘计〔2005〕165号）《关于同意芜湖师范专科学校并入安徽师范大学实施方案的批复》。

大学皖江学院迁到北校区，独立办学。从2005年起，皖江学院招收的新生就开始入住新校园。由于2003年和2004年两届学生人数不多，加上早已插入安徽师范大学有关专业学习，就仍维持原状。

这样一来，北校区既有即将进校的2005级皖江学院新生，也有原芜湖师范专科学校与安徽师范大学联合招收的三届本科生，共1 026人，还有原芜湖师范专科学校招收的两届专科生，共2 828人，所以，生源结构比较复杂。为了让皖江学院办学有个良好的开端，安徽师范大学委派张钢（后任皖江学院综合办公室主任）、戴长江（后任皖江学院宣传办公室主任）、周淑芳（后任皖江学院教务办公室主任）、侯超（后任皖江学院团学办公室主任）专职从事皖江学院管理工作。

为了加强对北校区的管理，2005年7月4日，安徽师范大学决定设立北校区管理委员会（以下简称“管委会”）和北校区本专科部①。北校区管委会的职责是管理原芜湖师范专科学校在校生，维持正常教学秩序，同时管理皖江学院即将入学的学生，正常开展教学活动。为进一步加强北校区党的领导，2005年7月13日，中共安徽师范大学委员会决定设立中共安徽师范大学北校区委员会②，委员会由王世华（安徽师范大学副校长、皖江学院院长）、孙利平（原芜湖师范专科学校党委副书记）、李裕鑫（原芜湖师范专科学校副校长）、张先云（原芜湖师范专科学校副校长）四位同志组成。王世华同志任书记（兼），李裕鑫、孙利平同志任副书记（见表2-1）。

表2-1　2005年北校区党委、皖江学院领导分工一览表

姓名	职务	分工
王世华	安徽师范大学副校长、 北校区党委书记、皖江学院院长	主持北校区党委、皖江学院全面工作
李裕鑫	北校区党委副书记	协助王世华负责北校区党委工作，分管北校区财务工作
孙利平	北校区党委副书记	负责北校区学生工作

皖江学院自从迁到北校区后，开始了在新校区独立办学的历史。可以说，直到此时，安徽师范大学皖江学院才有了真正符合教育部要求的独立学院的独立校区。

芜湖师范专科学校并入安徽师范大学后，北校区只留有少数教职工管理本专科部的学生，皖江学院此时并无一位专职人员。2005年9月，新一届皖江学院学

① 安徽师范大学文件（校人字〔2005〕23号）《关于北校区机构设置的通知》。

② 中共安徽师范大学委员会文件（师发〔2005〕41号）《关于设立中共安徽师范大学北校区委员会的决定》。

生即将进校，皖江学院必须尽快建立起自己的干部教师队伍。由于皖江学院完全采用民营机制，比较灵活，当时学院研究并报安徽师范大学批准，决定采取兼职与聘用相结合的办法，组建皖江学院的干部教师队伍。皖江学院的管理队伍主要由本专科部的同志兼任，教师主要聘请安徽师范大学的教师前来授课，但学生辅导员必不可少，也无法兼职，于是向社会公开招聘。2005年7月，学院聘用5名辅导员，2006年9月，学院招聘了第一批19名专职辅导员，建立了自己的辅导员队伍（见表2-2）。

表2-2　2005—2006年度皖江学院辅导员信息一览表

序号	姓名	性别	系别	任职时间
1	汪亚君	女	新闻系	2005年7月
2	朱振国	男	外语系	2005年7月
3	刘　明	女	经济系	2005年7月
4	卢　玉	男	电子信息系	2005年7月
5	鲍东毅	男	教育技术系	2005年7月
6	李　茜	女	新闻系	2006年9月
7	刘　巍	男	外语系	2006年9月
8	赵慧敏	女	外语系	2006年9月
9	薛　敏	女	外语系	2006年9月
10	汪　琳	女	外语系	2006年9月
11	郑　芸	女	外语系	2006年9月
12	李　想	女	经济系	2006年9月
13	黄　燕	女	经济系	2006年9月
14	王　超	男	电子信息系	2006年9月
15	李家坤	男	电子信息系	2006年9月
16	邹闻媛	女	电子信息系	2006年9月
17	侯　倩	女	新闻系	2006年9月
18	韩　啸	男	音乐系	2006年9月
19	范　韬	男	美术系	2006年9月
20	方　芳	女	美术系	2006年9月
21	张　雷	男	新闻系	2006年9月
22	廖　君	男	教育技术系	2006年9月
23	方　芳	女	教育技术系	2006年9月
24	张　铮	男	经济系	2006年10月

2005年9月，丹桂飘香季节，皖江学院迎来了第三届也是在独立校区招收的第一届新生765名。学院成立了5个系，并从安徽师范大学聘请了5位教师任专职系主任，管理各系的教学。(见表2-3)

表2-3　2005年皖江学院系主任信息一览表

序号	姓名	性别	系别
1	周建国	男	新闻系
2	路　遐	女	外语系
3	张　萍	女	经济系
4	秦忠基	男	电子系
5	沈建智	女	教育技术系

按照教育部的要求，独立学院的特征应该是“民”“优”“独”。所谓“民”，是指独立学院应该是一个民办机制的学校，由普通高校和社会力量合作举办，不是原来意义上的公办学校；独立学院不靠政府投入，其投入主要是合作方承担或者以民办机制共同筹措，收费也是按照国家有关民办高校招生收费政策制定。独立学院建设和发展的经费投入，不是靠增加国家和地方财政性的教育经费支出来实现。这就保证了独立学院成为在现有体制之外，依靠民办机制新增的高等教育资源。所谓“优”，是指优质资源的组合主要来自两个方面：一是现有的公办高校，他们有好的教学传统和教学资源，也有好的管理模式，而且教师队伍也确有余力；二是社会力量，他们有充裕的资金、资源和办学的热情，更重要的是他们会带来民营的机制与活力。所谓“独”，是指在办学和管理上必须与校本部相对独立。2003年6月13日，教育部部长周济早在“普通高等学校以新的机制和模式试办独立学院工作会议”上的讲话中就指出，独立学院在发展中一定要规范管理，突出一个“独”字。也就是说，在办学和管理上必须与校本部相对独立。按照教育部的要求，独立学院要有独立的校园和基本办学设施，实施相对独立的教学组织和管理，独立进行招生，要独立颁发证书，独立进行财务核算，应具有独立法人资格，能独立承担民事责任。独立学院还可按国家有关教育事业统计工作的规定，独立填报《高等教育基层统计报表》[①]。安徽师范大学党委做出将皖江学院搬迁到北校区办学，就是贯彻周济部长讲话精神的重要举措。

皖江学院有了自己的独立校区后，一步一步按照教育部的要求规范办学。先是

① 教育部文件(教发〔2003〕8号)《关于规范并加强普通高校以新的机制和模式试办独立学院管理的若干意见》。

申办了法人资格。经安徽师范大学党委研究决定，原安徽师范大学副校长王世华教授任皖江学院第一任法人代表。

从2005年开始，皖江学院实行独立的财务核算。为了给皖江学院独立办学提供良好的办学条件，2006年11月9日，安徽师范大学校长办公会议研究决定，将北校区的全部土地和所有建筑及设施作为资产投入皖江学院办学使用。具体包括：（1）土地：共约200亩，根据2006年9月安徽永诚会计师事务所提供的《土地估价技术报告》，土地估价约6 015.01万元。（2）房屋建筑：根据2006年学校清产核资估价约5 615.83万元。（3）电子设备：价值约754.29万元。（4）车辆：价值约30.28万元。（5）图书资料：价值约494.62万元。以上移交资产总价值为14 815.42万元。

这一决定是对皖江学院独立办学的极大支持。而且，安徽师范大学决定将原芜湖师范专科学校的教学资源全部移交给皖江学院，使得皖江学院办学的基本条件完全能够满足学院的教学和生活需要。

第二节　广泛调研，更新观念

独立学院是我国教育界的新生事物，但举办者如果观念陈旧，就很可能照搬普通大学本科的培养方式，把普通大学的教育计划、培养模式复制过来，如法炮制。

皖江学院党委清醒地认识到这一点：要办好皖江学院，学院上下必须转变教育观念。而在这一方面，我们没有什么经验，但浙江省的一些独立学院一直走在全国前列，已积累了较丰富的办学经验。浙江省又是改革开放较早的省份，思想观念较新。皖江学院党委决定，组织学院中上层干部和辅导员代表赴浙江省考察取经。

2006年2月21日至24日，学院组织各专业系主任、各部门负责人由王世华院长亲自带队，赴江苏省和浙江省办学成绩突出、办学规模较大、办学经验丰富的学院参观和考察。考察团先后考察了浙江万里学院、浙江工商大学杭州商学院、浙江大学城市学院、江苏工业学院怀德学院等独立学院，参观了校园、教学楼、图书馆、食堂、运动场地、学生宿舍等。江苏省和浙江省独立学院一流的硬件设施和良好的校园管理给大家带来强烈的震撼，校园每一处的设计都体现了崭新的理念。最有意义的是，考察团和兄弟学院以及系领导班子分别进行了座谈，认真听取了他们的办学理念和管理经验，对兄弟学院的办学体制、办学理念、办学模式、办学特色、课程设置、教学管理、学生服务、校园文化营造等进行了全面、深入、细致的学习和了解。

通过此次考察，考察团成员在很多问题上豁然开朗，对皖江学院以后的办学方向更明确了。

观念决定思路，思路决定出路。考察回来后，学院在全院范围内组织了一次大讨论，大家结合我省我院的实际，借鉴他省的先进经验，围绕“独立学院的特色在哪里?”“独立学院的培养目标是什么?”“独立学院与本科院校在教学上有什么不同?”几个问题进行了充分的讨论。经过这次大讨论，人们的思想认识有了很大提高，教育观念发生了很大转变，对办好皖江学院方向更明确、信心更足了。

第三节　统一认识，制定方案

经过考察与讨论，学院进一步统一了大家的认识。明确了以下几点：

（1）学院的类型定位：教学型大学。

（2）学院的培养目标定位：培养理论基础扎实、能力强、素质高的复合型、应用型专门人才。与母体大学相比，我们应走“错位”发展的路子，即我院学生的实践能力应高于“一本”（即我省第一批次招生）“二本”（即我省第二批次招生）的学生，理论水平应高于“高职”“高专”的学生。学院提出的理念——理论够用，能力要强。

（3）学院的服务面向定位：立足本省，面向全国，为地方经济建设和社会发展服务。

（4）学院的价值观：团结、勤奋、诚信、博爱。

同时，更明确了我们的办学思路，就是四个坚持：坚持科学发展，抢抓机遇，扩大规模；坚持育人为本，全面提高学生的综合素质；坚持质量兴校，不断提高教育教学质量；坚持服务社会，积极创办新专业，培养适应社会需要的专门人才。

为了贯彻这一办学思路，学院提出了一段时期的基本方针：扩大规模与提高内涵同时并举，规范办学与深化教改双管齐下。

学校的根本任务是培养符合现代化建设需要的各种人才。而人才的培养是需要制定教学计划的。此前，学院的教学计划基本上是从大学复制过来的，这显然不符合独立学院培养人才的需要。在上述理念明确以后，学院重点抓了各专业教学计划的修订工作。

从2006年开始，学院全面启动了各专业教学计划的修订工作。每个专业都成立了教学计划修订小组，根据学院的培养目标和定位，结合学生的实际情况，较大幅度地修改了原有的教学计划。为了克服过去教学计划中重理论、轻实践的现象，新的教学计划突出了学生能力的培养，大大增加了学生实践的课时。实践课由原有的20周增加到30周。理论课由原有的2 600课时减少到2 400课时。

皖江学院十分重视校园文化建设和学生素质教育活动的开展。

学院创办了“皖江大讲坛”，邀请国内外的专家、学者、业界精英来院讲学，在注重学生专业学习的基础上，提供更多的“学术大餐”。讲座在开阔学生视野，更新学生观念，拓宽学生认识社会的渠道，提高学生的专业兴趣和专业水平等方面发挥了重要作用。

院报《皖江潮》编辑部和学院团学办公室联手打造了“皖江学子大讲堂”，为学生提供了表达正确思想和言论、畅谈理想和人生、展示学子风采的舞台，极大地锻炼了学生的实践能力。

目前，“皖江大讲坛”“皖江学子大讲堂”在学生综合素质的提高、思想政治教育与能力培养方面发挥着越来越重要的作用，受到了历届学生的热烈欢迎。

第四节　改革后勤，美化环境

在深化教学改革的同时，学院开始积极推进后勤社会化改革。后勤工作是教学工作的不可或缺的重要保障。此前，学校办后勤，虽然投入的人员和资金都不少，但由于管理体制和运行机制存在问题，后勤的保障作用并没有充分发挥，资源浪费严重，师生意见很大。如今，既然独立学院的一个重要特色是“民”，即按照民营机制办学，所以我们就要充分发挥民营机制的灵活性，大胆进行后勤社会化改革。根据学校后勤社会化改革的文件精神，结合皖江学院的实际情况，我们采取“小机关”“多实体”与社会化、市场化相结合的模式推进改革。

所谓“小机关”，就是精简原来庞大的后勤机构，组建学院后勤办（兼保卫职能），作为后勤服务的管理监督部门，原来21位干部职工只保留5位，富余的后勤人员安排到其他岗位。

所谓“多实体”，就是将学校的食堂、超市、物业管理、绿化、洗理等业务向社会公开招标，引进多家社会企业进校园从事这些服务工作。同时，为了维护广大学生的利益，学院也特别重视对这类企业的监管，如成立食堂伙食监督管理委员会。

由于此前管理不到位，全校水电浪费严重。为扭转这一现象，学院对水电实行具有激励机制的目标管理。每年院务会根据学生人数制定当年的水电管理目标，年底考核时，达到目标则不奖不罚；节约则按照一定比例进行奖励；超支则按照一定数额进行处罚。

学院专门委派由从学校调到学院的16名后勤职工对学生公寓、洗浴、开水等项目进行管理。

真改革取得了大成效。一向学生意见最多的食堂，引进社会企业后，菜肴质量上去了，品种增多了，价格却下来了，得到了广大学生的好评。超市的经营时间也一再延长，大大方便了学生购物。水电实行目标管理后，第一个年度就节约水电费13万元，按照事先签订的协议，学院对水电班工作人员进行了奖励[①]。

与此同时，为了改善办学环境和办学条件，学院投资2 000万元建设了一幢7 500多平方米的学生食堂综合楼，崭新的食堂大厅和餐桌椅，大大改善了学生的就餐环境。学院又对校园环境进行了大规模改造和美化。在对校园环境进行总体规划的前提下，分项目先后对沿主干道环境、图书馆门前（含荷花塘等）环境、教学区环境、田径运动场周边环境、学生公寓区环境等进行了美化改造。维修改造了全部的学生公寓，改善了学生的生活环境。维修改造主要教学楼、系（部）办公楼、图书馆、画室，建成了多媒体教室76个，不仅改善了办学条件，也消除了部分安全隐患。维修改造田径运动场地，把原来的碳渣跑道和土面足球场地改造为塑胶跑道和人工草坪足球运动场地。改造校园道路，将学院原来破损较严重的水泥路面全部改造成为沥青混凝土路面。维修改造锅炉房，把原来的使用煤锅炉的高压供气供热改造为使用天然气的无压式供气供热方式，不仅节约了使用成本、消除了安全隐患，而且还保护了环境。

上述建设和维修改造项目累计投入2 000余万元，完成了学校预定的目标。经过此次的建设和维修改造，大大改善了校园环境，维修改造后的校园被人们誉为“盆景式校园”。

① 安徽师范大学皖江学院文件(皖江〔2008〕33号)《安徽师范大学皖江学院关于给予水电管理中心通报表扬与奖励的通知》。

图2-1　学院图书馆前花园

图2-2　学院大操场全景

图2-3　学院综合楼

图2-4　学院校园主干道（部分）

图2-5　学院校园内的花园

图2-6　学院学生公寓一角

“小机关”的特色也体现在学院整个管理部门。学院充分调动人力资源的潜力，采取兼职付酬的办法，压缩机关编制。最大限度地调动了人员的积极性，既提高了工作效率，又增加了员工的收入，克服了旧体制下的冗员懒散现象。例如，教务办公室具体事务很多，但学院只安排四个人。团学办公室只有一个专职人员，总务办公室只有四个人，财务办公室只有三个人。负责全院的宣传工作的宣传办公室只有一个人，综合办公室负责人事、招生等，也只有两个人。

到了2007年下半年，皖江学院独立办学已经三个年头了。原芜湖师范专科学校招收的本科生和专科生都相继毕业，校园内已全部都是皖江学院举办后入校的学生了。在这种情况下，安徽师范大学党委做出决定，撤销北校区党委、北校区管委会建制，成立安徽师范大学皖江学院党委。王世华同志任党委书记、院长，孙利平同志任党委副书记，李裕鑫同志任副书记、副院长，张先云同志任副院长（见表2-4）。

表2-4　2007年皖江学院领导分工一览表

姓名	职务	分工
王世华	党委书记、院长	主管学院全面工作
孙利平	党委副书记	分管学生工作
李裕鑫	党委副书记、副院长	分管后勤保卫工作
张先云	副院长	分管教学工作

经过三年的努力，学院基本建立了自己的办学队伍。截止到2007年年底，学院共有安徽师范大学编制的教职工67人，聘用教师32人，聘用辅导员16人，教辅及临时聘用人员25人，共140人。

到2007年年底，皖江学院校园占地面积约200亩，建筑面积近9万平方米，其中教学及辅助用房面积约4.27万平方米。2006年经过会计师事务所正式评估学院资产（含土地）为1.48亿元（不含此后建设的食堂和添置的设备）。当时学院下设9个系，18个专业：新闻学、广告学、英语、日语、俄语、经济学、市场营销、电子信息工程、教育技术学、音乐学、美术学、艺术设计、计算机科学与技术、汉语言文学、广播电视新闻学、动画、信息管理与信息系统、旅游管理。在校生4 700多人。职工163人，其中，有安徽师范大学编制的教职工57人，聘用人员106人。专任教师89人（含辅导员21人、院系双肩挑干部17人，专职教师51人）。学校教学秩序稳定，各项工作正常开展，学生活动丰富多彩，开展有序，反映出学院呈良性发展态势。

但这只是万里长征的第一步，未来我们还有很长的路要走。如何才能把皖江学院办成一个适应经济社会发展需要的现代高等学校，还有很多问题需要解决。学院多次召开各系、各部门负责人会议，学习安徽省教育厅关于对高等教育质量工程项目建设的有关文件。党委书记、院长王世华提出七个如何：如何使我们的办学理念跟上时代的步伐？如何使我们的人才培养适应社会的需求？如何打造一支高水平的教师队伍？如何创新我们的机制？如何拓展办学空间，优化管理？如何健全完善制度？如何帮助学生拓宽就业渠道？等等，都是目前摆在我们面前的突出问题，需要我们逐步破解这些难题。

第三章　扩大规模，加强建设

（2008.1—2012.6）

第一节　概　述

我国高校的独立学院自20世纪90年代末产生以来，截止到2008年年初，数量已达322所，在校生近200万人；安徽省也有独立学院11所，在校生达5万人。针对独立学院快速发展过程中出现的一些问题，如产权不明晰、责权利不明确、管理体制不健全、缺乏办学特色和质量标准、短期行为明显等，教育部经过充分调研、反复征求意见，根据《中华人民共和国高等教育法》《中华人民共和国民办教育促进法》及其实施条例和国家有关规定，提出进一步规范独立学院设置与管理。2008年2月22日，《独立学院设置与管理办法》（中华人民共和国教育部令第26号，以下简称“26号令”）颁布，并从2008年4月1日起正式实施。

“26号令”坚持对独立学院实行“积极支持、规范管理、改革创新”的指导思想，明确了独立学院是民办高等教育的重要组成部分，明确了教育部和省级教育行政部门的管理职责，明确了独立学院的设置标准和办学条件，明确了普通高校参与办学的无形资产必须计入独立学院办学总投入，明确了落实独立学院法人财产权的具体要求，明确了独立学院内部管理体制和机构设置，明确了独立学院规范办学行为和独立学院学生的有关权益，明确了独立学院加强党团组织建设和维护安全稳定的职责等。“26号令”的出台，是教育部自上而下地对独立学院进行规范管理，体现了教育部对提高独立学院的办学质量的重视。

2008年2月29日，在全国独立学院工作会议上，教育部部长周济指出，新形势下，独立学院的主要任务不是增加学院数量和扩大办学规模，而是稳定规模、规范管理和提高办学质量，要更加突出独立学院的“优”“独”“民”。“优”，就是要更加强调优质教育资源参与举办独立学院，更加强调独立学院提高办学水平和教育质量；“独”，就是强调独立学院在法律和制度上的独立地位；“民”，就是进一步明确独立学院的民办属性，促进独立学院在运行机制和管理体制上改革创新。

当时独立学院的实际情况是，举办形式主要分为三种：一是由公办普通高等学校与地方政府或国有企业合作举办；二是由公办普通高等学校与民营资本合作举办；三是由公办普通高等学校通过各种方式独立举办。按教育部相关政策，独立学院有三种发展前景:一是按“26号令”要求，转型为名副其实的独立学院；二是不符合独立学院条件的转为民办；三是不符合民办的停办，其剩余学生由母体大学管理至毕业。

独立学院的发展过程还体现出对公办高校的高度依附，这种依附首先表现为无论是社会出资还是高校出资举办的独立学院，其师资主要依托母体大学，其招生吸引力主要依托母体大学。甚至独立学院的学生在2003年之前毕业的证书都是由母体大学颁发，2008年之前入学的毕业生的学位证书也是母体大学颁发。独立学院走过的发展历程充分表明，没有母体大学，就没有独立学院的生存空间。因此，政府的政策调控对独立学院的发展具有至关重要的作用。

为了积极贯彻落实教育部“26号令”，作为学院举办方的安徽师范大学多次召开专题会议，研究如何引入民营资本合作办学，确保提供优质教育资源，尽快落实“八个独立”的相关政策以及迎接教育部对独立学院评估的五年过渡期方案。

皖江学院在大学董事会的指导下，一直积极设法与浙江、江苏、安徽等民营机构联系合作办学事宜，但由于种种原因，引入民资困难重重，一直没有实质性进展。

直至2010年，安徽师范大学明确表示暂不考虑与民企合作的方案，皖江学院也把贯彻落实“26号令”、实施五年过渡期方案的重点放在加强管理、规范办学、质量强院、走内涵式发展道路方面。

到2012年6月，学院设有中文、新闻、外语、经济管理、旅游管理、学前教育、电子信息、媒体技术、化学、音乐、体育、美术等12个系，有本科专业29个，涵盖了文学、理学、工学、管理学、经济学、艺术学、教育学七大学科门类。设有基础教学部、实验中心和图书馆。有专任教师436人，其中教授41人，副教授94

人；博士、硕士（含在读）297人；外籍教师4人。自主聘任教职工223人，其中大学在编人员53人，完全聘用人员170人。在校全日制本科学生7 142人，皖江学院已为国家培养了近4 000名毕业生。

从2008年3月到2012年6月，这一时期的学院领导班子成员及分工如下：

王世华，党委书记、院长，全面负责皖江学院党政工作，分管办公室、财务处。（王世华于2011年12月底退休。）

闫蒙钢，2008年初在安徽师范大学实施的中层干部换届中，被校党委调整至皖江学院任党委副书记、常务副院长，协助王世华院长分管日常工作，重点分管教学工作、招生工作。2012年年初，临时主持学院党政全面工作，分管学院办公室、人事处、招生办公室。

孙利平，副书记，分管党的建设、宣传、共青团、精神文明建设、学生思想教育与管理、就业指导、国家助学贷款，分管学生处（毕业生就业指导中心）、《皖江潮》编辑部。

李裕鑫，副书记、副院长，分管财务、后勤、产业、安全保卫、综合治理、医疗卫生、资产管理，分管财务处、后勤与保卫管理处、工会。

张先云，副院长，分管教学、专业建设、实习基地建设、外籍教师、科研，分管教务处、图书馆、体育运动委员会。

图3-1　学院领导班子合影

（从左至右：张先云　闫蒙钢　王世华　孙利平　李裕鑫）

第二节 明确思路，探索模式

教育部“26号令”下达后，皖江学院坚持以“26号令”为指导，科学谋划顶层设计，进一步明确发展思路，精心制定《安徽师范大学皖江学院五年过渡期工作方案》，积极稳妥、分步有序地做好五年过渡期的有关工作。至2012年6月，初步建立了独立学院内部管理体制和运行机制，由董事会决定学院重大事项，由院长负责学院的教育教学和行政管理工作。已基本做到独立法人、独立财务核算、独立校区、独立招生、独立开展教学活动、独立颁发毕业证书、独立颁发学位证书。

一、进一步理清办学思路

学院领导班子深知，理清办学思路，统一办学思想，是重中之重。因此，学院不断组织学习、调查和研究，进一步更新与转变教育观念。

（一）树立新型教育观念

为了更新教育观念，统一思想，学院编印了有关高等教育改革的学习材料，院长王世华亲自为学习材料撰写编者按；院报《皖江潮》专门开辟“独立学院巡礼”专栏，先后13期刊登全国著名独立学院的办学经验、办学模式、办学特色等，以期借“他山之石”攻“皖江之玉”。

学院曾先后多次召开中层干部工作会议，就学院的发展战略、办学思想、办学定位、服务面向、办学模式等诸方面交流看法。2010年1月12—13日，学院中层干部和有关管理人员集中在安徽省广德县召开的教学工作务虚会，是一次进一步解放思想统一认识的重要会议。

这次工作务虚会，院领导王世华、闫蒙钢、孙利平、李裕鑫、张先云和各系（部）、各部门负责人共33人出席。会上，18个系（部）负责人依次发言，总结成绩，查找问题，探索规律，明晰思路，提出计划，建言献策。院党委书记、院长王世华讲了四个问题：一是皖江学院与大学的关系问题，二是专业建设问题，三是辅导员发展问题，四是制度建设问题。王世华就这四个问题做了系统全面的论述，为全院教职工转变教育观念、创新工作理清了思路。

王世华院长在讨论皖江学院与大学的关系中这样论述：几年的实践给我们提出了一些新问题，比如，要不要和企业合作？事实上不合作更好，只要企业不进入校园，独立学院就仍是大学举办，是大学的一个组成部分，因为我们的一切办学资源都来自大学。而且，皖江学院与安徽师范大学内的学院相比，有着较多的自主权。第一，我们可以充分利用大学的优质资源。第二，大学也给了我们好的政策，如优秀聘用人员可以入编，可以进行干部交流。

这是学院首次明确表态不再努力寻求民营企业进行合作。

关于专业建设问题，王世华院长指出，专业建设是教学内涵建设的核心，要加强专业建设，也就是“建什么”和“怎么建”的问题。各系（部）主任要提高对专业建设重要性的认识，在教材、师资队伍、实习基地建设上花大气力、下苦功夫，要创新学生培养的途径和方法，改革考试和毕业论文的评价方式，培育和彰显专业特色。

王世华院长还在这次会议上提出了教师的科研新要求：我们的教师过去工作的重点是组织好教学，上好课。如今不能再停留在这个层面上了，教师要搞科研，系主任要起带头作用。目前的问题是，我院还没有形成科研氛围，很多教师还不会科研，所以这项工作要引起高度重视。

关于辅导员发展问题，王世华院长提出了职业化建设的目标，应从思想观念、专业标准、政策制度等方面把辅导员作为一种终身从事并能够不断实现个人理想和价值追求的学术职业。

王世华院长认为，辅导员从事的学生事务管理千头万绪，涉及思想政治教育、心理咨询与健康教育、职业生涯规划与就业指导、学习方法指导、贫困生资助等多项工作内容。辅导员可以根据自己所学专业和兴趣朝政治辅导员、心理辅导员、生活辅导员、职业规划辅导员、学术辅导员等方向发展，促进辅导员工作领域的独立化、专门化和辅导员专业（学生事务管理）的细化，切实解决辅导员“术有专攻”和“有所为，有所不为”的专业发展战略。

关于制度建设问题，王世华院长强调，我们要牢固树立服务意识，热情倾听学生呼声，高度重视学生利益，全力维护学生合法权益。他做了如下生动的比喻：高校如同大食堂，干部是端盘子的，教师是炒菜的，学生是吃菜的。管理干部要做到“心要向下想，眼要往下看，腿要朝下跑，事要为下办”。管理就是服务，服务就是责任。教师为学生服务，所有工作为人才培养服务。

从广德会议开始，皖江学院形成了“深化教改，强化特色，提高质量，创建品牌”的办学思路，进入了质量建院、内涵发展的新轨道。

经过认真学习、广泛调查和深入研究，全院上下积极更新教育观念，创新办学思路，制定路线，提出纲领，确立原则，达成共识，逐步形成了以下五种教育观：一是“依托母体，立足地方，错位发展，强化应用，凸显特色”的办学观；二是“诚信，勤奋，团结，博爱”的价值观；三是“质量立院，特色兴院，人才强院”的战略观；四是“育人为本，德育为先，能力为重，全面发展”的育人观；五是“厚基础，重应用，强技能”的人才观。

（二）开展顶层设计

学院领导班子经过不懈努力，初步完成以办学指导思想、办学定位、办学思路等为核心内容的学院发展顶层设计。

办学指导思想：以中国特色社会主义理论为指导，全面贯彻党和国家的教育方针；遵循高等教育规律，秉承安徽师范大学“厚德，重教，博学，笃行”的优良传统，依托安徽师范大学的优质资源，发挥独立学院的办学活力；倡导“诚信，勤奋，团结，博爱”的价值观，坚持“扩大规模与提高内涵同时并举，规范办学与深化教改双管齐下”的工作方针和“深化教改，强化特色，提高质量，创建品牌”的办学思路；以应用性学科为主，多学科协调发展；立足安徽，面向全国，为区域经济建设和社会发展培养“厚基础，重应用，强技能”的高级复合型、应用型人才。

办学定位：发展目标定位：依托安徽师范大学的优质资源，发挥独立学院的办学活力，努力办成全省领先、全国有一定影响、有鲜明特色的应用技术型本科院校。办学类型定位：教学型高等学校。服务面向定位：立足安徽，面向全国，为区域经济建设和社会发展提供人才支持。学科专业定位：以应用型学科为主，构建文学、理学、工学、管理学、经济学、艺术学、教育学诸学科相互支撑、协调发展，与区域经济和社会发展相适应的学科专业体系。培养目标定位：依托优质资源，创新培养模式，为区域经济和社会发展培养“厚基础，重应用，强技能”的高级复合型、应用型人才。

办学思路：学院在教育部“26号令”的指导下，依据办学指导思想、办学定位，秉承安徽师范大学80多年的优良办学传统，立足现实条件，围绕如何科学构建应用型人才培养模式和培养体系的核心问题，形成了具有独立学院特色的应用型本科教育的办学思路——“深化教改，强化特色，提高质量，创建品牌”。

（三）制定过渡方案

根据安徽省教育厅文件要求，安徽师范大学于2009年6月向省教育厅报送了《安徽师范大学皖江学院五年过渡期工作方案》，其中提出和承诺的2008—2013年5年过渡期主要任务是：一是明确发展规模；二是积极引入民资；三是准备学位授予；四是加大设备投入；五是加强师资建设；六是落实扶持政策；七是确保校区独立。

2011年7月26日，安徽省教育厅签发《转发教育部发展规划司关于上报独立学院五年过渡期工作进展情况的通知》①，皖江学院立即按照要求报送了《安徽师范大学皖江学院五年过渡期工作进展情况总结》。

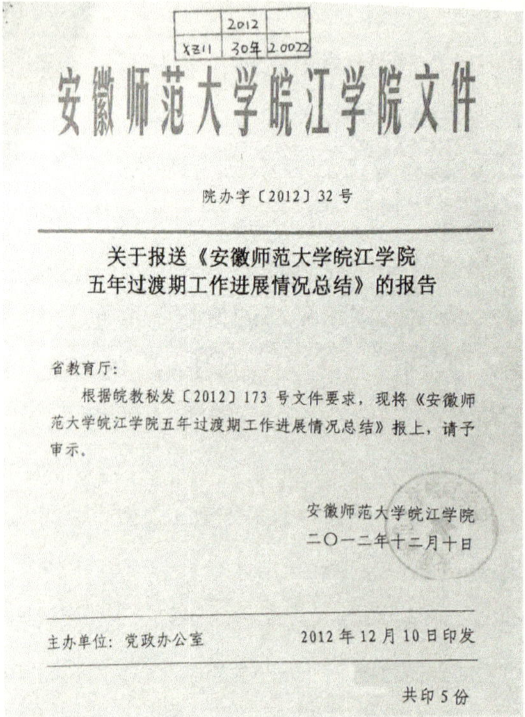

	2012	
X311	30年	20022

安徽师范大学皖江学院文件

院办字〔2012〕32号

关于报送《安徽师范大学皖江学院
五年过渡期工作进展情况总结》的报告

省教育厅：

根据皖教秘发〔2012〕173号文件要求，现将《安徽师范大学皖江学院五年过渡期工作进展情况总结》报上，请予审示。

安徽师范大学皖江学院
二〇一二年十二月十日

主办单位：党政办公室　　2012年12月10日印发

共印5份

图3-2　关于报送《安徽师范大学皖江学院五年过渡期工作进展情况总结》的报告

到2012年6月，除确定了不再引入民营企业合作办学机制外，其他任务都已完成。只是校区独立的内涵已经变化。

随着办学规模逐步扩大，原有独立校区已容纳不了所有学生（学院只有近200亩土地，不符合“26号令”500亩土地的规定）。2008年9月，学院2005级学生整体搬

① 安徽省教育厅文件（皖教秘发〔2011〕133号）。

入安徽师范大学花津校区，仍不能解决困难。2009年9月，不得不将2006级全部学生、2007级部分学生搬迁至安徽师范大学花津校区。加之2010年起在赭山校区就读的首届应用化学专业学生，学院不得不面临“一校三区”的办学局面，从而使办学成本和管理难度加大，因此，科学规划“一校多区”教学管理模式势在必行。

2009年11月5日下午，院务会议专门就学院“一校三区”管理模式问题进行了探讨①。会议指出，就近三五年而言，学院办学模式在2010年、2011年两年应是“三区兼顾，以北为主”，到2012年以后将是“南北并重”。从管理模式上看，学院将采取独立管理和全委托管理相结合的方式：独立管理25个专业，且在花津校区有相对独立的教学区、学生生活区及办公区；部分特殊专业（如在赭山校区的应用化学专业）全委托给安徽师范大学相关学院管理（大学相关学院负责教学工作，皖江学院负责学生工作）。北校区的后勤与保卫管理工作独立，花津校区、赭山校区的后勤与保卫管理工作全委托给安徽师范大学。

为了加强花津校区皖江学院学生的管理，皖江学院于2010年9月成立了花津校区管理办公室，聘请安徽师范大学办公室退休的江静任办公室主任，全权负责该校区皖江学院学生的教学、生活管理。安徽师范大学也将该校区相对独立的41—47号宿舍楼划给皖江学院学生住宿（后来又增加了48号楼2、3、4层），7号教学楼以皖江学院使用为主。这样皖江学院在安徽师范大学花津校区内也形成了相对独立的体系。

至2012年下半年，皖江学院共有15个系（部），29个专业，在校学生7 752人，其中，花津校区3 410人、赭山校区342人、北校区4 000人。如何探索“一校三区”有效的教学与学生管理模式，丰富校园文化生活，成为皖江学院在这些年中一直不断探讨和实践的新课题。

二、探索培养模式

学院按照“厚基础，重应用，强技能”人才培养目标的要求，确定了教学改革与建设的总体思路：以教育思想观念更新为先导，以课程体系和教学内容改革为重点，以培养学生创新精神和实践能力为核心，以应用性、针对性、实用性和有效性为原则，加强教学方法、教学手段和教学管理等方面研究，积极探索应用型人才培养模式，着力提高应用型人才培养质量。

---

① 安徽师范大学皖江学院会议纪要〔2009〕13号。

（一）构建理论模型

学院通过对母体大学优质资源的存量、现状、类别、利用方式以及皖江城市带产业转移示范区的人居环境、公共服务、产业结构、产业布局，尤其是电子信息、金融服务、现代物流、文化产业与旅游业等规划、发展、人才需求情况进行调研，构建了“独立学院应用型人才培养理论模型”，如下图：

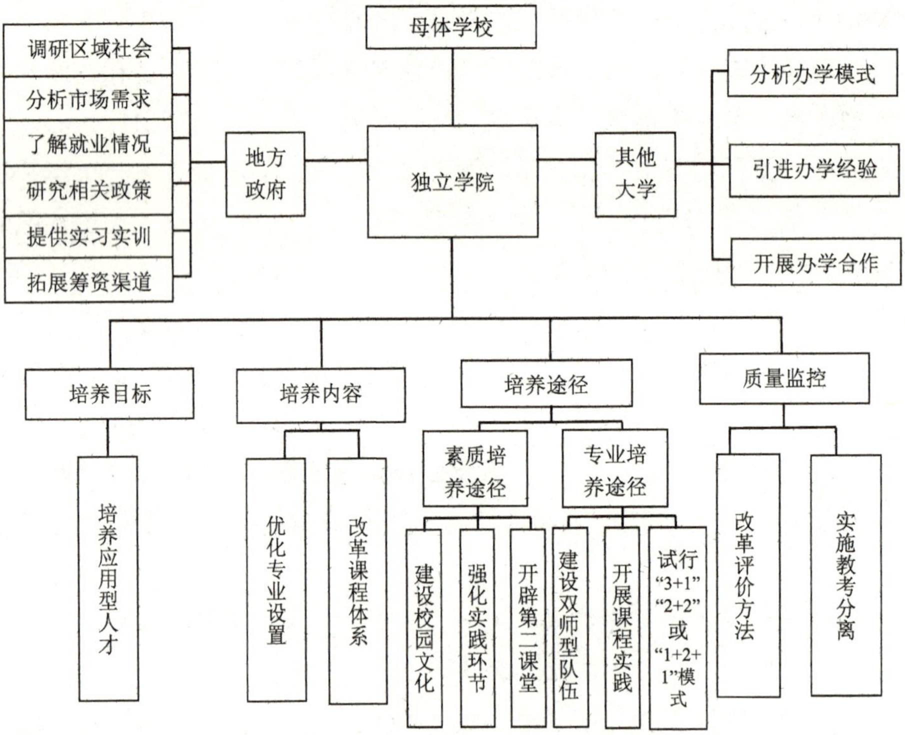

图3-3　学院应用型人才培养理论模型

（二）修订培养方案

在应用型人才培养理论模型基础上，学院结合办学特点和发展方向，先后三次修订培养方案（见图3-4）。

图3-4 皖江学院三个阶段的人才培养方案

2011年，学院第三次修订了人才培养方案，这次修订的指导思想是坚持以人才培养为中心，以应用能力培养为主线，努力在专业学科基础、实践训练、外语、计算机应用能力和文化素质教育上形成特色和优势。提出“3+1”（3年校内学习，1年校外实践）、“2+2”（2年理论学习，2年实践学习）、“1+2+1”（1年基础学习，2年专业系统学习，1年专业实践）等强化培养实践应用能力的方案，加强了实践教学，优化了课程结构，压缩了课时总量。

（三）改革课程体系

学院力求将理论性知识、应用性知识和技能性知识紧密结合，打破传统模式的束缚，将课程结构划分为公共基础课、专业基础课、专业方向课、素质教育课、实践课等五个模块，实行“基础+方向”课程结构体系。其中，公共基础课程占30%、专业基础课程占40%、专业方向课程占25%、素质教育课程占5%。

（四）实施质量工程

为全面贯彻落实科学发展观，切实把高等教育的重点放在提高教学质量上，经报国务院同意，教育部、财政部决定实施“高等学校本科教学质量与教学改革工程”并颁发了《教育部 财政部关于实施高等学校本科教学质量与教学改革工程的意见》①。

该文件指出，近年来，高等教育规模快速发展，为我国经济社会的快速、健康和可持续发展以及高等教育自身的改革发展做出了巨大贡献。但是，高等教育质量

① 教育部文件（教高〔2007〕1号）

还不能完全适应经济社会发展的需要，不少高校的专业设置和结构不尽合理，学生的实践能力和创新精神培养亟待加强，教师队伍整体素质亟待提高，人才培养模式、教学内容和教学方法需要进一步转变。因此，迫切需要采取切实有效的措施，进一步深化高等学校教学改革，提高人才培养的能力和水平，更好地满足经济社会发展对高素质创新型人才的需要。

该文件提出了明确的建设目标：通过质量工程的实施，使高等学校教学质量得到提高，高等教育规模、结构、质量、效益协调发展和可持续发展的机制基本形成；人才培养模式改革取得突破，学生的实践能力和创新能力显著增强；教师队伍整体素质进一步提高，科技创新和人才培养的结合更加紧密；高等学校管理制度更加健全；高等教育在落实科教兴国和人才强国战略、建设创新型国家、构建社会主义和谐社会中的作用得到更好的发挥，基本适应我国经济社会发展的需要。

根据《教育部　财政部关于实施高等学校本科教学质量与教学改革工程的意见》，为做好贯彻落实工作，2008年1月，安徽省教育厅、财政厅制定并下发了《省教育厅　财政厅关于实施高等学校教学质量与教学改革工程的意见》及建设项目指南，成立了质量工程领导小组，并印发了《安徽省高等学校省级教学质量与教学改革工程项目管理暂行办法》和《安徽高等教育省级教学质量与教学改革工程专项资金管理暂行办法》，对质量工程项目和资金管理做了明确规定。

对于国家级质量工程项目的申报，我省采取学校自愿申报、专家评审、质量工程领导小组通过的方法进行遴选。同时，我省从2008年正式启动实施了省级质量工程，整体涵盖6大类，即推进重点高校、重点学科和特色专业建设，引导高等学校科学定位、办出特色；推进教学团队和高素质教师队伍建设，着力提升广大教师教书育人的水平；推进精品课程和数字图书馆建设，运用信息技术提高优质教学资源的共享水平；推进实验、实训、实习基地建设，培养大学生的创新能力和实践能力；推进人才培养模式创新实验区建设，营造鼓励探索、支持改革的良好环境氛围；推进教学评估与教学质量监控体系建设，提高社会对高等教育人才培养质量的满意程度。经过多年的努力，省级质量工程进展顺利，取得了阶段性成果，对国家级质量工程的申报和建设都有较大推动作用。

皖江学院以贯彻落实《教育部　财政部关于实施高等学校本科教学质量与教学改革工程的意见》、教育部《关于进一步深化本科教学改革全面提高教学质量的若干意见》①以及安徽省有关文件精神为契机，坚持以质量工程为抓手，用课题研究引导

① 教育部文件（教高〔2007〕2号）。

教学管理，围绕项目课题的中心任务，研究制定了《安徽师范大学皖江学院质量工程实施方案》《安徽师范大学皖江学院关于教学研究立项和项目管理暂行办法》《安徽师范大学皖江学院校级重点建设精品课程立项与管理暂行办法》等一系列文件，积极组织申报国家级、省级质量工程项目；同时启动院级质量工程项目的立项与研究工作，广大教师参与质量工程项目申报与研究的积极性空前高涨。

2008年年初，学院党委副书记、常务副院长闫蒙钢到任后不久，即组织人员对独立学院应用型人才培养模式展开探索和研究，并成功申报省级质量工程重点项目。当时课题组确定的研究目标：一是制定一套以市场需求为导向的独立学院应用型人才培养方案；二是进行教学改革实验，开发一系列具有区域特色的课程体系、专业设置、实践教学、师资建设、就业指导、质量监控等人才培养实施方案，探索独立学院人才培养模式特色化的建构途径。

截止到2012年，学院已有国家级教学研究项目2个，省级质量工程项目32个，院级质量工程项目54个，数量居全省独立学院之首，并下达了专项研究经费，确保各项研究任务的顺利开展。(具体项目见附录)

表3-1　2008—2012年皖江学院质量工程项目数量统计表

年份	立项课题及项目数量
2008年	独立学院"十一五"国家课题2个、省级质量工程项目3个、院级质量工程项目13个
2009年	省级质量工程项目2个
2010年	省级质量工程项目14个、院级质量工程项目21个(含获奖项目)
2011年	省级质量工程项目2个
2012年	省级质量工程项目11个、院级质量工程项目20个(含获奖项目)

表3-2　2008—2012年皖江学院省级质量工程项目一览表

序号	项目负责人	项目名称	项目类别	级别
1	闫蒙钢	独立学院应用型人才培养模式探索与实践	教学研究	省级
2	刘玉龙	独立学院动画专业人才培养模式研究	教学研究	省级
3	赵　平	独立学院学生思想道德现状与德育审美化研究	教学研究	省级

续 表

序号	项目负责人	项目名称	项目类别	级别
4	钱奇佳	独立学院“大学语文”课程建设研究	教学研究	省级
5	卢　松	独立学院旅游管理专业发展特征与运行机制研究	教学研究	省级
6	许长安	独立学院电子信息工程专业课程设计的系统化研究	教学研究	省级
7	王艳红	独立学院基于地方传统文化教育的人文素质培养探索与实践	教学研究	省级
8	刘玉龙	动画	特色专业	省级
9	黎泽潮	广告学	特色专业	省级
10	钱奇佳	汉语言文学	特色专业	省级
11	孙　亮	教坛新秀奖	教坛新秀	省级
12	荣姗珊	教坛新秀奖	教坛新秀	省级
13	桑青松 聂竹明 许之民 张新明 沈建智	应用型本科创新人才培养的理论与实践——基于心理学与教育技术学学科的视角	教学成果	省级
14	刘玉龙 孙　亮	独立学院动画专业人才培养模式的探求与实践	教学成果	省级
15	杨柏岭 芮道荣 钱奇佳	高校学生素质与能力“全面提高，分类培养”模式的探索与实践	教学成果	省级
16	闫蒙钢	优秀教学管理工作者	教学成果	省级
17	张先云	创业教育的实践平台——大学生创业实践中心	创新人才培养实验区	省级
18	刘玉龙	风景写生	精品课程	省级
19	朱昌青	应用化学教学团队	教学团队	省级
20	陈少军	皖江学院——中软国际RI实验室建设	示范实习实训中心	省级
21	秦忠基	安徽师范大学皖江学院实验中心	示范实习实训中心	省级

续 表

序号	项目负责人	项目名称	项目类别	级别
22	赵　平	思想道德修养与法律基础	精品资源共享课	省级
23	王炳江	基于市场需求视角的软装饰艺术课程教学创新研究	教学研究	省级
24	张　萍	以课例研究促进大学英语教师专业素质发展	教学研究	省级
25	周淑芳	独立学院公共选修课程教学改革研究	教学研究	省级
26	高智林	独立学院财经类专业人才培养与企业互动发展模式研究	教学研究	省级
27	杨　韬	“图像时代”油画人物课堂写生的教学方法研究	教学研究	省级
28	伍旭中	皖江学院—环球国旅旅游创业实践基地建设	校企合作实践教育基地	省级
29	马　骥	独立学院经济学专业综合改革试点	专业综合改革试点	省级
30	闫蒙钢	独立学院应用型人才培养模式探索与实践	教学成果	省级
31	张先云	构建创业教育平台,创新实践教学方式——“大学生创业实践中心”的建设和思考	教学成果	省级
32	张先云	优秀教学管理工作者	优秀教学管理工作者	省级
注:统计时间2008—2012年				

在全院的共同努力下，学院教学改革取得突出成果。在2010年安徽省教育厅质量工程项目名单中，学院数字媒体技术系“应用型本科创新人才培养的理论与实践——基于心理学与教育技术学学科的视角”项目获省高等教育成果奖二等奖；中文系“高校学生素质与能力‘全面提高，分类培养’模式的探索与实践”项目获省高等教育成果奖三等奖；美术系“独立学院动画专业人才培养模式研究”项目获省高等教育成果奖三等奖。

2012年，闫蒙钢副院长主持的“独立学院应用型人才培养模式探索与实践”省级教学研究项目，获省高等教育成果奖二等奖①；张先云副院长主持的“构建创业教育平台，创新实践教学方式——‘大学生创业实践中心’的建设和思考”省级教学

① 证书号:2012cgj461-1。

研究项目，获省高等教育成果奖二等奖[①]。

课题研究是学校可持续发展的原动力和核心竞争力，在课题研究引领下，学院教学质量工程建设稳步推进，教学工作出现了规范有序、健康、可持续发展的良好态势。在课题研究过程中，学院注重及时引导全体教职工更新观念，也达成了对应用型人才培养模式的共同认识。

（五）尝试论文改革

针对当时高等院校本科毕业论文写作中缺少创新、内容空洞，抄袭或东拼西凑等问题，为了培养学生的实践能力，学院从2010年起大胆进行毕业论文改革，采取了以实践性论文逐渐取代学术性论文的毕业论文写作方式，将毕业论文的着眼点从理论性向应用性、从学术性向实用性转移，使之成为构建学院有特色的应用型本科人才培养模式的一个重要环节。

根据学院应用型本科高校的办学定位，学院首先在美术系2010届毕业生中开展论文改革试点，并召开毕业论文答辩现场观摩会。在总结经验的基础上，从2011届毕业生开始全面推行以实践性毕业论文为主体的毕业论文改革工作。学院特别重视对学生毕业论文内容、形式、管理的改革，鼓励学生尝试用与专业相关的作品、设计、调研报告等代替传统的毕业论文，主要类型有毕业设计说明、社会调查报告、产品营销方案、深度新闻报道、中外翻译文本、实体个案分析等。这种做法在国内同类院校也属首创，初显成效。这一改革具有以下特点：

1. 特色鲜明

实践性论文是相对于学术性论文而言的，是学生运用在校期间学习的理论知识在自己的专业领域（或相近领域）实际操作所取得的成果及其描述、说明、评论性文字。实际操作的成果可能具有艺术价值或实际应用价值，也可以是向这一方向努力的过程性成果，不以正式发表或实际应用为必要条件。

2. 形式多样

实践性论文可多人协作完成。对于一些分量较重或需要投入较大工作量的选题，鼓励多人合作。在学院毕业论文改革中，各系根据自身专业特点完成的实践性论文主要类型有毕业设计及其说明性文字，文艺创作（美术、文学作品）、艺术设计、艺术实践（个人音乐会）及其创意说明和评论，各种形式的社会调查报告，产品营销和其他活动的策划方案，深度新闻报道及其说明性文字，中译外翻译文本，

① 证书号：2012cgj460。

经济实体和传媒实体的个案分析等。

3. 要求严格

为加强毕业论文改革工作，学院专门成立了以院长为组长的毕业论文改革工作领导组，负责全院学生毕业论文改革各项措施的落实工作。学院还出台了《安徽师范大学皖江学院本科毕业论文管理工作改革的实施方案》[①]等一系列文件，明确了改革思路，规范了论文格式，提出了写作要求，尤其是对指导教师的聘请更是做出了一系列严格的规定，以确保改出新天地，革出好成果。

4. 质量较高

自2010年由美术系首次采用实践性论文写作形式以来，学生在毕业论文写作形式上摆脱了从书本到书本、从理论到理论的倾向。毕业论文改革提高了学生的主动性，充分调动学生到社会实践中去寻找有应用价值的课题，切实提高了学生综合运用所学基础理论、专业知识和基本技能去独立分析和解决实际问题的能力。整个论文改革过程管理规范，教师指导认真，总体质量较高。

（六）打造实践平台

学院高度重视实践教学环节，把实践教学作为建构应用型人才培养模式的重要抓手，着力建设“四个中心、两个讲坛”。

1. 大学生创业实践中心

为发挥学生创新创业和实践的能动性，学院创办了大学生创业实践中心。

2. 皖江学院实验中心

这是2010年省级实训中心项目，也是校内的实践教学平台。

3. 动漫艺术研究中心

这是学院设立的第一个科研机构，为动画专业的师生制作动画短片提供设备、场所和资金支持。同时，开展动漫理论研究，从不同方面支持省级特色专业——动画专业的建设与发展。

4. 校企合作实训中心

这是2011年校企合作省级实训中心项目，由电子信息系与中软科创科技无锡有限公司携手探索校企合作的新模式、新渠道。

5. 皖江大讲坛

2007年，学院创办“皖江大讲坛”，荟萃名家学者，交流学术观点，报道前沿动

① 安徽师范大学皖江学院文件（院教字〔2010〕35号）。

态。至2012年上半年，“皖江大讲坛”先后邀请院内外专家学者作学术报告已过百场。

6. 皖江学子大讲堂

2007年，学院创办“皖江学子大讲堂”，为皖江学子提供交流思想、阐明观点、开阔视野、亲身实践的平台。讲坛由学生策划、学生主持、学生主讲，讲学生的观点，听学生的故事，关注学生需求，展示学子风采。至2012年上半年，已有80余名学生登台演讲。

（七）创新管理机制

学院注重建立健全教学规章制度，制定主要教学环节的质量标准，形成了比较完善的教学质量监控体系。学院呈现出教学管理规范，监控措施有力，执行情况良好的局面。

1. 创立教学管理新模式

学院总结提出了安徽师范大学皖江学院“一线三点”教学管理模式：以教学管理规范制度建设为主线，以毕业论文改革、毕业实习改革和课程教学大纲改革三点为支撑。其代表性文件是《安徽师范大学皖江学院教学运行管理规程》（教学管理主线）与《安徽师范大学皖江学院关于本科生毕业论文（设计）工作暂行规定》《安徽师范大学皖江学院毕业实习管理暂行办法》《安徽师范大学皖江学院关于制定课程教学大纲的原则意见》等三个教学工作文件相呼应。在“一线三点”教学管理模式的引领下，学院教学工作出现了规范有序、健康、可持续发展的良好态势，做到了教学、实践（含毕业论文设计）、考核诸方面标准明确、检查及时、评价客观，保证了教育教学质量的稳步提高。

学院注重强化教学过程管理，近五年期间，学院出台或修订了《安徽师范大学皖江学院教学运行管理规程》《安徽师范大学皖江学院教师教学工作规程》等一系列规章制度。这些制度覆盖了教学管理的各方面，贯穿教学管理的各个环节。为方便师生查询、学习和使用，学院还对教学管理规章制度进行整理、归类，编印了《安徽师范大学皖江学院教师教学工作手册》（见图3-5）和《安徽师范大学皖江学院学生手册》（见图3-6）等，为教学工作的顺利开展提供了制度保障。学院建立了“三期”（期初、期中、期末）教学检查、领导听课、书记院长信箱、学生座谈会、学生评教、教学工作会议、院务会定期研究教学工作、编撰教学简报等一系列教学管理机制，加强对教学过程的全程监控。

图3-5 教师教学工作手册

图3-6 学生手册

学院重视教学管理队伍建设，组建了一支结构合理、队伍稳定、素质优良、服务意识强的教学管理队伍。2011年，学院教务处获“安徽省高等教育学籍学历管理工作先进集体”荣誉称号，教务科负责人孙娟获“安徽省高等教育学籍学历管理工作先进个人”荣誉称号，在独立学院中，尚属首例。到2012年，学院有教学管理人员41人，其中21人具有高级专业技术职称，多人有着10年以上从事教学管理工作的丰富经验。这是一支学历、职称、年龄结构合理，吃苦耐劳，工作踏实，服务意识和管理能力较强的教学管理队伍。其中逾11人次获省级教学成果奖和优秀教师、劳动模范、优秀教学管理者和教坛新秀等荣誉称号。

学院还重视教学工作经验的总结与交流，教务处主办了《安徽师范大学皖江学院教学工作简报》(见图3-7)，及时刊登学院不同时段的重要教研信息、工作动态，已成为沟通资讯、交流信息、探讨经验、改进工作、促进管理和展示风采的重要窗口和阵地。

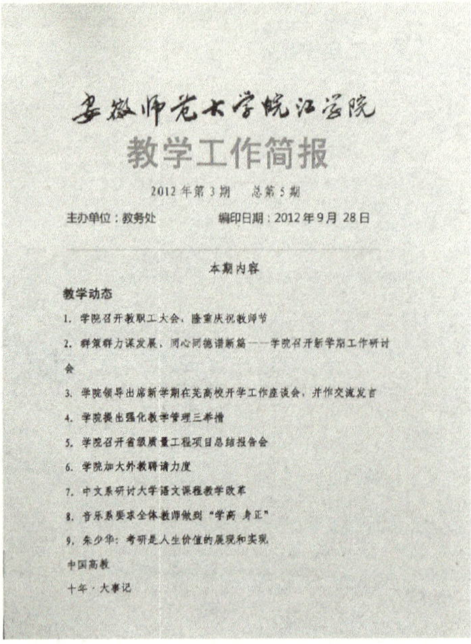
安徽师范大学皖江学院
教学工作简报
2012年第3期　总第5期
主办单位：教务处　　编印日期：2012年9月28日

本期内容

教学动态

1. 学院召开教职工大会，隆重庆祝教师节
2. 群策群力谋发展，同心同德谱新篇——学院召开新学期工作研讨会
3. 学院领导出席新学期在芜高校开学工作座谈会，并作交流发言
4. 学院提出强化教学管理三举措
5. 学院召开省级质量工程项目总结报告会
6. 学院加大外教聘请力度
7. 中文系研讨大学语文课程教学改革
8. 音乐系要求全体教师做到“学高 身正”
9. 朱少华：考研是人生价值的展现和实现

中国高教

十年·大事记

图3-7　学院教学工作简报

2. 构建目标管理新机制

为了确保教学的中心地位，为教学提供优质管理保障，学院采取小机关、大服务、市场化相结合的目标管理模式来推进管理改革。

学院坚持将改善办学条件与加强管理相结合，优化配置与资源共享相统一。自2008年以来，在办学经费困难的情况下，学院不断加大投入，基本保障了校园校舍、教学设施、实习基地、图书资料、校园网络、教学经费等教学需要，进一步改善了办学条件。从2008年到2012年，目标管理初见成效。

后勤改革。鉴于独立学院的民办性质，学院从一开始就认识到一定要进行后勤社会化改革。后勤社会化改革就是要进行目标管理，努力做到小机关、大服务。后勤职工采取分流的办法，一部分同志到门卫，一部分同志组成水电管理中心，还有一部分同志对社会服务企业进行监督管理。学院将三个食堂、一个超市和洗理中心的物业管理都向社会招标，后勤部门进行监督。只管后勤，不办后勤，后勤交给社会的做法，4年来取得收益近300万。

水电管理。为防止水电费用节节攀升，学院继续了以前的改革措施，仍与水电管理中心签订协议，每年定额考核，节约的部分奖励20%，超支的部分罚款20%。2008年节约水电费13万，奖励2.6万元；2009年节约水电费5.5万元，奖励1.1万元；2010年由于增加电脑三百多台，增加了空调等设备，人员又有所增加，水电费超支了5万元，鉴于事出有因，学院象征性地对水电管理中心的每人罚了500元。实践证明，这条路是对的。皖江学院校区有近4 500名学生，水电费这几年都控制在每年约130万元，人均约289元。

经费管理。学生拖欠学费最多的一年达到800多万，这严重影响了学院的各项工作。为了迅速扭转这一现象，学院运用独立学院灵活的奖惩激励机制，即拿出总收入的0.5%作为奖励，并采取目标管理，情况迅速好转。2006级、2007级两届毕业生都是零欠费，全校学宿费2010年缴交率达99.24%，2011年达99.61%。

由于皖江学院使用了母体大学的教学资源和无形资产，所以还要回报母体大学。2003—2007年，学院由于规模较小，每年只将学费收入的55%上缴大学，2008年后，学院由于占用母体大学的教学资源和无形资产较多，每年需将学费的60%和全部的住宿费上缴，学院53位在编人员每年的工资250万元也全部返还。另外，学院建大楼、整顿校园环境向母体大学借支的2 000万元分6年还清。

从2005年独立办学至2011年，学院上缴母体大学学宿费1.697 6亿元（见图3-9），2012年上缴5 621.86万元，为大学办学做出了一定的贡献。(2006年，因北校区基本建设与维修改造工程资金缺口较大，经安徽师范大学领导同意，当年学宿费暂缓上交。)

学院还精打细算，厉行节约，全院的招待费每年控制在30万元左右，占学院总收入的0.4%，占可用经费的1%。

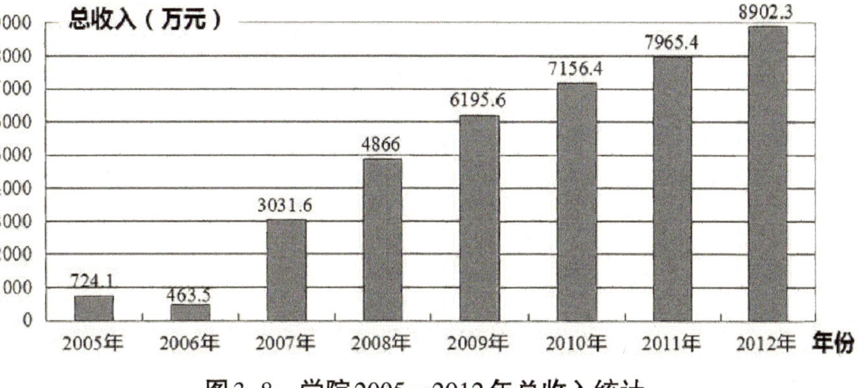

图3-8　学院2005—2012年总收入统计

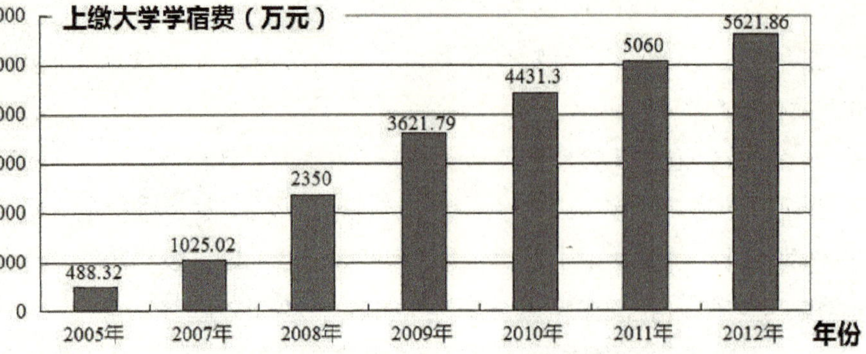

图3-9　学院2005—2012年上缴大学学宿费统计

机构管理。学院的可用财力很有限，为了正常办学，必须大力降低办学成本，精简行政机构。学院采取的原则是能不设的机构坚决不设，全部机关管理人员主要采取兼职（加发兼职酬金）、临时聘用等措施节约人力成本。到2012年6月，办公室正式聘用3人、教务处6人、学生处3人、团委1人、财务处4人、宣传部1人、后勤与保卫处15人。

第三节　优化布局，培育特色

学院始终把专业布局与建设放在突出位置，合理规划，确立了“以应用型学科为主，构建文学、理学、工学、管理学、经济学、艺术学、教育学诸学科相互支撑、协调发展，与区域经济和社会发展相适应的学科专业体系”的专业建设目标，以及确定了“深化教改，强化特色，提高质量，创建品牌”的工作思路。

一、优化学科专业结构

优化专业设置是应用型人才培养模式的重要方面。学院充分发挥独立学院专业设置的灵活性，尽量避免与母体大学过高的重复性，坚持以市场为导向，以“重视基础专业，提升传统专业，做强优势专业，扶植新兴专业，培育特色专业”为指导思想，按照“应用型为主，社会急需为先，支重扶新，突出特色，铸造品牌”的基本思路，结合我省经济建设和社会发展的需要，积极开展专业申报与建设工作，不断调整和优化学科专业结构，努力创造条件加快发展社会和人力资源市场急需的短线专业。

学院非常注重专业设置和专业优化工作，不断深入各系开展调研，协调解决各系专业发展中遇到的各种问题，并鼓励各系结合自身特点和学院发展需要积极申报新专业。具体做法有以下几点：

（1）加强专业申报的调研与论证。学院每年都要组织相关人员对市场需求进行调研，依托母体大学的办学经验，组织专家对新专业申报进行论证。根据学科专业发展规划、现有学科专业布局以及区域经济社会发展对人才的需求，拟定新增专业申报方案。

（2）加强专业建设的领导与管理。学院成立了教学指导委员会，制定了院、系两级学科专业建设规划，建立了专业建设与发展规划的评估与检查制度。

（3）加强专业课程优化与教学改革。学院不断优化课程体系和教学内容，积极推进教学改革。定期召开学科专业建设研讨会，邀请专家作有关学科专业建设方面的报告，交流学科专业建设和结构调整方面的经验，研讨存在的问题与确定对策。

（4）加强专业师资的选聘与建设。紧紧依托母体大学的教师资源是独立学院师资队伍建设的战略选择，也是保证独立学院教育教学质量的重要前提。学院大量聘用母体大学中教学经验丰富、专业水平高的教师承担学院的教学任务，分享母体大学良好的师资声誉和优质的教学资源。同时，又积极引进专职教师，认真遴选双师型教师，确保有一支稳定的专业师资队伍，努力打造一支既有扎实理论知识又有丰富实践经验的教师队伍。

通过不懈努力，到2012年上半年，学院已获准招生的专业有29个——对外汉语、汉语言文学、新闻学、广告学、广播电视新闻学、英语、日语、俄语、经济学、财务管理、市场营销、物流管理、电子信息工程、信息管理与信息系统、自动化、计算机科学与技术、教育技术学、数字媒体技术、旅游管理、音乐学、美术学、艺术设计、动画、摄影、戏剧影视美术设计、应用化学、学前教育、社会体育和文秘教育。学院专业数量居全省独立学院第一。

学院设置的专业涵盖文学、理学、工学、经济学、管理学、教育学、艺术学七个学科门类（见表3-3），初步形成了以应用型学科为主，文学、理学、工学、经济学、管理学、教育学、艺术学多学科相互支撑、协调发展的学科专业体系。

表3-3　皖江学院专业布局与结构情况一览表

（截止于2012年）

序号	学科门类	专业名称及设置年份	专业数量（个）	所占比例
1	文　学	汉语言文学（2007年）、对外汉语（2007年）、文秘教育（2012年）、新闻学（2004年）、广告学（2006年）、广播电视新闻学（2008年）、英语（2003年）、日语（2003年）、俄语（2009年）	9	31%
2	理　学	教育技术学（2004年）	1	4%
3	工　学	电子信息工程（2003年）、计算机科学与技术（2004年）、自动化（2010年）、数字媒体技术（2010年）、应用化学（2010年）	5	17%
4	经济学	经济学（2004年）	1	4%
5	管理学	市场营销（2006年）、信息管理与信息系统（2009年）、财务管理（2010年）、物流管理（2011年）、旅游管理（2009年）	5	17%
6	教育学	学前教育（2012年）、社会体育（2012年）	2	6%
7	艺术学	美术学（2006年）、艺术设计（2006年）、动画（2008年）、摄影（2010年）、戏剧影视美术设计（2011年）、音乐学（2006年）	6	21%
合计			29	100%

值得一提的是，学院的“数字媒体技术”作为新兴专业，是教育部控制掌握的“在少数高校试点的目录外专业”，也是安徽省省属高校中第一个获批设立数字媒体技术专业的院校。另外，学院还分别于2010年、2011年获得摄影专业及戏剧影视美术设计专业自主招生权（校考专业），学院在专业自主招生考试管理和新专业建设方面也做出了有特色的探索。

二、努力改善办学条件

学院结合办学定位和人才培养目标，采取了一系列有效措施来加强专业建设、改善办学条件。

学院坚持将改善条件与加强管理相结合，优化配置与资源共享相统一，不断加大投入，校园校舍、教学设施、实习基地、图书资料、校园网络、教学经费等均能较好地满足教学需要。

2008年以来，学院努力克服重重困难，对学生宿舍楼、教学楼、篮球场等进行了修缮和改造，进行了大规模的绿化、硬化和美化，在校园各主要部位安装了红外线监视器和摄像头，做到了技防、物防、人防的结合，通过对校园环境的综合治理，极大地改善了学院面貌。

（一）优先保证四项教学经费

学院认真落实教育部和省教育厅关于保证教学经费的精神，在经费紧张的情况下，2008—2011年，学院保证了生均四项经费逐年增长，分别为883.81元、1 246.76元、1 595.52元、1 868.60元，分别占学费收入的20.01%、22.17%、24.36%、25.12%。

（二）重点改善实验教学条件

按照“坚持标准，急用先建，科学配置”的原则，重点改善新专业的实践教学条件。到2012年初，已有55个专业实验（实训）室，1个创新实验室，1个创业中心，6个语音室，6个计算机基础实验室，15个计算机专业实验室，1个工科实训中心，1个大型摄影棚，2个演播厅，1 500余台教学用计算机，并开出105门实验课程。

（三）积极构建图书共享体系

学院图书馆建筑面积5 500平方米，阅览室座位共有800个，皖江校区百名学生座位20个。2012年初，共有中外文纸质图书及共享电子图书120万册，生均图书170册。中外文报纸125种、期刊947种，其中国家级中文期刊304种，国家级核心期刊232种，且学术期刊约占期刊总数的55%。同时，与母体大学图书馆实现资源共享，纸质文献实现通借通用，40余种中外文电子数据库通过校园网共享，并与安徽省高校资源共享服务平台建立了链接，形成了纸质图书和电子资源并存，馆藏文献和网络资源互补的图书资源体系。阅览室每周开放近90小时，超过教育部《普通高等学校图书馆规程》每周开放70小时的规定，电子资源每天提供24小时服务，图书馆电子资源年均点击量达18万人次，论文下载年均近10万篇。

（四）大力创建实践教学基地

学院鼓励教学单位加强对外联系与合作，积极创建和巩固校外实习基地，促进实习（实训）与就业基地一体化。学院本着“互惠互利、资源共享、合作共赢”的原则，先后与省内的合肥、芜湖等地以及江苏、浙江、广东、北京等省的多家企事业单位签订了实习（实训）和就业协议，建立了145个校外实习（实训）和就业基地，初步形成了布局合理、相对稳定的校外教学实习（实训）与就业基地体系，形成了实践教学基地群，丰富了教学资源。

1. 校企合作

学院与昆山安博实训基地、芜湖方特动漫基地、芜湖华强文化科技产业有限公司、中软科创科技无锡有限公司、安徽日报报业集团等企业和北京丽思卡尔顿酒店、宁波华侨豪生大酒店等国内多家著名酒店建立了实习联系，派出学生前往实训。2011年，学院组织电子信息系与中软科创科技无锡有限公司联合申报，并成功获得“省级示范实训中心”称号。

图3-10　学院领导赴北京电影学院考察动画专业

图3-11　学院与华强文化科技集团签订校企合作协议

图3-12　学院领导赴昆山看望2006级实训学生

图3-13　学院与中软国际正式签订“人才培养基地”合作协议

图3-14　学院领导赴深圳考察旅游管理专业实习基地

2. 岗位练兵

为加强对学生实践能力的培养，学院又设置了各种练兵岗位：各有关部门聘请学生工作助理，协助处理日常事务，收集编写简报资料；院报《皖江潮》编辑部新闻采访、编辑、摄影，报纸版面设计、排版、发行等全部由学生承担；学院新闻网、《团学通讯》、新闻系系刊《新锋》、中文系系刊《晨钟》等编辑、记者均由学生承担；校园视频新闻拍摄、制作也由传媒DV工作社学生负责。各部门根据岗位特点，制定工作规则、管理制度、考核办法，对实践人员进行考评，促进其各方面能力的提升。

安徽师大报
皖江潮
月刊
2007年1月
20日
星期六
安徽师范大学皖江学院协办
高天寒流急 皖江暖意流
“送温暖，关心贫困生”帮扶工作在我院启动
外语系四个班申报“免监考”
我院举行“迎新年 庆元旦”大型游艺活动
美术系举办首届学生作品展
2006年度学院十大新闻
新闻集装箱

图3-15　院报《皖江潮》

图3-16　《团学通讯》

图3-17　新闻系系刊《新锋》

图3-18　中文系系刊《晨钟》

（五）高度重视校园网络建设

学院高度重视信息化建设，从人力、物力和经费上给予了大力支持，使校园网硬、软件建设得到了大大提高。

学院通过教务管理系统，实现了网上学生学籍注册、网上排课、网上评教，学习成绩的网上录入、网上管理和网上查询，促进了学院教务管理的科学化、规范化和信息化。

通过网络实现了与安徽师范大学文件的上呈下达，通过校内办公系统实现了会议通知下达、文件传递、信息交流等，极大地方便了各部门的教学和管理，为实现办公自动化、文档一体化、院务工作信息化和最终实现无纸化办公打下了坚实的基础。

学院还专门成立了网络宣传办公室，统一管理学院网站建设和运行，制定了《安徽师范大学皖江学院网站建设与管理规范》《安徽师范大学皖江学院关于校园网新闻写作与上传有关要求的通知》《关于加强学院网站建设和管理工作的通知》（见图3-19）《安徽师范大学皖江学院关于加强宣传工作管理的暂行办法》（见图3-20）《关于开展学院二级网站评估工作的通知》（见图3-21）《安徽师范大学皖江学院关于加强网络舆情引导与控制的暂行规定》（见图3-22）等制度，规范网站运行行为。另外，还编印了《互联网管理法律法规汇编》，倡导依法建网、文明上网的风尚。

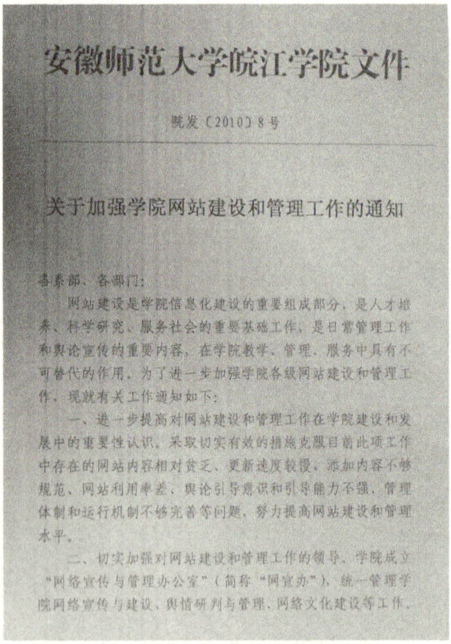
安徽师范大学皖江学院文件

皖发〔2010〕8号

关于加强学院网站建设和管理工作的通知

各系部、各部门：

网站建设是学院信息化建设的重要组成部分，是人才培养、科学研究、服务社会的重要基础工作，是日常管理工作和舆论宣传的重要内容，在学院教学、管理、服务中具有不可替代的作用。为了进一步加强学院各级网站建设和管理工作，现就有关工作通知如下：

一、进一步提高对网站建设和管理工作在学院建设和发展中的重要性认识，采取切实有效的措施克服目前此项工作中存在的网站内容相对贫乏、更新速度较慢、添加内容不够规范、网站利用率差、舆论引导意识和引导能力不强、管理体制和运行机制不够完善等问题，努力提高网站建设和管理水平。

二、切实加强对网站建设和管理工作的领导。学院成立"网络宣传与管理办公室"（简称"网宣办"），统一管理学院网络宣传与建设、舆情研判与管理、网络文化建设等工作，

图3-19　关于加强学院网站建设和管理工作的通知

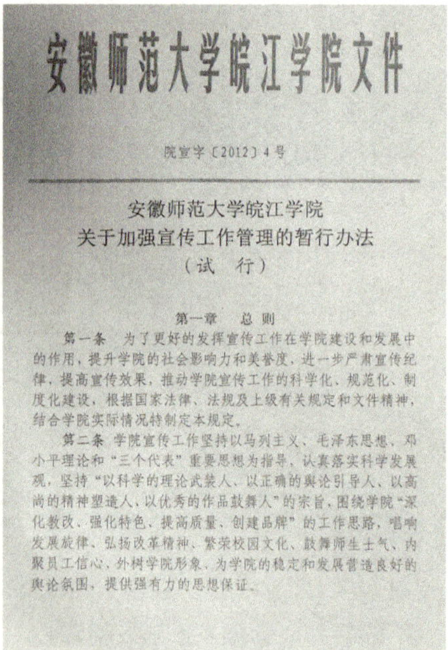
安徽师范大学皖江学院文件

院宣字〔2012〕4号

安徽师范大学皖江学院
关于加强宣传工作管理的暂行办法
（试　行）

第一章　总　则

第一条　为了更好的发挥宣传工作在学院建设和发展中的作用，提升学院的社会影响力和美誉度，进一步严肃宣传纪律，提高宣传效果，推动学院宣传工作的科学化、规范化、制度化建设，根据国家法律、法规及上级有关规定和文件精神，结合学院实际情况特制定本规定。

第二条　学院宣传工作坚持以马列主义、毛泽东思想、邓小平理论和"三个代表"重要思想为指导，认真落实科学发展观，坚持"以科学的理论武装人、以正确的舆论引导人、以高尚的精神塑造人、以优秀的作品鼓舞人"的宗旨，围绕学院"深化教改、强化特色、提高质量、创建品牌"的工作思路，唱响发展旋律、弘扬改革精神、繁荣校园文化、鼓舞师生士气、内聚员工信心、外树学院形象，为学院的稳定和发展营造良好的舆论氛围，提供强有力的思想保证。

图3-20　关于加强宣传工作管理的暂行办法

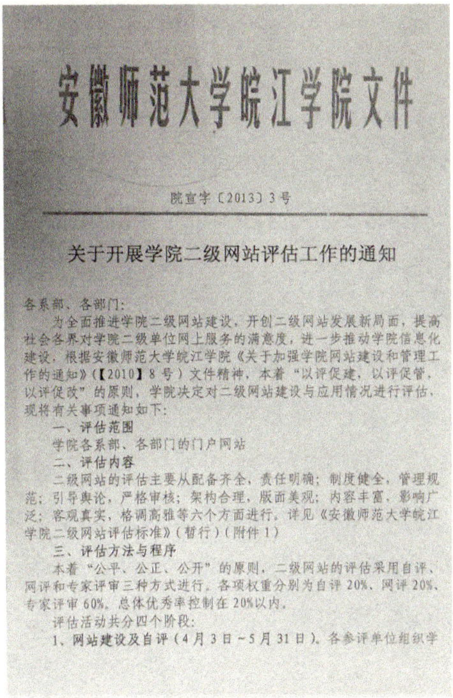
安徽师范大学皖江学院文件

院宣字〔2013〕3号

关于开展学院二级网站评估工作的通知

各系部、各部门：

为全面推进学院二级网站建设，开创二级网站发展新局面，提高社会各界对学院二级单位网上服务的满意度，进一步推动学院信息化建设，根据安徽师范大学皖江学院《关于加强学院网站建设和管理工作的通知》(【2010】8号)文件精神，本着“以评促建，以评促管，以评促改”的原则，学院决定对二级网站建设与应用情况进行评估，现将有关事项通知如下：

一、评估范围

学院各系部、各部门的门户网站

二、评估内容

二级网站的评估主要从配备齐全，责任明确；制度健全，管理规范；引导舆论，严格审核；架构合理，版面美观；内容丰富，影响广泛；客观真实，格调高雅等六个方面进行。详见《安徽师范大学皖江学院二级网站评估标准》(暂行)(附件1)

三、评估方法与程序

本着“公平、公正、公开”的原则，二级网站的评估采用自评、网评和专家评审三种方式进行。各项权重分别为自评20%、网评20%、专家评审60%。总体优秀率控制在20%以内。

评估活动共分四个阶段：

1、网站建设及自评(4月3日~5月31日)。各参评单位组织学

图3-21 关于开展学院二级网站评估工作的通知

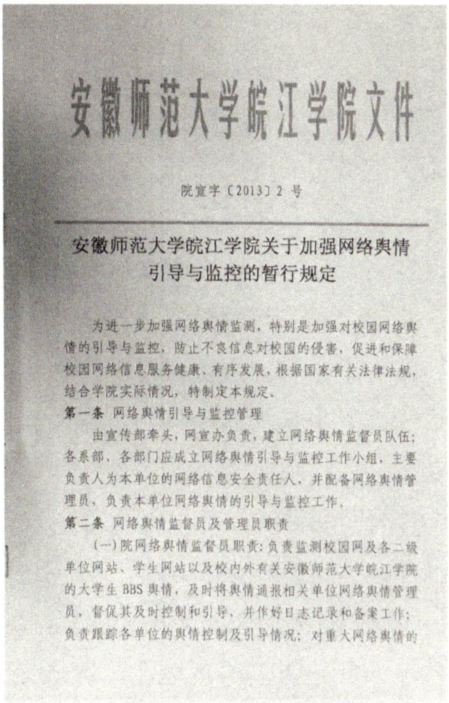
安徽师范大学皖江学院文件

院宣字〔2013〕2号

安徽师范大学皖江学院关于加强网络舆情引导与监控的暂行规定

为进一步加强网络舆情监测，特别是加强对校园网络舆情的引导与监控，防止不良信息对校园的侵害，促进和保障校园网络信息服务健康、有序发展，根据国家有关法律法规，结合学院实际情况，特制定本规定。

第一条 网络舆情引导与监控管理

由宣传部牵头，网宣办负责，建立网络舆情监督员队伍；各系部、各部门应成立网络舆情引导与监控工作小组，主要负责人为本单位的网络信息安全责任人，并配备网络舆情管理员，负责本单位网络舆情的引导与监控工作。

第二条 网络舆情监督员及管理员职责

(一)院网络舆情监督员职责：负责监测校园网及各二级单位网站、学生网站以及校内外有关安徽师范大学皖江学院的大学生BBS舆情，及时将舆情通报相关单位网络舆情管理员，督促其及时控制和引导，并作好日志记录和备案工作；负责跟踪各单位的舆情控制及引导情况；对重大网络舆情的

图3-22 关于加强网络舆情引导与监控的暂行规定

三、注重培育办学特色

学院按照“厚基础，重应用，强技能”的人才培养目标，不断总结办学经验，初步形成了学院三大办学特色，即：以能力为核心，创新培养方案，建设应用型课程体系；以课题为引领，规划专业设置，建设特色专业和精品课程；以创业教育为平台，创新实践教学方式，建设“大学生创业实践中心”。

（一）以能力为核心，创新培养方案，建设应用型课程体系

制定应用型人才培养方案是实现特色化人才培养的基础。本着“以人才培养目标为中心，以应用能力培养为主线，努力在专业学科基础、实践训练、外语、计算机应用能力和文化素质教育上形成特色和优势”的指导思想，学院于2011年第三次修订人才培养方案，进一步突出对学生实践能力的培养。要求理工类各专业集中安排的实践环节时间必须为35周左右，文科类各专业集中安排的实践环节时间为30周左右。除集中安排实践环节外，学院还增加课外创新活动和社会实践的第二课堂，为学生将理论与实践相结合提供平台，学院构建的应用型课程体系见表3-4。

结合学院特点及发展方向，院领导班子及各部门负责人多次组织召开培养方案优化论证会，并在此基础上分类提出“3+1”（3年校内学习，1年校外实践）、“2+2”（2年理论学习，2年实践学习）、“1+2+1”（1年基础学习，2年专业系统学习，1年专业实践）等强化实践应用能力培养的创新培养方案。这些培养方案已在经济管理系、电子信息系、外语系、中文系、美术系的相关专业试行并取得一定成绩。

以新闻系为例，该系根据自身特点实行“3+1”培养方案，并在教学过程中积极调整、灵活应对，培养效果良好。如2006级新闻系学生发起创办刊物《三克曼斯》，并在此基础上创办新闻系系刊《新锋》；2007级广告学专业学生创办的“广告营”，现已成为芜湖市各大高校广告社团交流的基地；2007级新闻学专业马继强、马乐陵分别获第三届“挑战杯”合锻集团安徽省大学生课外学术科技作品竞赛二等奖和三等奖；多名同学被杭州日报报业集团、安徽日报报业集团、亳州日报社等单位录用。

另外，美术系在创新培养方案的过程中，提出了“分层团块”结构下的“1+2+1”人才培养计划。具体改革内容为：系统全面知识构架下的小方向教学，基础课强调联系性，专业课强调市场性，选修课强调交叉渗透性，校外实训强调延展性，多元化的教学形态，开发与建设设计专业信息资源库、双师型师资库，优化软硬资源整合。这种“分层团块”式的课程设计，按照培养目标将课程设置分年级划分：一年级安排的为专业基础课程，主要精力集中在解决造型问题上，在此基础上辅以专业了解和欣赏性质的专业理论课程；二年级安排的为专业方向课程；三年级安排的为专业创作课程；四年级安排的为专业实践课程。所谓的“团块式”即是在分层的基础上再实现并联式课程体系。经过设计改革后，基础课、专业课以及理论课形成了深度关联，使得课程之间联系加深，形成了体系，课程本身的针对性也加强，每个课程体系都着重于解决实际问题。此外，培养方案本身加大了实践课比例，注重应用型目标的实现。

在课程内容上，我们主张体现综合化、人文化、实用化的特征。在课程实施上，提倡主动寻求适合独立学院学生特点的授课方式，鼓励互动式、启发式、讨论式教学，重视习题课、案例课的运用。在教学中通过师生课堂交流调动学生学习的主动性和积极性；了解学生的学习特点和风格，为学生创造自主学习和主动学习的氛围；针对独立学院的学生存在基础薄弱、自信心不足等问题，挖掘其潜质，实施赏识教育。

表3-4　2011年皖江学院人才培养方案课程体系表

课程类别		建议学时	建议学分（分）
理论教学	公共基础课	620（课时）	34
	专业基础课	1 700–1 800（课时）	100–110
	专业方向课	—	
	专业选修课	—	
	素质教育课	94（课时）	6
实践教学	入学教育、军训	30（课时）	1
	实习实训	26周	13
	毕业论文（设计）	8周	4
	课外创新活动和社会实践	—	4
总计		2 400–2 500（课时） （此处是理论教学课时）	162–172

（二）以课题为引领，规划专业设置，建设特色专业和精品课程

学院根据学科专业建设规划的要求，按照有利于形成学科专业群、发挥学科专业优势的原则，围绕办学定位和服务面向，加强新办专业内涵建设，推进资源整合、学科交义和外延拓展。除已遴选了一批院级特色专业外，2010年，新闻系广告学专业和美术系动画专业被批准为省级特色专业，2011年，中文系汉语言文学专业又被评为省级特色专业。

到2012年初，学院已形成动画、广告学、汉语言文学等省级特色专业引领的特色专业建设群，并建立了特色专业和精品课程建设制度，又立项建设了3门院级特色专业和12门院级精品课程。对每个特色专业给予每年2万元建设经费保障，这极大地促进了学院特色专业的发展（见表3-5、表3-6）。

表3-5　皖江学院特色专业一览表

序号	主持人	所在系	专业名称	级别	立项时间
1	刘玉龙	美术系	动画	省级	2010年
2	黎泽潮	新闻系	广告学	省级	2010年
3	钱奇佳	中文系	汉语言文学	省级	2011年
4	刘玉龙	美术系	动画	院级	2010年
5	刘玉龙	美术系	美术学	院级	2012年
6	周建国	新闻系	广播电视新闻学	院级	2012年

表3-6　皖江学院精品课程一览表

序号	主持人	所在系	课程名称	级别	立项时间
1	刘玉龙	美术系	风景写生	省级	2009年
2	赵　平	基础教学部	思想道德修养与法律基础	院级	2010年
3	朱立冬	经济管理系	市场营销学	院级	2010年
4	张　萍	外语系	大学英语	院级	2010年
5	孙　亮	美术系	视听语言	院级	2010年
6	荣姗珊	媒体技术系	网页设计与制作	院级	2010年
7	廖　君	实验中心	计算机应用基础	院级	2010年
8	钱奇佳	中文系	外国文学	院级	2012年
9	许长安	电子信息系	电子设计自动化	院级	2012年
10	刘永珍	经济管理系	会计学原理	院级	2012年
11	方　强	外语系	剑桥商务英语	院级	2012年
12	刘宏宝	外语系	俄语精读	院级	2012年
13	孙亮、卢俊	美术系	场景设计	院级	2012年

以动画专业为例，学校高度重视动画专业建设，仅2011年一年就引进教师4人，并通过一系列的教学学习与培养，为教师尽快进入角色提供保障。王世华院长亲自牵头为青年教师搭台唱戏，提出徽文化与动画艺术相结合的艺术创作思路。学院根据学生人数、课程、师资等情况综合地、有计划地、分批次地给予投入，建成了教师工作室、定格动画工作室、动画合成工作室、动检工作室、动画放映室、传统二维动画工作室、三维动画工作室等。并与北京电影学院动画学院、中国美院传媒与动画学院、ACG国际动画教育、5Ds数字艺术教育学院、安博昆山实训基地等教育院校、机构实现了人才培养、人才输送、教学拓展等多方面的合作。还与中央电视台数字频道、华强方特欢乐世界、杭州玄机科技信息技术有限公司、杭州夏天岛影视动漫制作有限公司等企业形成人才输送的初步合作。经过多年建设，学院专业结构得到优化，教学资源得到丰富，办学空间得到拓展，教学质量得到提高。首批拟独立授予学位的15个本科专业建设成效明显，学生满意度高（见表3-7）。

表3-7　皖江学院15个本科专业学生满意度调查统计表

序号	专业名称	课程体系与内容的满意度	教材选用的满意度	教学条件的满意度	任课教师的满意度	教学管理的满意度	学风的满意度	实践能力的满意度	择业需要的满意度	总体的满意度评价
1	汉语言文学	94%	92%	76%	96%	80%	94%	86%	82%	89%
2	新闻学	94%	84%	82%	86%	86%	92%	82%	80%	87%
3	广告学	84%	78%	76%	84%	80%	96%	84%	82%	83%
4	广播电视新闻学	94%	85%	85%	94%	89%	90%	84%	82%	89%
5	英语	92%	86%	75%	83%	92%	89%	81%	94%	87%
6	日语	100%	72%	68%	95%	89%	97%	68%	84%	87%
7	经济学	96%	87%	80%	92%	98%	84%	82%	92%	90%
8	市场营销	92%	84%	84%	94%	96%	86%	80%	94%	90%
9	电子信息工程	89%	86%	96%	98%	98%	90%	92%	90%	93%
10	计算机科学与技术	90%	89%	93%	85%	98%	96%	100%	98%	92%
11	教育技术学	92%	94%	90%	96%	98%	92%	94%	96%	94%
12	音乐学	96%	98%	96%	94%	95%	88%	90%	96%	94%
13	美术学	87%	91%	75%	95%	95%	96%	93%	87%	90%
14	艺术设计	92%	98%	95%	92%	86%	87%	90%	87%	91%
15	动画	97.5%	79%	88%	97%	85%	95%	85%	76%	90%

（三）以创业教育为平台，创新实践教学方式，建设“大学生创业实践中心”

为改革实践教学方式，搭建创业教育平台，学院早在2005年就创建了大学生创业实践中心。2009年，大学生创业实践中心被批准为安徽省教学质量工程“人才培养创新实验区”项目。2012年，该项目获得安徽省高等教育省级教学成果二等奖。2013年，李子华副院长主持的“‘大学生创业实践中心’育人模式改革成果推广研究”获安徽省2013年高等教育优秀教学成果推广项目。

大学生创业实践中心的建设是皖江学院创新创业教育和实践教学方式的一项特色工程。

1. 主要内容

大学生创业实践中心是为实现学院“厚基础，重应用，强技能”的人才培养目标，努力为学生提供一个具综合性、设计性和创造性的实践环境所搭建的以创业教育为内容的实践教学平台。

2008年，学院任命教学副院长担任理事长、教务处处长和经济管理系主任任副理事长，并组建了一支高素质的指导教师队伍参与指导学生开展创业实践的各个环节。4年的实践，大学生创业实践中心健全了规章制度，扩大了学生的实践范围和参与面，主要内容如下：

（1）创新一种创业教育模式，搭建实践平台。创业教育并不是要让所有的大学生去开办企业、创造工作岗位，而是尽可能去提升学生的社会适应能力，让更多学生具备在事业发展过程中的工作能力。因此，提出一种全新的创业教育模式、搭建一个实践平台是为了通过实践活动来锻炼和培养学生的创业意识和创业技能。从应用型人才培养模式的视角来看，大学生创业实践中心开展的活动是有别于课堂教学和传统实验室教学的实践教学活动，其具体内容是创业教育。因此，大学生创业实践中心实际上是为了构建一个以创业教育为内容的实践教学模式所进行的创造性实验。

在开展实践教学活动的同时，大学生创业实践中心撰写并发表了《独立学院创业教育的探索与实践》《"学生为主体，能力为本位"实践教学模式的构建——以安徽师范大学皖江学院为例》《以能力为本位的财务管理专业人才培养探析》等教学研究论文，对这一实践教学模式进行了理论探讨。

（2）构建一种市场化运行模式，经济效益初显。大学生创业实践中心设有学生超市、学生书店、广告艺术设计部、电子服务部、物流部、传媒DV工作社、宣传部、财务部等8个部门，学院明确定位大学生创业实践中心是教务处主管的实践教学单位，教务处委派专任教师担任大学生创业实践中心的主任和各部的指导教师，负责大学生创业实践中心的日常工作。所以，大学生创业实践中心管理趋于规范，部门合理运转，信息反馈及时，学生的创业实践活动得到有效指导。大学生创业实践中心各部的负责人（或责任小组）从相关专业的学生中进行考核招聘，实行任期制。

大学生创业实践中心模拟市场化经营管理方式，采用"学生自主操作，教师指导监管，学院硬件支持，部门独立核算，中心财务统管"的运作模式。大学生创业实践中心管理方式的确立、经营方向的转换、经济补助方案的决定等重要问题由理事会决定。大学生创业实践中心主任专职负责日常的具体事务，维持日常运转。指导教师负责确立各部经营服务的目标，指导创业实践的过程，点评阶段性实践的结果。大学生创业实践中心下属的实体实行目标管理责任制，即每学期由各部主任或管理小组在指导教师指导下提出本学期的经营服务目标、经营方针、具体措施以及人员安排，经理事会审定后付诸实施。经营性项目产生的经济收支来往账目由各实体单独核算，财务部负责监管并统一做账。

大学生创业实践中心在让学生锻炼自我、服务广大师生的同时，也创造了一定的经济价值。截至2012年6月底，大学生创业实践中心营业利润18万元，净利润10万元。当时，大学生创业实践中心的货币性资产和存货资产近7万元，固定资产项目30余万元。大学生创业实践中心已经在经济运转方面步入良性发展的轨道，不仅归还了早期借用学院的6万元流动资金，而且初步具备了自我“造血”功能，已经有实力运用自己的流动资金开展经营性活动，还可以解决大学生创业实践中心日常活动所需要的部分费用开支。经济效益不是大学生创业实践中心追求的主要目标，但对于经营性项目而言，经济效益是衡量创业行为成败的重要参照指标。

（3）打造一项公益性实践活动，社会反响良好。大学生创业实践中心的许多实践内容是非经营性的，其成效无法用经济效益来衡量。传媒DV工作社成立之初就立足于用摄像机繁荣校园原创影视文化，丰富校园文化生活。该部门的主要活动：①拍摄电影和DV短片。先后拍摄皖江学院首部校园剧情电影《寻梦》，纪录片《成长》，大学生创业实践中心宣传片《飞得更高》《明天以前》，微电影和校园原创MTV《后会无期》《原谅》《因为有梦》等10多部作品；校园访谈系列节目《橙子口》8期等。这些短片的拍摄充分发挥了广大成员的聪明才智，达到了较高的水准，在校园内外受到广泛的关注。在2011年和2012年举行的江南片大学生电影节上，传媒DV工作社的作品接连获得大奖。其中，微电影《谁在青春里对你微笑》获得首届江南片大学生电影节最佳导演奖和最佳女主角奖。微电影《最美的记忆》获第二届江南片大学生电影节最佳故事片奖，该片在2012年4月所创建的皖江DV微博上进行了上传，十多天来点击量达到16.2万次，评论4 000余条，赢得诸多好评。②负责拍摄和制作校园文化节目。摄制了大型文艺晚会、历届UNIVERSITY SHOW——校园情景剧大赛、运动会等一系列的校园节目。学院的各项文化、体育、教学和学术活动的视频都是由传媒DV工作社拍摄和制作的。③负责校园视频新闻的拍摄。学院校园网2010年开通视频节目以来，传媒DV工作社包办了所有上网视频新闻的拍摄和制作工作，共100余条。2012年上半年，新开办的《皖江新闻联播》和《皖江奋斗者》两档栏目，开创了安徽省高校以联播方式报道校园新闻的先河，一经开播便得到了学院师生的欢迎和好评。

大学生创业实践中心其他各部也开展了一些社会公益性活动。电子部曾多次开展校园电脑“义诊”，学生书店多次开展图书展销会等活动，既拓展了业务范围，又丰富了校园文化生活。

（4）培养一批高素质应用人才，育人成效显著。创新实践教学方式取得的最大成功是培养出了一批高素质应用型人才。大学生创业实践中心建立以来，各部门先后培养学生950多人，参与实践的学生来自全院20个不同的专业，对一个当时在校生只有六千多人的学校来说，学生参与度相当高了，效果也非常明显。各类新闻媒体曾多次采访并专题报道过大学生创业实践中心的活动，对大学生在校参加以创业为内容的实践活动给予高度评价。据不完全统计，关注过大学生创业实践中心活动的有腾讯网、新浪网、安徽教育网、中安在线、安徽大中专毕业生就业网、芜湖新闻网等，《安徽青年报》《江淮晨报》《大江晚报》等以及江苏电视台国际频道和芜湖电视台的新闻频道、徽商频道、教育频道等媒体。这些媒体的宣传报道不仅是对大学生创业实践中心开展的创业实践教学活动的肯定和支持，也扩大了皖江学院的社会影响力。

2. 基本经验

（1）创新以学生为主体的实践教学模式。大学生创业实践中心开展的实践活动遵循“能力的提高不是教出来的，而是练出来的，在实践中悟出来的”理念，将学生置于实践教学的主体位置，教师只是起指导点评的作用。学生置身于一定的实践环境中，成为实际操作者和创造者，通过在实践中的亲身经历不断获得真正的感悟，从而改革了以教师为主体的传统教学模式。

（2）从创业教育的角度而言，要尽可能地扩大参与面和受益面。大学生创业实践中心这一平台是利用学校有限的资金、人力、物力，让更多的学生能有机会在校期间参与以创业活动为内容的实践教学环节，为学生提供动手操作、亲身体验的机会。

（3）对学生而言，在校生参加与本专业相关的创业实践活动，有助于对专业知识的理解与掌握，有助于培养敬业精神，达到理论和实践的相互促进，进入从理论到实践、再到理论、再到实践的循环上升过程。

（4）对学院而言，通过学生在大学生创业实践中心对专业理论的运用和专业技能的实际操作，可以及时发现和总结学生在专业知识和能力方面的薄弱环节，依照既定的人才培养目标，促进学院相关各系开展课程体系和教学方法的改革。

第四节　建设队伍，促进成长

建立一支人员精干、结构合理、师德崇高、相对稳定的师资队伍不仅是改善和提高教学质量的重要举措，更是学院可持续发展的迫切需要。学院领导班子清醒地认识到，皖江学院的师资主要依靠母体大学，但并不能解决全部问题。因此，学院必须建立一支基本的专职教师队伍和辅导员队伍。

几年来，皖江学院聘用的教师队伍已发展到一百多位，他们的特点是年轻（平均年龄27岁）、富有活力，但教学经验少，都是大学本科或研究生刚毕业。他们是皖江学院的骨干力量，学院对他们的要求：第一，专业教师必须首先站稳讲台，过好教学关；辅导员必须带一门课，以利于自身的可持续发展。第二，教师要提升自己的学历。要求教师在5年过渡期内，学历必须达到硕士学位。第三，教师要学会做科研。

一、健全培养机制

学院独立办学以来，采取了一系列有效措施不断完善师资队伍培养机制。具体做法有以下几个方面：

（一）以制度为保障

学院按照学科专业发展与办学规模制定了《安徽师范大学皖江学院关于加强专职教师队伍建设的若干意见》《安徽师范大学皖江学院教师培养培训暂行规定》等文件，包括严格入口程序、立足长期培养、创造良好环境等，就学院师资队伍建设的基本方针、政策做了详细的解读，为我院教师的专业发展提供了优良的平台。

每年由教学系（部）按照学科专业发展需要上报教师引进与培养意见，由人事处、教务处统筹制订年度计划，报院务会批准后实行公开招聘。人事处、教务处与相关系（部）共同对引进教师与培养期满教师进行考核。

（二）以名师为指引

为了帮助青年教师做好科研工作，学院主要领导以及安徽师范大学名师亲自为青年教师作《高校教师如何做科研》的专题报告，指导青年教师选择课题、搜集材料、撰写论文、修改投稿，提高写作能力，引导青年教师逐渐走上科研道路。

（三）以项目为带动

学院制定了《安徽师范大学皖江学院关于教学研究立项和项目管理暂行办法》《安徽师范大学皖江学院校级重点建设精品课程立项与管理办法》等文件，并专门设立了院级教学研究项目和专项经费，鼓励教师申报省级、院级项目。

（四）以奖励为促进

学院制定了《安徽师范大学皖江学院科研成果奖励办法》，积极支持、鼓励广大教职工结合本职工作开展自然科学、社会科学和教学改革等方面的研究，并制定优惠政策，鼓励青年教师报考在职研究生或脱产研究生，提高自己的学历。

二、采取有效措施

学院独立办学以来，为了加强师资队伍建设，实施了如下措施：

（一）明确选聘思路

根据独立学院的性质特点，学院制定了“主选母体大学教师、优选专职教师、遴选双师型教师”的教师选聘思路。目前，学院师资队伍主要由聘期在1年以上的母体大学的专任教师、学院自聘的专职教师和根据课程需要遴选的既有扎实理论知识又有丰富实践经验的双师型教师组成。

引进新的专职教师实行“总量控制、结构优化、按需设岗、公开考核”的原则。引进教师的基本学历要求为硕士（除个别专业特需外），确保在较高起点上建设一支高水平的教师队伍。对于少数尚未取得硕士学历的教师提出5年过渡期内提高学历的要求，达不到要求者调出教学岗位。

（二）搭建团队平台

学院实施教学团队建设制度，并设立院级教学团队项目引导各系（部）建设与申报。学院还鼓励各系（部）充分利用母体大学及其他高校教师资源，开展教学团队建设，并取得了阶段性成果。

以基础教学部为例，该部门依托于母体大学马克思主义哲学博士点和思想政治教育博士点、国家级辅导员培训基地等优势资源，着力建设一支知识、学历、年龄、学缘结构合理的院级思想政治理论课教学团队。目前，已建成以安徽省模范教师赵平教授为带头人，以“以人为本、能力为基、服务为重、教育审美化”为课程特色，以创设自主型、互动型、能力型、智慧型、和谐型“五型”课堂为措施，重视实践教学和网络教学的校级思想政治教育理论教学团队，该团队共有13名专任教师。团队成员团结敬业，积极进取，锐意改革，在教学活动中充分发挥了团队建设的示范作用，并在学院的支持和鼓励下积极申报省级教学团队。

又如外语系开展的“青蓝工程”，就是通过导师制引导年轻教师多听老教师上课，多与老教师交流，定期写教学心得，促使青年教师更快地成长。

（三）强化岗位培训

学院制定和落实了新教师岗前和岗位培训制度，对主讲教师的思想品德、职业道德、专业素养、教学能力等提出了明确的要求，把岗位培训合格作为教师上岗和职务聘任的必备条件，严格执行“先培训，后上岗”与教师资格认定制度。

（四）组织观摩交流

学院建立了青年教师公开课制度，定期组织青年教师面向全院开展公开课教学。听课人在公开课结束后，对主讲教师的课堂教学进行点评，交流心得，碰撞思想，研究方法。此项活动让广大青年教师尤其是主讲教师，获益良多。

（五）开展技能比赛

学院制定了青年教师教学技能比赛制度，从2007年起，由教务处牵头，每年在全院范围内开展青年教师教学技能比赛。一方面，从中推选出一等奖、二等奖、三等奖若干名并给以一定物质奖励；另一方面，请专家对教师的教学进行点评，帮助青年教师提高教学技能。2007年至2012年学院青年教师教学技能比赛获奖名单（见附录十一）。

三、队伍迅速成长

通过上述措施，学院师资队伍建设成效明显，初步形成了一支以学科带头人为骨干，以中青年教师为主体的富有活力的师资队伍，较好地满足了本院教学工作的需要，主要体现在以下几方面：

（一）队伍质量上乘

到2012年上半年，学院共聘请母体大学专任教师358人，其中具有副高以上专业技术职务或硕士以上学位高层次人才343人；引进专职教师70人，其中具有副高以上专业技术职务或硕士以上学位高层次人才52人。

尤为可喜的是，在皖江学院专职教师中有3人被评为安徽省“教坛新秀”，他们是美术系的刘玉龙、孙亮和教育技术系的荣姗姗。2011年全国高校就业指导课程教学大赛安徽赛区，51所高校304名教师参赛，张铮教师是安徽省独立学院中参加全省总决赛的唯一选手，荣获二等奖。

（二）学术交流频繁

学院辟有“皖江大讲坛”，先后邀请院内外专家学者作学术报告逾百场，荟萃名家学者，交流学术观点，报道前沿动态。学院还成立了动漫艺术研究中心，举办了安徽省第五届独立学院院长峰会，参加了安徽省独立学院高校联盟。

（三）科研成果丰富

学院独立办学以来，教师积极申报和承担了教育部人文社会科学研究项目、省自然科学基金项目、省社会科学规划办项目、省科技厅项目、科技部科技人员服务企业项目、省教育厅质量工程项目以及院级各类教科研项目，发表学术论文200余篇，参与科学研究的教师占学院教师总数的97%。

2010年，学院共获省教育厅质量工程项目立项14项（省拨经费26.7万元），在全省独立学院中排名第一。

2011年，学院获省级及以上科研项目立项7项，其中教育部人文社会科学研究项目1项，全国仅6所独立学院获此立项，安徽省11所独立学院仅皖江学院获此立项，共获经费资助9.7万元。

第五节　重视素质，繁荣文化

学院坚持以学生为本，注重人才培养质量，全面推进素质教育，着力夯实理论基础，强化基本技能，加强学生的创新精神和实践能力培养，促进学生的思想道德修养和文化素质不断提高。

一、多种途径培养道德素质

学院坚持以加强学生思想政治工作队伍建设为基础，以学生党建工作为龙头，以思想政治理论课教学为主阵地，以社会主义核心价值体系教育为重点，逐步完善学生思想政治教育体系。

（一）加强思想政治工作领导

学院成立了学生思想政治教育工作领导小组，加强对思想政治教育工作的领导，重视思想政治理论课建设，定期研究和解决思想政治理论课建设和教学中遇到的各种问题，推进思想政治理论课教学改革，努力提高教学效果。

（二）建设思想政治精品课程

思想道德修养与法律基础课程被列为院级“精品课程”，得到重点支持和建设。

（三）建设思想政治教学团队

学院依托母体大学的优势资源，着力建设一支结构合理的院级思想政治理论课教学团队。团队共有13名专任教师。其中，中青年骨干教师2人；博士2人，在读博士研究生3人，硕士研究生5人；教授4人、副教授2人；中级职称3人。团队成员团结敬业，深受学生欢迎。

（四）开展思想政治主题教育

学院组织开展“新生适应性教育”“诚信教育”“大学生成长成才教育”等主题教育活动，积极做好学生形势与政策教育、创业教育和毕业生教育等工作，充分发挥学生党员在思想政治教育中的引领作用。以“皖江学子大讲堂”为代表的各种讲座与教育活动受到全院学生的广泛欢迎，有力地促进了学院校园文化活动的健康蓬勃发展。

（五）开展思想政治特色活动

为进一步增强思想政治课教学的针对性与实效性，为理论教学提供更好的实践平台，自2011年起，学院依托思想政治理论课教研部举办“人文之光”校园文化活动。该项活动以“分享感受、分享经验”为出发点，不定期邀请学院与其他院校知名学者、专家，围绕皖江学子在成长中遇到的具有普遍性的问题与困惑，尝试通过“主旨讲座＋对话”的形式，切实帮助学生获得相应的认识。最终，该项活动引起广泛关注，受到普遍好评。

（六）高度重视学风建设

学院十分重视学风建设，按照“质量兴院、特色强院”的发展要求，实行“厚基础，重实用，强技能”的人才培养模式，通过严谨的学风建设，使学生做到“学有所长、学以致用”，培养学生的“思想独立、知行合一”精神。

（1）帮助制订计划。帮助学生制订合理的大学学习计划，激发学生学习的内驱动力。

（2）实施生涯规划。督促学生制订自身的职业生涯规划，帮助学生正确选择未来发展方向。

（3）发挥集体作用。开展优良学风班集体活动和大学生文明公寓创建活动，发挥学生集体在学风建设工作中的影响作用。

（4）加大考评力度。加大学风建设的考评力度，完善班级学风建设计划。积极开展学风建设主题活动、社会实践活动、各种科技竞赛活动等，狠抓上课出勤率、早操出勤率、文明宿舍获得率、考试考查课程的优良率和及格率、计算机通过率、英语考级通过率等。

（5）开展文明创建。做好“党团活动进宿舍、安全教育进宿舍、心理教育进宿舍、成才教育进宿舍”等主题的文明宿舍创建工作，为学生能安心学习提供良好的氛围。

（6）宣传学风建设。充分利用校园宣传栏、校园广播、校园网等媒介，广泛宣传学院的学风建设。

二、校园活动拓展文化素质

学院积极开展丰富多彩的校园文化活动，每年举行以10大金牌为主题的校园文化活动近50场，包括“皖江学子大讲堂”、职业规划大赛、大学生辩论赛、校园“十佳”歌手大赛、校园舞蹈大赛、校园服装秀、“勤学笃志”知识竞赛、校园模拟招聘会、“金话筒”主持人大赛、校园DV大赛等10大金牌活动，学生参与率达85%以上。其中学生主讲的“皖江学子大讲堂”已举办近百场。

学院还高度重视学生社团工作，积极组织学生开展社团活动。到2012年上半年，学院共有学生社团43个，详见表3-8。

表3-8　皖江学院学生社团一览表（截止到2012年6月）

序号	社团名称	成立时间	现任会长	会长所在专业年级	会员数（人）	指导教师	指导单位
1	环保协会	2004年	朱萍萍	英语2010级	44	罗　乐	外语系
2	日语交流协会	2005年	阮将曼	日语2010级	89		
3	英语交流协会	2005年	孙　坤	英语2010级	97		
4	爱心协会	2005年	穆世欢	汉语言文学2010级	283		
5	羽排协会	2005年	张倩倩	旅游管理2010级	81		
6	俄语交流协会	2011年	沈亚芬	俄语2010级	39		
7	乒乓协会	2005年	钱　琦	经济学2010级	28	潘丽君	电子信息系
8	篮球协会	2005年	杨翔飞	电子信息工程2010级	73		
9	邓小平理论协会	2005年	杨　凡	新闻学2010级	119		
10	计算机协会	2007年	章广垒	信息管理与信息系统2010级	44		
11	轮滑协会	2009年	杨　帆	财务管理2010级	32		
12	手语协会	2009年	江　颖	计算机科学与技术2010级	54		
13	魔术爱好者协会	2009年	高　原	电子信息工程2010级	52	周新胜	
14	社会实践协会	2005年	聂多伟	英语2010级	37	李秀芳	新闻系
15	军事爱好者协会	2005年	范成龙	经济学2010级	36		
16	心理健康协会	2007年	徐俊影	汉语言文学2010级	77		
17	武术爱好者协会	2007年	焦长庚	经济学2010级	81		
18	健美操协会	2005年	宋琬莉	数字媒体技术学2010级	71	方　芳	媒体技术系
19	科幻协会	2005年	黄学治	广告学2010级	38		
20	科技协会	2007年	樊业成	电子信息工程2010级	17		
21	摄影协会	2011年	童邦宇	数字媒体技术学2010级	47		

续 表

序号	社团名称	成立时间	现任会长	会长所在专业年级	会员数（人）	指导教师	指导单位
22	法协会	2005年	葛家伟	信息管理与信息系统2010级	28	黄 燕	经济管理系
23	经济协会	2005年	李文霞	信息管理与信息系统2010级	117		
24	管理科学研究协会	2005年	王 禹	电子信息工程2010级	34		
25	青年思想协会	2005年	王焕飞	电子信息工程2010级	23		
26	考试交流协会	2009年	梁 爽	英语2010级	65		
27	会计协会	2010年	许 露	财务管理2010级	74	高智林	
28	电影协会	2010年	陈克贺	数字媒体技术学2010级	69	李 想	
29	旅游爱好者协会	2009年	赵凯凯	旅游管理2010级	189	邵 敏	旅游管理系
30	演讲与口才协会	2011年	张志良	旅游管理2010级	154		
31	红叶文学社协会	2005年	彭国强	汉语言文学2010级	41	张文萍	中文系
32	棋艺竞技协会	2008年	侯志强	旅游管理2010级	16		
33	皖江剧社	2011年	万冰青	汉语言文学2010级	48		
34	网球爱好者协会	2010年	陈春杰	广告学2010级	90	李祝青	体育委员会
35	音乐爱好者协会	2007年	芮守垒	音乐学2010级	99	许丹丹	音乐系
36	创业协会	2007年	杨善流	信息管理与信息系统2010级	28	周新胜	就业指导中心
37	职业素质拓展协会	2011年	罗荣海	信息管理与信息系统2010级	96		
38	书法协会	2005年	张 帅	动画2010级	107	方 新	美术系
39	足球协会	2005年	崔逊伟	经济学2010级	12		
40	美术爱好者协会	2006年	时 磊	艺术设计2010级	75		
41	动漫爱好者协会	2009年	赵冬冬	动画2010级	105		
42	创意人协会	2006年	魏晓倩	广告学2010级	19	方 芳	
43	国学社	2010年	孙康康	经济学2010级	127	戴长江	宣传部

此外，学院还积极拓展学生人文和科学文化素质，设置公共选修课模块，开设各类素质教育选修课程28门，以提高学生的综合素质和文化修养，其中文学与人生、旅游文化、生活中的科学、计算机应用基础、中国文化概论等公共选修课深受学生欢迎。

丰富多彩的校园文化活动，推动学生工作呈现出积极健康向上的态势。近年来，学校未出现重大安全隐患事故，文明离校受到充分肯定。

三、技能比武提升专业素质

学院通过举办各种与专业学习相关的技能比赛，提升学生专业素质。具体表现在：

（一）实践活动频繁

为了让更多学生参与实践活动，学院举办各种与专业学习相关的技能比赛。如经济学及相关专业的金融模拟炒股比赛、资金盘活大赛，市场营销专业的小商品展示销售会，艺术设计专业的院徽设计大赛、网页设计比赛，新闻学专业的报纸版面设计比赛，计算机专业的计算机程序设计比赛，电子专业的电子设计制作比赛，媒体技术专业的DV制作大赛、平面设计与制作比赛等。由学院协调统筹，各系分别组织，专业教师设计比赛思路、评选参赛作品。各项赛事已形成完整的系列和成熟的操作规程，与大学生创业实践中心开展的活动相互呼应、互为依托，共同提高学生综合素质。

（二）参赛热情高涨

学院独立办学以来，学生积极参加“挑战杯”全国大学生课外学术科技作品竞赛、全国电子专业人才设计与技能大赛、安徽省大学生职业生涯规划大赛、全国大学生广告艺术大赛、安徽省动漫大赛、安徽省创新创业暨动漫创意大赛、安徽省高等学院师范生教学技能竞赛等。而且，学生对芜湖市组织的国际动漫创意产业交易会原创动漫作品大赛、“多彩动漫、创意无限”墙绘动漫原创作品征集大赛、江南片大学生电影节等比赛也抱有极大的热情。

（三）获奖数量可观

长期以来，学院学生在“挑战杯”全国大学生课外学术科技作品竞赛、全国电子专业人才设计与技能大赛、安徽省大学生职业生涯规划大赛等赛事中，取得省部级奖项150余项。仅在2010年和2011年两年的各种比赛中就有以下佳绩：

（1）在全国电子专业人才设计与技能大赛安徽分赛区比赛中，电子系2008级学生荣获一等奖、二等奖，在全国总决赛中荣获三等奖。

（2）2010年，在安徽省首届动漫大赛中，我院获得“金喜鹊”奖；2011年，在安徽省第二届创新创业暨动漫创意大赛中，2008级动画专业学生获学生组一等奖；2011年，在安徽师范大学举行的两项动漫大赛中，我院获得一等奖、特等奖。

（3）中文系一学生的论文在《秘书》杂志上发表。媒体通常介绍的加密电子文档的方法大多步骤繁琐，操作不便，影响工作效率。中文系2007级学生梁波撰文《简单有效的文件保密方法》，推荐了一种方便实用的文件保密“三步曲”，该文章在《秘书》杂志2010年第6期上发表。

（4）在2011年选调生推荐中，我院学生和省内25所二三本院校学生站在同一起跑线上。最终，3人通过面试被录取，在省内25所二三本院校中排名第一。

（5）在安徽省第五届大学生职业规划设计大赛暨大学生创业大赛决赛中，2010年学院获得一银两铜的好成绩，并获组织奖；2011年学院获得一金两铜，位居全省独立学院首位。

（6）2009级俄语专业学生参加全国高校俄语专业四级水平测试，通过率为95%，我院平均分高出全国平均分28分。2011级英语专业四级通过率为60%，全国高校英语专业四级通过率为53%，全国独立学院英语专业四级通过率为37 %。我院英语专业八级通过率为49%，全国高校英语专业八级通过率为42%，全省独立学院英语专业八级通过率为42%。

（7）2010年，旅游管理系学生导游资格证考试通过率为70.2%；2011年，192人报名，140人通过，通过率高达72.91%（安徽省平均通过率为30%，芜湖市平均通过率为47%）。经济管理系学生会计资格从业证考试通过率与母体大学持平。

（8）2011年，全国大学生英语竞赛安徽赛区我院的专业组和非专业组双双获得一等奖（见图3-23）。

获奖证书

同学：

你在2013年全国大学生英语竞赛（NECCS）中，成绩优异，荣获 C 类一等奖。特发此证，以示表彰。

Jiao Jie ,

You have obtained the *First Prize* for Band C in 2013 National English Contest for College Students. This certificate of commendation is hereby awarded to you as an encouragement.

获奖证书

同学：

你在2011年全国大学生英语竞赛（NECCS）中，成绩优异，荣获 B 类一等奖。特发此证，以示表彰。

Zhu Yamei ,

You have obtained the *First Prize* for Band B in 2011 National English Contest for College Students. This certificate of commendation is hereby awarded to you as an encouragement.

高等学校大学外语教学指导委员会 二〇一一年五月八日

高等学校大学外语教学研究会 二〇一一年五月八日

图3-23　全国大学生英语竞赛安徽赛区专业组和非专业组获奖证书

（9）毕业生就业率近两年位居全省独立学院第一。

（10）近两年，全院考研录取率为10%。2011年，中文系考研录取率为60%，电子信息系考研录取率为54%，外语系考研录取率为25%，经济管理系考研录取率为38%（其中经济学专业与市场营销专业各有一人分别以总分第一的优异成绩被天津财经大学和南京财经大学录取），其中一些学生考取了北京师范大学、华中科技大学、东南大学、安徽师范大学等重点大学。

学院在人才培养方案中，针对学生获奖情况专门设置了实践创新学分，对学生参加各类竞赛获奖、发表论文、取得科技成果、参加科研和社会实践活动等，均给予相应学分认定和奖励，充分调动了学生参与科技创新等实践活动的积极性。

四、体育活动提升身体素质

学院高度重视学生体育工作，在“健康第一”的教育思想指导下，根据《学院体育工作条例》《全国普通高校体育课程教学指导纲要》和《全民健身计划纲要》精神，积极探索大学体育课程的改革与建设，加强学生群体活动的开展，逐步形成了以学生为本的教学模式，开创了“小型多样、单项分散、基层为主、勤俭节约”为原则的全院群体活动运行机制，充分发挥体育的教育、强身、娱乐和文化功能，积极营造健康的体育文化氛围。经过体育教学与群体活动的开展，学生身体健康状况得到改善，体育竞赛水平不断提高，对外交流参赛成绩优异。

学院成立了体育运动委员会（以下简称“体委”）主管全院的体育工作，分管副院长担任体委主任，院体委负责全院体育活动的组织与开展工作，教务处和学生处等职能部门积极支持并协助院体委搞好全院群体工作。

为了促进学院体育工作的开展，学院制定了《皖江学院贯彻〈教育部学校体育工作条例〉实施细则》，学生参加运动会及各单项（团体）比赛成绩纳入综合素质测评。这些规定对鼓励学生进行体育锻炼，提高身体素质，起到了很好的激励作用。

院体委根据学年制订比赛计划，分为第一学期、第二学期，经过多年的实践，已形成符合季节特点和学生特点的常规比赛计划（见表3-9）。其中，田径运动会是学院的一项综合性的参赛人数最多的重要赛事。经过多年的不断创新，体育竞赛活动培养了学生锻炼身体的习惯，身体素质显著提高，主要表现为参赛人数越来越多，学生参与的赛事项目越来越广，影响越来越大，开创了群体活动的新局面。

表3-9　皖江学院每年院级体育赛事一览表

序号	比赛项目	时间	备注
1	篮球（男）比赛	9—10月	第一学期
2	田径比赛	10—11月	
3	排球（女）比赛	11月	
4	羽毛球比赛	11—12月	
5	学生拔河比赛	12月	
6	足球比赛（男）	3月	第二学期
7	篮球（女）比赛	4月	
8	排球（男）比赛	5月	
9	乒乓球比赛	6月	

此外，院团委、学生处还发挥团组织、学生会、学生体育协会的作用，开展形式多样的群众体育活动，如新生拔河比赛、“迎新杯”篮球赛及各系班级间的形式多样的体育比赛等。全院现有8个学生体育协会（篮球协会、羽排协会、乒乓球协会、足球协会、健美操协会、武术协会、双节棍协会、网球协会等），他们所开展的活动是学院一道亮丽的风景。

五、心理咨询增强心理素质

有些学生存在自信心不足及自卑情绪，适应能力较差，心理较为脆弱。同时，很多独生子女的家庭条件较优越，自我意识较强，人际交往能力、团结协作能力较差。因此，有针对性地加强独立学院学生的心理健康教育，指导独立学院学生保持身心健康，预防各种心理问题，培养其抗挫败及抗压能力，增强信心，建立良好的人际关系，是皖江学院学生管理工作的重要任务。

针对学生的心理特点和需求，学院于2007年成立了心理咨询中心，配备专职工作人员，组建了专兼职教师队伍。学院心理咨询中心是全院师生心理健康的护航者，担任着全院师生特别是学生的心理健康教育和心理咨询工作。为推动学院心理健康教育工作，科学、有效、规范地开展心理健康教育活动与心理咨询，心理咨询中心构建了院—系—班—宿舍四级心理健康工作机制，制订了年度工作计划、学期工作计划，颁发《皖江学院心理危机干预流程》工作规范，从而建立了一套心理健康教育和咨询机制。

自2008级学生始，学院将心理健康教育纳入必修课，保证所有学生接受6课时的心理健康课教育。心理健康课以促进学生身心全面发展为导向，协助学生培养良好的心理素质和健全的人格，以更好地适应社会。

为了普及心理健康知识，提高学生的身心健康水平，学院心理咨询中心每年负责策划、组织、指导两届心理健康月系列活动。活动形式有心理橱窗、专家讲座、心理健康主题班会、宿舍全家福、心灵广播等。

学院心理咨询中心每天安排6个咨询时段，接待有各种心理困扰的学生，协助学生解决学习、情感、人际等方面的问题，并建立了心理咨询档案。自2007年以来，心理咨询中心接待咨询人数累计达500人次。

学院每年都会组织新生心理健康测评工作。测评结束后，对数据进行整理分析，建立电子测评档案，撰写学院总报告和各系分报告，提出相关建议。

学院心理咨询中心每周坚持参加辅导员例会，及时了解学生思想动态。此外，心理咨询中心每年还坚持给辅导员、学生干部特别是心理委员进行基本技能培训，确保四级心理健康教育体制落实到位，全方位地推动心理健康教育工作。

六、就业指导提高职业素质

2008年以来，学院面向全国5个省、直辖市、自治区招生，以安徽省为主，生源质量逐年提高，2010年新生报到率86%、2011年新生报到率90%，位于全省前列。

学院将毕业生就业工作视为学院生存和发展的生命线。几年来，学院认真贯彻落实安徽省教育厅《关于进一步实施高校毕业生就业工作“一把手工程”的通知》文件精神，做到“领导到位，责任到位，措施到位”，确保“机构到位，人员到位，经费到位”，切实把毕业生就业工作摆到更加突出的位置，形成“党政领导主管、职能部门统筹、相关部门配合、系（部）层层落实”的毕业生就业工作机制和院、系两级领导齐抓共管的良好局面，建立了全程化、全员化、专业化、信息化的“四化”就业指导服务体系。2010年、2011年毕业生的最终就业率分别为98.81%、94.73%，均列安徽省独立学院就业率前列。

学院建立了毕业生社会跟踪调查机制。经抽样调查显示，上海梅尔森阀门有限公司等10多家用人单位对我院毕业生就业工作满意度为100%。他们一致认为，皖江学院毕业生踏实肯干，专业知识过硬。上海梅尔森阀门有限公司曾来函称赞我院电子系毕业生刘伟，对我院培养出这么优秀的毕业生表示满意和感谢。在芜湖市经济技术开发区建设规划局的招聘中，我院经济系毕业生张康在同300个硕士研究生和大学本科生的竞争中脱颖而出，受到了用人单位的一致好评。宁波华侨豪生大酒店人力资源部总监柴国伟曾说："皖江学院旅游管理系实习生的外语水平非常过硬，专业技能很强，服务礼仪规范，各项综合素质很高，我们很满意。"2011年4月，安徽丫山花海石林旅游有限公司原常务副总蒋正炳说："皖江学院为我们提供的导游积极性高，工作很负责任，不怕苦不怕累，带领游客参观讲解时，对游客也很热情，很高兴能和皖江学院合作。"安徽中国青年旅行社有限责任公司芜湖分公司总经理沈宏文，曾在皖江学院旅游管理系第二届旅游线路设计大赛结束时称赞选手道："你们的讲解非常精彩，对旅游线路的设计以及相关行程安排都很合理，足见皖江学院的教学水平。"

学院独立办学以来，共评出院级文明班级55个、奖学金获得者2 761人、优秀学生干部710人，国家级奖学金获得者22人、励志奖学金获得者59人、助学金获得者3 594人。由于学院素质教育措施有效，所以学生思想道德、文化素质好，心理健康。群众性体育和竞技体育开展得较好，学生的体质健康符合标准。99%应届本科毕业生符合国家授予学士学位的标准和条件。生源、就业和社会评价都令人满意。

图3-24　学院喜获安徽省首届动漫大赛"金喜鹊"奖

图3-25　中文系学生在安徽省高校首届师范生教学技能竞赛中喜获佳绩

图3-26　电子系学生在“众友杯”全国电子专业人才设计与技能大赛总决赛中喜获佳绩

第六节　认真总结，迎接评估

根据“26号令”和国务院学位委员会办公室《关于审批独立学院为学士学位授予单位工作的通知》[①]精神，2012年上半年，独立学院将首次自行对2008级学生独立授予学士学位，省级学位委员会将对有关独立学院的学士学位授权资格进行评

① 国务院学位委员会办公室文件（国学位〔2008〕17号）。

审。为此，安徽省人民政府学位委员会于2012年2月16日颁发了《关于开展独立学院学士学位授予权审核工作的通知》[①]。

按照通知规定，这次审核的程序是：一是申报。各独立学院在根据学士学位授予单位和授予专业标准开展自评的基础上，于2012年3月26日前向省学位委员会提出本院及其相关专业学位授予权的申请，并同时提交相关申报材料（申请报告、申请单位、相关专业的简况表、拟实施的学士学位授予工作细则等）。二是评审。省学位委员会将组织专家组进驻皖江学院对学院申报学士学位授予单位及15个相关专业的学士学位授予权资格进行实地考察评审。三是审批。

皖江学院高度重视学位授权迎评工作，将此项工作作为全面总结独立办学以来的经验，备战教育部对独立学院实施五年过渡期方案评估验收的平台，按照四个阶段扎实有序地开展了迎评工作。

一、动员申请

2012年2月20日，学院召开党政联席会，会议研究了关于做好迎接省教育厅、省学位委员会学士学位授予权审核检查工作的问题。会议决定，由副院长张先云负责组织相关部门做好迎评的各项准备工作，尽快全面启动迎评工作，推动各项工作的顺利开展[②]。

2012年2月24日，学院成立了领导组（组长闫蒙钢）、工作组（组长周淑芳）、综合组（组长张钢），正式启动了迎评工作。

2012年2月28日，学院召开第一次迎接省独立学院学士学位授权审核工作布置会议，学习解读评审指标体系，要求接受考察评审的汉语言文学、新闻学、广告学、广播电视新闻学、英语、日语、电子信息工程、计算机科学与技术、经济学、市场营销、教育技术学、美术学、艺术设计、动画、音乐学等15个专业的相关系（部）成立迎评工作小组，仔细研读文件，对照评审指标体系，对号入座，着手各系的专业自评报告撰写工作。

2012年3月16日，学院又召开了申报学士学位授予单位及学士学位授予专业协调会，成立了材料写作组（组长戴长江）、展览宣传组（组长戴长江）、数据审核组（组长张钢）、学位条例组（组长周淑芳）等工作小组，积极开展工作。2012年3月

① 安徽省人民政府学位委员会文件（皖学位秘〔2012〕3号）。

② 皖江学院会议纪要〔2012〕3号。

26日，将《关于安徽师范大学皖江学院申请学士学位授予权的报告》[①]及各专业、单位简况表、自评报告等材料呈送省学位委员会，至此，完成学院及相关专业的自评材料准备和迎评申请工作。

二、布展迎评

在完成向省报送评审材料后，迎评工作进入倒计时阶段。迎评材料展示展览工作有条不紊地进行。2012年4月10日上午，安徽师范大学校长王伦莅临学院调研迎评准备工作。(见图3-27)

院党委副书记、常务副院长闫蒙钢代表学院向王伦校长详细汇报了学院迎接学士学位授权评审以及当前办学、发展中的有关情况。院领导李裕鑫、张先云以及有关部门负责人参加汇报会。

王伦在认真听取汇报后对学院工作提出了明确要求：一要以迎评为契机，进一步建立健全规章制度，进一步强化内部管理，规范工作程序，进一步提高规范意识，促进学院健康、可持续发展。二要优化专业布局。依托大学优势，面向区域经济和社会发展，进一步规划专业布局，优化专业结构，打造优势品牌专业。三要创新培养模式。结合三本院校学生的能力与特点，遵循“因材施教”的基本教育规律，进一步创新人才培养模式，使学生个性和潜能得到充分发挥。

图3-27　王伦校长检查学院学位迎评准备工作

2012年的整个4月份，全院上下同心协力，各项迎评工作紧张有序地往前推进，校园里处处洋溢着迎评的氛围。

① 安徽师范大学皖江学院文件(院办字〔2012〕7号)。

2012年5月4日，安徽师范大学顾家山书记率办公室、组织部、人事处负责人来学院调研，并检查参观了刚刚落成的迎评展室材料与展览。（见图3-28）

顾家山一行在听取汇报后，与学院领导班子进行了交流。顾家山指出，学校非常关心皖江学院的建设和发展，学校会坚定不移地继续办好皖江学院。作为按照新机制、新模式办学的皖江学院，应明确以下要求：一要以迎评为契机，对照教育部“26号令”的要求，理性整理办学经验，查找问题，完善制度，规范管理，做好迎评准备工作。二要充分依托大学优势，面向区域经济和社会发展，进一步科学规划专业布局，注意与大学错位发展，强化特色，创建品牌。三要创新应用型人才培养模式，充分利用“三本”特有的应用性、灵活性机制，结合三本院校学生的能力与特点，积极构建符合高素质、应用型人才培养模式的课程体系，牢固树立“学校为学生而办，学生为学习而来”的理念。四要切实强化学生工作和安全稳定工作。五要通过创先争优和树立先进典型推动校园文化建设。

图3-28　顾家山书记检查学院学位迎评工作

三、专家评审

2012年5月18日，以安徽财经大学副校长王建刚教授为组长的安徽省学位委员会学士学位授予审核专家组进校考查评审。主办方领导安徽师范大学校长王伦致欢迎辞，随后专家组饶有兴致地参观了皖江学院办学成果展。接着，主持工作的皖江学院常务副院长闫蒙钢作了“深化教改，强化特色，提高质量，创建品牌”为主题的安徽师范大学皖江学院申请学士学位授予单位情况汇报。钱奇佳、余尚文、周建国、刘永珍、许长安、沈建智、张旭良、孙亮等8位系主任也分别作了专业建设情况汇报。听完汇报后，评审专家分别就办学机制、办学目标、办学特色、专业定位、错位发展、师资队伍、市场导向等问题向皖江学院领导提问和提出建设性意见。

专家组还考察了学校实验室、图书馆、动漫艺术研究中心、大学生创业实践中心等教学科研公共服务平台建设，并查阅了院系提供的支撑材料。

第二天上午，专家组随机听课，并分别召开了教师座谈会、学生座谈会和管理人员座谈会。经过一天全方位地认真考察，专家组对皖江学院的办学情况有了较深入的了解，也给他们留下了深刻的印象。下午，专家组向大学领导及皖江学院领导班子、各系（部）负责人反馈考察意见。

专家组一致认为，学校办学指导思想明确，办学思路清晰，教学中心地位突出；学校重视办学条件建设，教学设施、实验设备等较好地满足了人才培养需求；学校师资队伍建设措施得力，较好地满足了本科教学的需要；学校建立健全了教学规章制度，形成了比较完善的教学质量监控体系；学校专业设置合理，专业建设成效明显，具有一批特色专业和精品课程，建立了以培养应用型、创新型人才为目标的大学生创业实践中心；学校在人才培养模式和教学管理模式上锐意创新，独立学院的应用型人才培养理论模型、“一线三点”教学管理模式以及以实践性论文为主体的毕业论文写作方式改革等，对提高人才培养质量起了积极作用。同时，专家组也对皖江学院的发展提出了三条建议。对照《安徽省普通高等学校学士学位授权单位评审指标体系》和《安徽省普通高等学校学士学位授权专业评审指标体系》，专家组认为，安徽师范大学皖江学院符合学士学位授予单位的条件，汉语言文学专业等15个专业达到学士学位授予专业要求。专家组建议，安徽省学位委员会增列皖江学院为学士学位授予单位，增列汉语言文学等15个专业为学士学位授予专业。

闫蒙钢代表皖江学院领导班子对专家组提出的评价和建议表示感谢。闫蒙钢说：“皖江学院的历史到今天已经进展到一个新的阶段。2012年5月18日是我们注定要记入史册的一天。”他即兴赋诗道：“绿树荫浓初夏爽，专家送宝到皖江。精心点拨大手笔，学院前程更辉煌。”

图3-29　学院申请增列学士学位授予单位汇报会

图3-30　专家组参观学院办学成果展

图3-31 专家组考察动漫艺术研究中心

图3-32 专家组查阅院系提供的支撑材料

图3-33　专家组召开教师座谈会

图3-34　专家组召开学生座谈会

四、授予学位

2012年5月24日，安徽省人民政府学位委员会签发《关于批准安徽大学江淮学院等11所独立学院增列为学士学位授予单位的通知》（见图3-35），批准全省11所独立学院为学士学位授予单位，同时批准127个本科专业为学士学位授予专业，皖江学院及其15个专业列在其中。文件要求各有关学校组建学位评定委员会及其分委员会，制定学士学位授予工作实施细则，切实做好首届本科毕业生的学士学位授予工作。

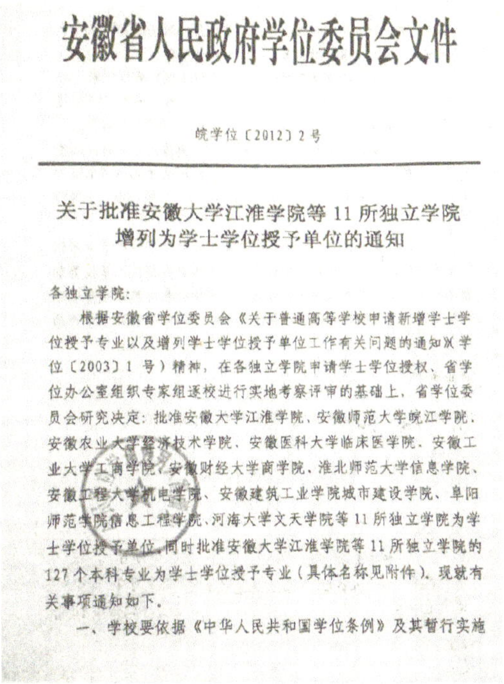

安徽省人民政府学位委员会文件

皖学位〔2012〕2号

关于批准安徽大学江淮学院等11所独立学院增列为学士学位授予单位的通知

各独立学院：

根据安徽省学位委员会《关于普通高等学校申请新增学士学位授予专业以及增列学士学位授予单位工作有关问题的通知》（学位〔2003〕1号）精神，在各独立学院申请学士学位授权、省学位办公室组织专家组逐校进行实地考察评审的基础上，省学位委员会研究决定：批准安徽大学江淮学院、安徽师范大学皖江学院、安徽农业大学经济技术学院、安徽医科大学临床医学院、安徽工业大学工商学院、安徽财经大学商学院、淮北师范大学信息学院、安徽工程大学机电学院、安徽建筑工业学院城市建设学院、阜阳师范学院信息工程学院、河海大学文天学院等11所独立学院为学士学位授予单位。同时批准安徽大学江淮学院等11所独立学院的127个本科专业为学士学位授予专业（具体名称见附件）。现就有关事项通知如下。

一、学校要依据《中华人民共和国学位条例》及其暂行实施

图3–35　关于批准安徽大学江淮学院等11所独立学院增列为学士学位授予单位的通知

学院高度重视首次学士学位授予工作，经研究并报安徽师范大学批准，成立了以闫蒙钢教授为主席的学士学位评定委员会，成员有时任副院长张先云、中文系主任钱奇佳、外语系主任余尚文、新闻系主任周建国、电子信息系主任许长安、媒体技术系主任沈建智、应用化学系主任汪丰云、经济管理系主任张萍、旅游管理系主任张宏梅、体育系主任部贻红、学前教育系主任张更立、音乐系主任张旭良、美术系主任刘玉龙。委员会下设学士学位评定办公室，办公室设在教务处，负责日常工作，周淑芳担任办公室主任。

学士学位评定委员会成立后，第一次审议了2012届毕业生学士学位授予情况。本届共毕业1 506人，准予毕业1 506人。其中，1 478人授予学位，28人因各种情况不授予学位。2012年7月初，皖江学院2012届毕业生按时领取皖江学院首次独立颁发的毕业证书及学位证书。至此，皖江学院首次独立授予学位工作平稳实施，顺利完成。

2012年6月28日，安徽师范大学签发〔2012〕35号文件及〔2012〕1号董事会文件，任命闫蒙钢为皖江学院党委书记和院长。

2012年6月30日上午，安徽师范大学下发《关于调整皖江学院董事会、监事会成员的通知》，决定董事长由王伦校长担任，副董事长为校党委副书记刘新跃、副校

长李进华，还有10位职能部门负责人。安徽师范大学皖江学院首届董事会、监事会于2008年12月24日成立，董事长为蒋玉珉，副董事长为王世华、王伦、王先俊。

值得一提的是，2012年上半年，当学院全力进行迎评之际，学院的领导班子却处于过渡阶段。由于年龄原因，王世华院长于2012年1月初退出皖江学院领导岗位。安徽师范大学党委书记顾家山于2012年1月15日主持了学院领导班子参加的王世华院长光荣退岗仪式，顾书记高度评价了王世华院长对安徽师范大学和皖江学院的贡献。

2012年2月20日下午，皖江学院召开座谈会，欢送学院原党委书记、院长王世华光荣退休，感谢王世华在学院创办与建设过程中做出的卓越贡献。院领导闫蒙钢、孙利平、李裕鑫、张先云出席会议，各系（部）、各部门党政负责人及部分教师代表40余人参加会议。闫蒙钢高度评价了王世华在全省率先建立独立学院办学机制，探索独具特色的办学定位，在学院办学类型、办学目标、办学面向、办学理念、办学思路、工作方针、学院建设上做出的积极探索，并取得了显著成绩。

王世华满怀深情地发表了讲话，他表示退休是人生的必经驿站，没有失落之感，只有难舍之情。他回顾了自己7年来与皖江学院同仁们战斗、奉献、收获的快乐时光，他称赞学院班子团结一心，肯定了学院中层干部的淳朴作风，赞扬了学院青年教师的务实干劲，表达了对学院明天的美好祝愿。

图3-36　学院感谢王世华在学院创办与建设过程中做出卓越贡献座谈会

虽然学院领导班子处于临时过渡状态，但班子成员在大学领导的指导和王世华院长的鼓励下，仍然全力以赴，开拓创新，在有序迎评的同时，于2012年3月还制定了皖江学院领导班子任期目标责任书（2012年3月至2016年2月）、学院“十二五”发展规划，为学院的可持续发展传递了充满正能量的接力棒。

第四章　深化改革，创新发展
（2012.7—2013.12）

第一节　概　述

2012年7月12日，全国部分独立学院院长联谊会暨2012年夏季峰会在武汉举行。来自全国16个省市的54所独立学院的负责人共100余人参加此会议，商讨“公有民办”模式下独立学院的科学管理和健康发展。中国民办教育协会秘书长王文源和厦门大学教育研究院教授、博士生导师别敦荣在会上作专题报告。王文源认为，在独立学院“回归母体大学、独立、建成一所新的公办普通高校、停办”的几种选择中，让独立学院真正独立才是发展的大方向。别敦荣认为，只有致力于教学实力的突破，独立学院才会大有用武之地。从2012年开始，全国独立学院自颁学位证书是独立学院发展的一个转折点。会议鼓励不同管理和运行机制的独立学院不断完善和加强内涵建设，充分发挥优良教育资源的积极作用，更加积极地促进多种形式教育事业的健康繁荣发展。

皖江学院获得学士学位授予权后，一所完整的现代化大学雏形已经具备。在校生人数已接近8 000人，基本达到了学院“十二五”规划中提出的办学规模目标，形势令人鼓舞。

但就当时现状而言，也面临着与现代大学要求不可回避的各种困难和亟待解决的一系列问题。如：

一是在组织架构、办学理念、科研水平等方面，皖江学院与现代大学的要求还有很多差距。

二是专业布局尚需调整。学院在专业申报与建设中一直力图走错位发展的道路，但限于师资、实验等条件制约，理工类专业少，专业布局不尽合理。

三是师资队伍建设急需加强。学院虽然逐渐建立起了自己的专职教师队伍，但其专业化成长仍是学院师资队伍建设的首要任务。

四是各项研究不够深入。尚未形成以研究引领管理和教学的氛围，因此发展平台不高。

五是一校三区多有不便。近8 000名学生分布在皖江、赭山、花津三个校区接受教育，加大了办学成本，分散了教学资源，影响了办学质量，制约了学院发展。

六是人事制度亟待完善。教职工考核与岗位津贴设置不完善，考勤管理不到位，人员聘用与解聘管理不规范，聘用人员工资结构不合理，人事管理制度不健全。

七是福利待遇有待提高。学院自聘教职工的福利待遇在全省同类高校中处中等水平，课时酬金和住房公积金偏低。

八是教学经费投入不足。对照有关本科办学标准，学院教学设备和生均四项经费投入虽有增长，但仍有较大差距。

九是管理队伍缺乏后劲。学院管理干部任用机制是按照民办高校的模式实施的，没有纳入安徽师范大学统一的干部管理体制，也就得不到安徽师范大学统一管理、奖惩和职务晋升的机会，学院内部管理体制改革也难以深化，这些都使管理队伍的培养和可持续发展缺乏后劲。

面对快速发展的高等教育新形势和学院发展现状、存在的问题，安徽师范大学党委和学院董事会审时度势，及时有效地规划和推动皖江学院向现代化大学方向深度发展。先是较大幅度地调整学院领导班子。

继2012年6月30日王伦校长一行来学院宣布闫蒙钢任党委书记、院长之后，2012年8月28日，安徽师范大学校长、皖江学院董事长王伦到学院，宣布安徽师范大学对皖江学院领导班子进行调整的决定。李裕鑫同志任学院党委副书记、副院长[①]，李子华同志任学院党委副书记、副院长[②]，俞晓红同志任学院副院长，叶旭萍

① 中共安徽师范大学委员会文件（师发〔2012〕42号）《关于李裕鑫、孙利平同志工作职务的通知》；安徽师范大学任免通知（校任免字〔2012〕12号）《关于李裕鑫、叶旭萍工作职务的通知》。

② 中共安徽师范大学委员会文件（师发〔2012〕43号）《关于李子华同志工作职务的通知》；安徽师范大学任免通知（校任免字〔2012〕13号）《关于李子华等工作职务的通知》。

同志任学院副院长；孙利平同志任学院调研员，不再担任学院党委副书记职务，张先云同志不再担任学院副院长职务。

图4-1　2012年8月28日，学院新一届领导班子与学院董事长王伦合影
（左起：李裕鑫　俞晓红　毕明福　王伦　马三保　叶旭萍　闫蒙钢　李子华）

表4-1　学院2012年领导分工一览表

姓名	职务	职责分工
闫蒙钢	党委书记 院长	主持学院党政全面工作；分管财务处
李裕鑫	党委副书记、 副院长	分管党建、共青团、精神文明建设、学生思想教育与管理、就业指导、国家助学贷款；分管学生工作处（学工部、党校、人武部、学生资助管理中心、就业指导中心、心理咨询中心）、团委
李子华	党委副书记、 副院长	分管教学评估、招生、人事、宣传、网络、后勤、产业、安全保卫、综合治理、医疗卫生、资产管理；分管人事处、后勤与保卫管理处（保卫科、膳食科、总务科、物业监督管理科、资产管理科、水电管理中心、医务所）、宣传部（含网宣办、皖江潮报刊）、招生办
俞晓红	副院长	分管教学、科研、思想政治理论课建设、专业建设、实习基地建设；分管教务处（教研科、实践教学科、教务管理科、学籍学位科、招生办）、思想政治理论课教研部、图书馆、实验中心、体育运动委员会
叶旭萍	副院长	分管行政事务、外事工作、外籍教师、对外合作办学；分管党政办公室、工会

第二节　谋篇布局，发展至上

2012年至2013年，皖江学院处在历史的转折点。安徽师范大学领导对皖江学院新一届领导班子寄予厚望，多次召集新班子成员商议新的发展思路和改革措施。

一、明确三大任务

顾家山书记在新任处级干部会和对皖江学院干部任免谈话时要求新一届领导班子要建立六个意识：问题意识、规范意识、发展意识、质量意识、创新意识、廉政意识。

王伦校长在2012年8月28日宣布皖江学院新领导班子的讲话中指出，领导班子交替是自然规律。皖江学院自2005年建校至今的七年是以王世华院长为首创建学院的七年，是皖江学院发展的第一阶段。创建了一个比较完整的办学体系，制定了一套规章制度，有了自己的培养模式。孙利平和张先云同志为这一阶段皖江学院的创建和发展做出了很大的贡献。两位同志爱岗敬业，勤奋工作，把自己的青春和智慧奉献给了高等教育事业。

王伦希望新一届领导班子既要成为精通业务、治校有方的教育家，又要成为政治觉悟高、思想作风正的政治家。要明确工作目标，加强学习，深入研究；既要勤政、廉政，更要兴政，要创新体制机制，团结广大师生员工，努力绘制“科学合理的资源配置，优质高效的运行机制，富有特色的人才培养”的独立学院蓝图。

闫蒙钢在讲话中代表新一届领导班子表示，要坚决贯彻大学领导的谈话精神，以理论谋发展，制度促发展，廉洁保发展，团结求发展，理清思路，明确目标，紧紧围绕“进一步探索独立学院应用型人才培养模式，实现科学合理的人力资源配置，形成高效规范的管理运行机制”三大任务，开拓创新，深化教改，强化特色，提高质量，创建品牌，共同描绘皖江学院的美好明天。

上任伊始，新一届领导班子认真学习，深入调研，统一认识，牢牢把握学院发展的办学目标和三大任务，谋篇布局，首先明确了今后的办学定位与思路：

工作方针：继续坚持“深化教改，强化特色，提高质量，创建品牌”；

工作思路：紧紧围绕构建独立学院应用型人才培养模式，实现科学合理的人力资源配置，形成高效能的管理运行机制三大任务开拓创新；

办学目标：以培养“厚基础，重应用，强技能”的高级复合型、应用型人才为人才培养目标，不断开拓创新，锐意进取，努力构建具有独立学院特色的学生工作、教学工作、后勤保障工作一体化的高效工作体系。努力办成全省领先、全国有一定影响、有鲜明特色的应用技术型本科院校。

二、落实十项工作

为实现“三大任务”和办学目标，新一届领导班子提出了2012—2013年的十项重点工作：

（1）基层党组织建设。

（2）管理干部队伍建设。

（3）人事管理制度建设。

（4）辅导员队伍建设。

（5）师资队伍建设。

（6）二级教代会制度建设。

（7）财务管理制度建设。

（8）后勤保障制度建设。

（9）教学质量保障制度建设。

（10）校园文化活动建设。

2012—2013年，皖江学院领导班子以踏石留印、抓铁有痕的进取精神，紧紧依靠广大教职工，群策群力，谋划发展，锐意改革，积极学习贯彻党的十八大精神，开展群众路线教育实践活动，营造健康政治生态，构建和谐民生工程。开展了严格执行“八项规定”的制度建设，建立了“党委—总支—支部”三级组织体系，完成了管理服务岗位全员聘用工作，强化了以系（部）为中心的二级管理服务机制建设，向实现科学合理的人力资源配置，构建高效能的管理机制迈出了坚实的一步；实施了“蓝色工程”，成立了青年人才学院；学分制改革落地生根，从2013级学生开始正式实施了学分制教学管理；推出了通识教育课程设置方案、大学生素质拓展学分实施方案，为积极探索构建独立学院应用型人才培养模式又添新篇章。

2013年还有一系列成果令人振奋：“‘大学生创业实践中心’育人模式改革成果推广研究”获省“振兴计划”项目；2项省级优秀青年人才基金重点项目立项；20个省级质量工程项目立项，位于省独立学院前列；学院还获批1项省人文社会科学项目、2项自然科学研究项目，皖江学院参与教科研的青年教师已达到专任教师总人数的97%。至此，重视科研反哺教学，以教科研为平台，不断提高教育教学水平的教学理念已在全院范围内形成。

学院还启动了以“皖江之星”领航的校园文化系列活动和首次暑期大学生“三下乡”社会实践活动，并向全院师生征集院训、院徽作品；学生在各类赛事中，取得国家级奖项13项，省级奖项64项，毕业生初次就业率95.67%，居省独立学院之首；146位学生考取国内外研究生；“4+1”本硕连读项目，首批学子10人奔赴英国。这些走过的踏实脚印铺就了学院通往现代大学的通道，至此学院已从内涵建设上与现代大学接轨。

第三节 创新机制，全员竟聘

为科学合理配置教育教学资源，优化学院专业结构与布局，形成以文、经、管、工专业为主体，以艺、体专业为特色的专业群，学院通过启动机构设置、系（部）调整，实施内部管理体制改革，有效推进了各项工作。内设机构的调整，其实质是通过机构整合实现组织结构的变革，并通过这种组织变革实现管理机制的变革。

一、调整机构设置

2013年初，皖江学院以运行机制改革为突破口，提出了“逐步建立以教学为中心的、系主任负责的二级管理机制”，尝试建立“一点两线”的运行机制，即以系（部）主任为二级管理责任人，以系（部）副书记和教学秘书为着力点，狠抓各系（部）教学管理工作和学生管理工作。进一步优化人力资源配置，提高管理服务效率。

2013年1月4日，学院发布《安徽师范大学皖江学院关于公布机构设置、系（部）调整意见的通知》（院发〔2013〕1号），开始对教学单位及党政管理机构进行适当调整。具体如下：

撤销中文系、新闻系、媒体技术系、旅游管理系，成立人文与传播系、管理系；经济管理系更名为经济系，电子信息系更名为电子工程系，化学系更名为化学工程系，美术系更名为视觉艺术系。

经过调整，学院的管理机构、系（部）设置及专业划分如下：

（1）行政管理机构：党政办公室，宣传部，人事处，教务处，学生处，后勤与保卫管理处，财务处。

（2）教学机构：人文与传播系（汉语言文学专业、秘书学专业、汉语国际教育专业、新闻学专业、广告学专业、广播电视学专业）；外语系（英语专业、日语专业、俄语专业）；经济系（经济学专业、财务管理专业、金融工程专业、金融数学专业、会计学专业）；管理系（市场营销专业、物流管理专业、旅游管理专业、信息管理与信息系统专业）；电子工程系（电子信息工程专业、自动化专业、计算机科学与技术专业、数字媒体技术专业、教育技术学专业、网络工程专业）；化学工程系（应用化学专业）；视觉艺术系（美术学专业、动画专业、摄影专业、戏剧影视美术设计专业、视觉传达设计专业、环境设计专业、产品设计专业、服装与服饰设计专业）；音乐系（音乐学专业）；体育系（社会体育指导与管理专业）；学前教育系（学前教育专业）；思想政治理论课教研部。

（3）教辅机构：图书馆，实验中心。

（4）群团组织：工会，团委。

二、实施全员竞聘

岗位聘任不仅是高校人事分配制度改革的关键，更是高等教育发展内在要求的产物。独立学院历经十多年的努力探索与实践后，已基本完成了规模发展与办学资本原始积累的初始阶段，正步入管理规范、提升质量、寻求特色与创建品牌的发展阶段。在这一新的形势下，独立学院面临新的发展路径选择。皖江学院新一届领导班子以此为契机，充分发挥自身所具备的优势，坚持走内涵发展路线，走出一条相对独立的有自身特色的发展之路。

2012年12月27日，学院发布了《关于印发〈安徽师范大学皖江学院岗位设置与聘用管理暂行办法〉的通知》（院人字〔2012〕19号），做出了实施管理服务岗位全员聘用工作的部署，并规范和厘清了岗位设置、岗位管理和岗位聘用条件等。

2013年1月5日上午，学院在第一会议室召开管理服务岗位全员聘用工作动员会。院领导闫蒙钢、李裕鑫、李子华、俞晓红、叶旭萍出席会议，各系（部）负责人参加会议。（见图4-2）

院党委副书记、副院长李子华在学院全员聘任动员会上作“坚持科学发展，深化内涵建设；提升办学品味，建设美丽皖江”的讲话。他在讲话中就学院关于开展管理服务岗位聘用工作的目的、意义、时间安排等向与会人员做了说明，指出此次管理服务岗位全员聘用工作遵循“精简、高效、系统”的资源配置原则，科学合理配置学院的人才资源，最大限度调动全院教职工的积极性，增强办学活力，谋求学院科学发展，进一步提高学院的办学质效。他还解读了学院制定的“一人多技，一专多能；一人多岗，一岗多责”的用人管理模式，并提出根据工作实际和发展需要确立主岗和辅岗。李子华在强调中指出：发展是硬道理，解决问题的根本就是发展，对于学院来说，就是要按照学院确立的发展目标与发展思路，加强领导和工作落实；要认清形势，抢抓机遇，坚持以改革求发展，依法治校，人才强校，走内涵发展、特色强校之路；坚持“发展要有新思路，改革要有新发展，开放要有新局面，各项工作要有新举措”的要求，树立科学发展观，以质量求生存，以服务求发展，以贡献求支持，为建设一流学院而共同努力。

院党委书记、院长闫蒙钢对聘用方案的指导思想、聘用原则、聘用对象、聘用条件、相关要求等进行了解读。闫蒙钢指出，学院将按照“设岗是前提，聘任是关键，分配是手段，考核是保证，效益是核心”的工作思路；根据“按需设岗，以岗聘任”“竞争择优，聘岗履责”“加强管理，统筹安排”的聘用原则，对学院全部在岗人员（含大学在编人员及学院合同聘用人员）进行岗位聘用工作。闫蒙钢要求全院统一思想，精心组织，根据岗位要求和个人意愿，采取多种形式组织考核，坚持条件，择优聘用。希望全体教职工在今后的工作中认真处理好三种关系，即专职与兼职的关系，德与才的关系，打工者与主人翁的关系。闫蒙钢说一人多岗，一身多任，这是独立学院管理机制的特色，我们既要有强烈的工作愿望和热情，又要有做好工作的责任感和科学精神。

此次管理服务人员全员聘用工作，分六个阶段展开：

第一阶段：个人申请。教职工根据岗位及聘用条件，选择适合自己的岗位，填写《安徽师范大学皖江学院教职工岗位应聘志愿表》，提交所在单位。

第二阶段：各单位审核推荐。各单位对本单位教职工申报材料进行认真审核，保证申报人员所提供的信息真实、准确。

第三阶段：提交申请材料。人事处受理各单位推荐的岗位应聘材料，对应聘人员资格进行认定，汇总后提交学院岗位聘任领导组。

第四阶段：确定拟聘人选。学院岗位聘任领导组通过讨论、评审、表决等方式，确定各类各级岗位拟聘人选。

第五阶段：公示。学院对管理岗位拟聘人选进行公示。

第六阶段：合同签订与鉴证。学院与受聘人员签订聘用合同，并对聘用合同进行鉴证后，按照有关程序兑现相关待遇。

此次管理服务人员全员聘用工作于2013年4月基本结束。通过此次人事改革，学院基本形成了“一人多技，一专多能，一人多岗，一岗多责”的用人管理模式，管理服务人员均根据工作实际和发展需要确立了主岗和辅岗。

图4-2　2013年1月5日，学院管理服务岗位全员聘用工作动员会

三、任用挂职干部

为进一步加强皖江学院干部队伍建设，优化人力资源配置、探索干部任用新途径，加大干部培养工作力度，促进安徽师范大学职能部门与皖江学院之间的工作交流，并结合皖江学院管理岗位的实际需求，经学院申请，安徽师范大学首次选派管理干部到皖江学院挂职。

2013年4月16日下午，学院在第一会议室为4名学校选派来挂职的管理干部举行聘任仪式。安徽师范大学校长、皖江学院董事长王伦，校党委组织部部长毕明福，院领导闫蒙钢、李裕鑫、李子华、俞晓红、叶旭萍出席聘任仪式，各系、各部门负责人参加仪式。

安徽师范大学选派管理干部到皖江学院挂职，是校党委为进一步加强皖江学院干部队伍建设，加大干部培养工作力度，促进学校职能部门与皖江学院之间的工作交流而做出的重要举措。校党委组织部根据皖江学院的工作需要，在200多名年轻干部中，精心选拔、全面考察，选派了4名干部来皖江学院挂职。

聘任仪式上，院党委副书记、副院长李裕鑫宣读了学院对4名挂职干部的聘任通知，聘任余本玉为皖江学院党政办公室主任；聘任王立龙为皖江学院人事处处长；聘任汪启年为皖江学院教务处处长；聘任周海燕为皖江学院后勤与保卫管理处处长。见表4-2。

闫蒙钢代表院领导对校党委的决定表示坚决拥护，对挂职就任的4名干部提出了“尊重历史，正视现状，谋划未来，注重学习，不计名利，务实创新，团结守纪，廉洁自律”的希望。

王伦指出，4位新同志挂职皖江，为皖江学院干部队伍注入了新的活力，对皖江学院管理模式的革新是一次很好的尝试。作为皖江学院的拓荒者和先行者，历任管理干部在学院的发展壮大历程中做出了艰苦努力，付出了无悔的青春，取得了巨大的成绩。王伦希望挂职干部在挂职过程中勤于学习、甘于奉献、尽心尽责，使自己真正得到锻炼和提高。

2014年4月，余本玉、汪启年两位同志结束挂职（王立龙同志因职务变动，于2013年8月提前结束挂职），周海燕同志在继续挂职一年至2015年5月后转为任职。安徽师范大学选派管理干部到皖江学院挂职，是管理干部培养工作机制的探索与创新。

表4-2　2013年皖江学院各部门、系（部）正副职岗位聘用情况一览表

部门、系(部)	岗位	聘用人员	备注
党政办公室	主任	余本玉	挂职
	副主任	王光煜	
	副主任	刘　巍	
宣传部	部长	戴长江	
人事处	处长	王立龙	挂职
人才交流中心	主任	张　钢	
教务处	处长	汪启年	挂职
	副处长	周淑芳	
科研处	处长	周淑芳	
招生办公室	主任	秦忠基	
学生工作处	处长	侯　超	
财务处	处长	余国传	
后勤与保卫管理处	处长	周海燕	挂职
工会	主席	张　钢	

续 表

部门、系(部)	岗位	聘用人员	备注
	副主席	周淑芳	
团委	书记	周新胜	
人文与传播系	主任	钱奇佳	
	书记兼副主任	韩雪松	
	副书记	侯　倩	
外语系	主任	余尚文	
	书记兼副主任	张　萍	
经济系	主任	张　萍	
	书记	芮道荣	
	副书记	张　铮	
管理系	主任兼书记	伍旭中	
	副主任	马　骥	
	副主任	李俊峰	
	副书记	邵　敏	
电子工程系	主任兼书记	秦忠基	
	副主任	吴　彬	
	副书记	王　超	
化学工程系	主任	周双六	
视觉艺术系	主任兼书记	刘玉龙	
	副主任	孙　亮	
	副书记	方　新	
音乐系	主任	李　城	
体育系	主任	郜贻红	
学前教育系	主任	张更立	
思想政治理论课教研部	主任	赵　平	
图书馆	馆长	曹晓鲁	
实验中心	主任	许长安	
赭山校区党支部	副书记	罗　乐	
音乐、体育及学前教育系党支部	副书记	许丹丹	

四、规范工作运行

2013年，皖江学院发布了《安徽师范大学皖江学院关于进一步加强劳动纪律管理的通知》《安徽师范大学皖江学院教职工考勤管理暂行办法》《安徽师范大学皖江学院教职工请假暂行规定》等一系列规章制度，切实加强劳动纪律教育。2013年11月，为加快推进学院师资队伍建设，尽快提升专任教师学历层次，学院印发《安徽师范大学皖江学院关于进一步做好学院专任教师学历提升工作的通知》，文件明确："尚未取得硕士学位的专任教师，必须在三年内考取研究生或取得硕士学位，未考取研究生或未取得硕士学位者，学院将直接解聘。"

学院首次明确专任教师可以在职完全脱产攻读研究生，同时明确在职攻读研究生报考类别必须是不调转个人人事档案的定向类别，为专任教师专业发展提供了有力保障。学院共与11名专任教师签订了在职培养硕士、博士研究生协议，还实现了专任教师国外高校读博零的突破。首次组织7位教师参加安徽省教育厅本科高校教师职称评审并顺利通过，解决了困扰学院青年教师多年的中、高级职称评审问题。

同年，学院印发《关于进一步规范教职工办理入职、离职手续工作流程的通知》，做到流程清晰、管理规范、不留隐患，并首次签订返聘协议9人次，做到聘用协议签订全员覆盖。同年，学院启动了人员退出机制，首次对1名不能胜任工作的人员做了解聘处理。

五、推进后勤建设

皖江学院后勤保障工作紧密围绕"强化服务，规范管理，安全稳定，降本增效"的年度工作目标开展各项工作，在服务、管理、安全等工作上取得实效。

学院以保障教学为中心开展各项后勤管理与保卫工作。自2012年下半年以来，完成了学院报告厅、图书馆阅览室、大学生活动中心、音乐系琴房、美术系摄影棚、教工之家、学院路灯、3号学生宿舍楼卫生间、5号学生宿舍楼房顶等的改造工作。并进一步改善了系（部）办学条件，美化了校园环境，提升了学院形象。在皖江校区学生宿舍楼及公共楼宇加装了供水加压泵，解决了4层以上楼宇自来水上不去的难题。及时维修、更换公共教室热水机，解决了师生在上课时喝开水难的问题。改造了学生宿舍区晾衣场，实施校园"一卡通"，为师生的生活、学习提供了便利。

学院还在后勤与保卫管理处网站上增加了网上报修、学生留言板块等互动栏目，保证学生意见的畅通。加强对食堂的监督与管理，制定了相关制度，杜绝学生食堂员工不戴口罩、接收现金、食品质量存在问题等现象，切实维护了学生的利益。

学院认真围绕民生工程，提高膳食服务质量，加大卫生预防宣传，做好门诊保障工作。针对季节特点，每季度面向全体师生进行卫生防护宣传，每季度对校园进行一次全面消毒，每月与芜湖市经济技术开发区社保部门联合对全院学生进行门诊及医疗基金报销。

同时，学院加大监管力度，提高管理能力。2013年修订校园绿化招标方案及招标合同，实行重新招标。对中标单位实行每月检查、每季度考核付费制度，严格落实奖惩措施，并对校园内多年遗留的绿化死角进行了全面清理；修订承包合同，增加学院经营性收益；清理历年报废资产，规范资产处置程序。学院继续实施水电目标管理，与水电管理中心签订协议，每年定额考核，节约部分奖励20%，超出部分罚款20%。

六、探索分配改革

完善人员经费管理及分配制度是岗位聘任的重要内容，学院积极通过建立强化岗位、淡化身份、效率优先、责酬一致的激励机制，逐步实行按岗位定酬、按任务定酬、按业绩定酬的分配改革办法，积极建立健全符合独立学院特点、体现岗位绩效和分类分级管理的职工收入分配制度。

2013年，学院调整了合同聘用教职工的工资方案。工资发放不再区分特殊专业与一般专业。具有研究生学历的教师、辅导员月增资416元；具有本科学历的教师、辅导员、专业技术人员和教辅人员月增资200元；教师、辅导员和专业技术人员享受工龄补贴，标准为25元/年。调整了专职辅导员基本工作量核算标准，完善了奖励分配政策，提高了职工福利待遇，落实了管理岗位履职奖励，落实了管理岗位考勤制度与午餐、电话补贴。

第三节　教学改革，学分先行

随着学士学位评估工作的结束，学院顺利获得15个专业学士学位授予权，2012届毕业生取得由学院颁发的学士学位证书。至此，学院2008版人才培养方案停止使用，正在执行的2011版人才培养方案待2016届毕业生毕业后停止使用。以此为契机，学院积极探索，开拓进取，按照“加强建设，优化管理，深化改革，提高质量”的基本思路，以学分制改革为切入点，实施了系列举措，拉开了新一轮教学改革的序幕。

一、开展教改研

2013年1月17日至1月18日，学院在赭山校区田楼召开了教学管理工作专题研讨会。本次会议是学院在系（部）结构优化调整、教学管理干部配置到位后召开的。会议主题是：认真贯彻落实十八大精神，加强干部队伍建设，提升教学管理水平，促进学院内涵式发展。院领导闫蒙钢、李裕鑫、李子华、俞晓红、叶旭萍、孙利平出席会议，教学督导张先云及各系（部）负责人40余人参加会议。

会上，新一轮聘任的系（部）负责人汇报交流了年度工作规划，并就学院师资队伍构成、学分制改革、如何选聘母体大学优质师资、独立学院系（部）制度建设、省级质量工程申报与建设、公共课无纸化考试设想等专题进行了广泛深入的研讨和交流。教务处、学生处、人事处、图书馆等部门负责人也就如何改进工作作风、全心服务教学作了积极的表态。

时任安徽师范大学教务处处长朱家存、学生处处长台启权应邀到会，分别就学分制下的教学管理和学生管理工作作了题为“规范教学管理，稳定教学秩序”“辅导员队伍建设和管理”的专题报告，并和与会者作了互动交流。安徽师范大学教务处教研科长宋波（时任安徽省教育厅高教处挂职副处长）也为与会者作了题为“高等院校学分制解读”的辅导报告。

2013年初的这次教学管理专题研讨会，是一次重要的解放思想凝聚新动力的会议。尤其是在完成了院系级机构改革和人事调整背景下，举办皖江学院中层干部学分制下教学管理专题研讨会具有特殊的意义。会议对于学院加强内涵建设，启动学分制改革，唱响主旋律，汇聚正能量，振作精气神，建设新皖江，都具有巨大的推动作用。

二、启动学制改革

学分制是高等学校的一种教学制度，以学生取得的学分作为其学业完成情况的基本依据。学分制的原则是学生某一课程成绩合格，即取得该课程的学分。不同课程的学分累加，若达到学校规定的总学分数，就准予毕业，并授予相应的学位。学分制实行弹性学制，学生修满学分可以提前毕业提前就业。对于在规定的年限内难以达到毕业要求的学生，允许其延长学习时间。

学分制的优越性使其成为高等教育制度的主流，受到众多高校的推崇。在高等教育改革的大背景下，学院上下已达成共识：学院原有的学年制教学制度已不能很好地适应新形势，学分制改革迫在眉睫。

为深入贯彻落实《国家中长期教育改革和发展规划纲要（2010—2020年）》、教育部《关于全面提高高等教育质量的若干意见》和安徽省《关于深化高等教育教学改革全面提高人才培养质量的若干意见》等文件精神，坚持高等教育内涵式发展，全面提高教育教学水平和人才培养质量，学院于2013年5月颁发了《安徽师范大学皖江学院关于推行学分制改革的若干意见》（院办字〔2013〕16号），标志着学分制改革工作正式启动。

构建传授知识、增长技能、提高素质为一体的多样化人才培养模式，实现通才教育和专才教育相结合，突出应用型、复合型人才培养，全面提高学生的专业理论素质和实践创新能力，是这次学分制改革的指导思想和目标。

在课程体系和教学内容上体现学院办学定位和专业特点。按文、理、经、管、工、艺等专业大类设置基础课程；适当缩减必修课时，增加选修课时；强化实践教学环节，增加专业见习、实习时间，注重实践创新能力的培养；加强课程结构体系的统筹协调，增加学生对课程的选择性，注重对学生能力的培养，为学生个性发展创造条件。

选课制是学分制的核心内容。选课制的实施推动了教学内容和方法的改革以及师资队伍的优化。选课使学生在“学什么”“怎么学”的问题上有自主选择的空间，使教师在“教什么”“怎么教”的问题上有更多思考，并形成竞争机制。

实行学分制就是要建立弹性学制下各项教学管理制度和运行机制。

实施学分制后，学生在校学习年限为3—6年，允许优秀的学生提前毕业，也允许学生因特殊情况延长学习至6年毕业。

根据弹性学制的特点，对学生注册、上课、考试、重修、成绩管理和休学、复学、转学、退学、毕（结）业及学位授予的条件、程序等做出明确的规定。

对教学资源（教室、实验室、教学资料、教学设备等）管理的原则是统一调配、规范管理、充分利用、高效运转。

根据学生选课的需求，逐步实现教师竞争上岗，促进教师的自我提升。

学院制定统一的规则进行管理，包括选课办法、选课程序、排课程序等内容，最大限度满足全院各专业学生多层次修读课程的需求。

对学生所选课程学分数及学习成绩进行综合计算得出结果，作为学生评优、评奖、顺利毕业、获得学位的重要依据。

三、制定培养方案

2013年5月，学院颁发了《安徽师范大学皖江学院关于制定学分制人才培养方案的原则意见》（院教字〔2013〕21号），指导各系开展学分制下的各专业人才培养方案制定工作。

（一）省内外调研

从学年制改为学分制，无论对学院还是对学生而言，都是一次深刻的变革。为了稳妥推进改革，院领导十分重视。2012年10月，在院党委书记、院长闫蒙钢的带领下，院党委副书记、副院长李子华，副院长俞晓红及宣传部、教务处、学生处负责同志一行就独立学院教学管理、学生管理以及校园文化建设和人事制度改革等问题，前往浙江大学宁波理工学院和浙江万里学院考察访问，听取了高校有关人才培养定位、课程体系设置、实践教学改革等方面的做法，开阔了视野，拓宽了思路（见图4-3）。

图4-3　2012年10月，学院领导及相关部门负责人赴浙江万里学院考察

2013年3月，学院领导赴安徽师范大学传媒学院就应用型人才培养交流看法与经验，分享该学院“学院加公司”的办学道路、“项目化加一体化”的人才培养思路，并探讨了学分制下人才培养方案的课程设置、师资队伍建设以及实验设备的综合利用等问题。

（二）形成初步方案

在调研省内外同类学院专业设置方案、吸收各系在不同专业方案执行过程中的反馈意见、听取两次评审会专家意见和建议的基础上，2013年5月13日，学院发布了《安徽师范大学皖江学院关于推行学分制改革的若干意见》（院办字〔2013〕16号）。2013年8月30日，学院又发布了《安徽师范大学皖江学院关于制定学分制人才培养方案的原则意见》的补充意见（院教字〔2013〕35号），至此，形成了皖江学院2013版学分制人才培养方案。

2014年6月9日，学院在总结对2013级学生实施学分制的经验并整合有关文件的基础上，发布了《关于修订皖江学院学分制人才培养方案（草案）的通知》（院政字〔2014〕54号），颁发了《安徽师范大学皖江学院修订学分制人才培养方案（草案）的指导意见》，进一步明确了学分制改革以经济社会发展需求为导向，以课程建设为核心，整合课程资源，优化课程体系以及各专业人才培养的具体目标。2014年9月，学院2013版学分制人才培养方案修订工作圆满完成并付诸执行。

（三）方案主要特点

本次学分制改革的培养方案，有着明显的特点：

一是彰显专业特色，突出实践教学。在较大程度上实现了理论课与实践课课时的合理分配，重视对学生实践能力和职业能力的培养，确立了以市场需求为导向、以职业岗位需求为培养目标的新思路。

二是优化知识结构，体现学科交融。为进一步深化学分制改革，教务处通过全院性的申报和评审，遴选出一批通识教育课程，由教务处统一管理，面向全体学生开设，其主要目的是增强学生的社会责任感，拓宽学生的知识面，优化学生的知识结构，体现学科交融、文理渗透的精神。通识教育课程体系分为人文社会类、自然科学类、艺术类和综合类，每类由若干门课程组成，采用传统课堂教学、网络视频教学、混合式教学等多种方式进行。为拓展学院通识教育课程资源，提升学院学术报告、文化讲座的影响力，充分发挥其育人作用，学院将院级学术报告、文化讲座纳入通识教育课程体系，由学生根据需要自由选听，达到基本要求后，教务处予以学分认证。

三是培育创新意识，提升实践能力。为培育学生的创新意识，全面提升学生的实践能力，学生处制定了《安徽师范大学皖江学院学生素质拓展实施方案（试行）》，并制定了素质拓展学分的认证标准。

学分制推行后，学院多次组织教学管理人员、教师和学生学习学分制人才培养方案、学分制下学生学籍管理规定、学分制下学生学士学位授予办法等相关文件，并做好学分制下教学管理工作的有关培训工作。同时，不断优化教务管理系统，做好学分制下的选课工作。这些都为学分制的顺利推行提供了有力保障。

四、推广创业模式

在2013版人才培养方案中，学院将学生参加创业实践活动纳入素质拓展学分认证系列，成为人才培养方案的有机组成部分。这是对学生参加大学生创业实践中心活动的肯定和支持。学院以学分制人才培养方案修订为契机，将创业实践活动纳入素质拓展学分认定范围后，大学生创业实践中心的存在价值逐渐得到全院上下的认同，并步入良性发展的轨道。

2012年底，由张先云教授主持的省级创新人才培养试验区项目“创业教育的实践平台——大学生创业实践中心”，经过三年的建设，顺利结题。项目团队成员周淑芳、张萍、高智林、朱小丽、胡一鸣、汪惟宝在张先云的带领下，收集、整理研究成果，以“构建创业教育平台，创新实践教学方式——‘大学生创业实践中心’的建设和思考”为题，申报当年省级教学成果奖，获得二等奖（见图4-4）。

安徽省教学成果奖

证　书

为表彰安徽省教学成果奖获得者，特颁发此证书。

项目名称：构建创业教育平台　创新实践教学方式——“大学生创业实践中心”的建设

奖励等级：二等奖

获 奖 者：张先云

二〇一　年　月十四日

证书号：2012cgj460-1

图4-4　省级教学成果奖二等奖证书

2013年，由学院党委副书记、副院长李子华教授牵头申报的“‘大学生创业实践中心’育人模式改革成果推广研究”确立为安徽省教育厅振兴计划教学成果推广项目。至此，大学生创业实践中心迈入新的发展阶段。

图4-5 大学生创业实践中心省级教学成果推广项目实践成员留影

在教学成果推广项目的带动下，大学生创业实践中心积极申报各级各类创新创业训练计划。2013年，由吴成龙老师指导的项目“一亩格优创馆在大学校园的构建与实践”获省教育厅立项；2014年，由朱小丽、唐叶剑老师指导的项目“校园电子商务e购通”获省教育厅立项，由吴成龙、朱小丽老师指导的项目“高校网络站点导航系统设计与开发”获教育部立项。通过一系列的项目建设，大学生创业实践中心实践教学活动逐渐呈现出良性循环。

大学生创业实践中心及下属各部门的规章制度得到进一步完善，并在实践中探索、总结、改进，形成了行之有效、操作性强的运行规范。模拟市场化经营管理方式，“学生自主操作，教师指导监督，学院硬件支持，部门独立核算，学院财务统管”的运作模式得到进一步巩固。

大学生创业实践中心经过多年的发展，取得了丰硕的实践教学成果，并在校内外形成了良好的声誉，已成为学生参与实践锻炼的首选单位。通过学生在大学生创业实践中心开展专业技能的实际操作与运用的反馈，还可以及时发现和总结学生在专业知识和能力方面的薄弱环节，依照既定的人才培养目标，促进学院相关教学单位进行专业课程体系改革与教学方法改革。

学院高度重视大学生创业实践中心的健康发展。学院把建设大学生创业实践中心作为培养动手能力强的应用型人才的创新尝试和主要抓手之一，对大学生创业实践中心的发展始终如一给予有力的支持。具体表现如下：

一是在原有文件规定“大学生创业实践中心是学院创新实践教学的重要平台，属于院级教学单位”的基础上，设置专职管理岗，为大学生创业实践中心配备秘书1

名，协调大学生创业实践中心开展各类实践活动。

二是为大学生创业实践中心无偿提供了面积为数百平方米的场地作为开展经营和服务活动的场所。

三是先期购置和提供的实践教学设备（含写真机、覆膜机、刻字机、办公电脑和桌椅等）总价值约20万元，每年还投入一定的教学经费维修相关设备，支持大学生创业实践中心的正常运转。2013年，学院一次性投入约10万元为大学生创业实践中心更新了一批设备。

四是在2013版人才培养方案中，学院将学生参加创业实践活动纳入素质拓展学分认证系列，将学生参加创业实践中心活动纳入培养方案。

大学生创业实践中心的许多活动是非经营性的，典型代表为创业传媒DV工作社。该部门立足于用摄像机繁荣校园原创影视文化，丰富校园文化生活，在以下三个方面取得明显成绩：

一是拍摄微电影。在2013年举行的第三届江南片大学生电影节上，传媒DV工作社的微电影《五月花开》获最佳故事片奖、最佳导演奖和最佳女主角奖（见图4-6、4-7）。其导演陈小明在毕业时也以其扎实的专业功底顺利签约国内传媒行业极具影响力单位——中国光线传媒。

图4-6　微电影《五月花开》剧照

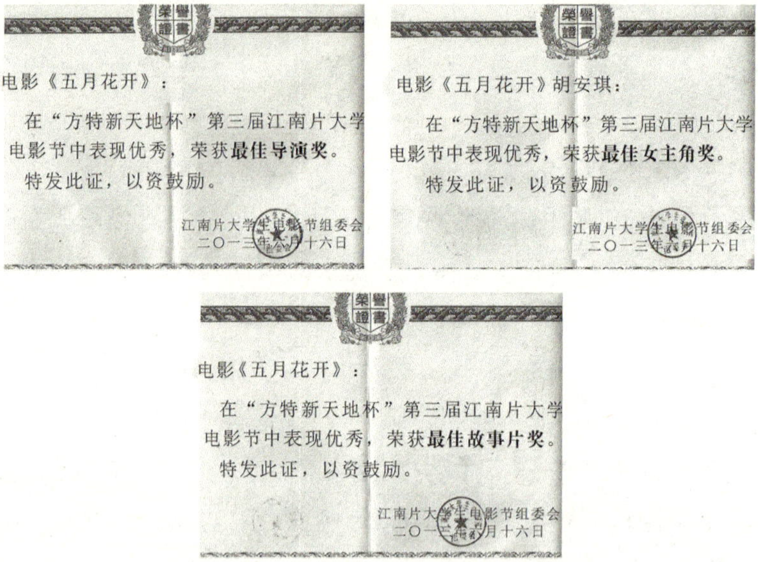

荣誉證書

电影《五月花开》：

在“方特新天地杯”第三届江南片大学电影节中表现优秀，荣获**最佳导演奖**。

特发此证，以资鼓励。

江南片大学生电影节组委会

二〇一三年[illegible]月十六日

荣誉證書

电影《五月花开》胡安琪：

在“方特新天地杯”第三届江南片大学电影节中表现优秀，荣获**最佳女主角奖**。

特发此证，以资鼓励。

江南片大学生电影节组委会

二〇一三年[illegible]月十六日

荣誉證書

电影《五月花开》：

在“方特新天地杯”第三届江南片大学电影节中表现优秀，荣获**最佳故事片奖**。

特发此证，以资鼓励。

江南片大学生电影节组委会

二〇一三年[illegible]月十六日

图4-7　微电影《五月花开》获奖奖状

与此同时，DV工作社还于2013年拍摄了微电影《落脚城市》；2014年，微电影《野蔷薇》《微光》《一天》成功拍摄；2015年，微电影《站在青春的拐角处》《那年青春》参加学院校园DV大赛，并分别取得一、二等奖的好成绩。

二是拍摄制作校园文化节目。摄制了大型文艺晚会、历届校园情景剧大赛、十佳歌手大赛、服装秀大赛、体育运动会等一系列的校园节目，也拍摄了教师教学技能比赛、皖江大讲坛、公开课等系列课堂教学活动。

三是拍摄校园视频新闻。2012年上半年开办的《皖江新闻联播》栏目，开创了安徽省高校的先河，一经开播便得到了学院师生的欢迎和好评，截至2015年12月已经播出29期。（见图4-8）

图4-8　皖江新闻联播第23期录播

与此同时，大学生创业实践中心的各项业务也得到拓展。以物流部为例，该部门从一开始的仅与申通快递合作，到目前与顺丰、亚马逊、唯品会、天猫超市建立业务关系，从每天70个左右的派件量，增加到200个左右，该部门指导教师以及参与实践的同学付出了大量的精力，很多学生都表示在活动中养成了认真、仔细、耐心的工作品质。

除以上特色活动外，大学生创业实践中心还积极组织学生参与各级各类实践活动，提升学生们的创业能力和水平。

一是参与学院组织的各类活动。大学生创业实践中心以学院2013年举办二级网站评比活动为契机，认真开展网站建设，将体现大学生创业实践中心育人成果的图片、报道、视频等资料上传网站。一时间，大学生创业实践中心网站点击率大大提高，大学生创业实践中心的实践成果也得到越来越多人的知晓与认可。

另外，大学生创业实践中心还积极申报学院暑期社会实践活动。2014年，大学生创业实践中心以“大学生创业实践中心毕业学生就业创业跟踪报告”为实践主题，以安徽省合肥市为实践基地，以毕业生就业创业现状调研为实践目标，采访并报道了众多优秀学子的就业、创业历程，在校内外引起较大影响，大学生创业实践中心实践活动在学院暑期社会实践活动评比中也获得了一等奖的好成绩。

图4-9　大学生创业实践中心2014年暑期社会实践特刊封面

二是服务社会公共事业。在实践成果推广的过程中，大学生创业实践中心也得到越来越多社会单位的关注和认可。2014年3月，安徽省教育科学研究院与安徽师范大学联合申报的省域内全面推进高中化学优质教学的研究与实践材料的视频制作部分就是由传媒DV工作社完成的，该项目也荣获首届基础教育国家级教学成果二等奖。

大学生创业实践中心坚持把服务社会公益事业作为成果推广的有效途径。2014年7月，受芜湖市镜湖区图书馆的邀请，大学生创业实践中心选派优秀实践成员为其拍摄情景剧参加全国少年儿童绘画绘本创作大赛，并与该馆展开广泛交流，初步达成进一步合作交流的意向，为中心和学院赢得了良好的社会效益。

三是“请进来，走出去”，开展交流与推广。2013年12月，大学生创业实践中心指导教师在学院副书记李裕鑫带领下，前往芜湖职业技术学院考察调研大学生创业园建设，实地参观经营项目、销售渠道、运转过程等，并与该院创新创业教育指导中心教师展开广泛交流，相互借鉴。（见图4-10）

图4-10　副书记李裕鑫带队参观芜湖职业技术学院大学生创业园

第四节　凝练精神，创建品牌

2012年8月以来，学院按照《教育部　共青团中央关于进一步加强和改进高等学校校园文化建设的意见》，结合学院自身实际，坚持“以文化育人引领学院发展”

的原则，不断加强校园文化建设，以文化育人为途径，认真落实"立德树人"的根本任务。学院加强和改进校园文化建设的主要内容：以培育和践行社会主义核心价值观为导向，以凝练皖江精神为核心，以优化校园文化环境为重点，以丰富多彩的校园文化活动为载体，通过"三生"教育与"四成"追求，即大力实施"生命，生活，生涯"教育，不断引领学生追求"成人，成长，成才，成功"，努力建设满足学生需求并体现学院特色的校园文化。

一、凝练皖江精神

为进一步凝练学院办学理念，推进校园文化建设，打造皖江文化品牌，彰显皖江精神风貌，2013年10月，学院发布《关于征集院训、院徽的通知》①，面向全院师生征集学院院训、院徽参赛作品。广大师生积极参与，精心创作，共收到院徽设计方案62个、院训设计方案27个。参展作品构思新颖、寓意深刻，突出学院办学特色，具有鲜明的时代特征和艺术表现力，得到全院师生的赞扬。经网络投票、专家评审后，经院党政联席会议研究决定，2014年10月，学院对院训、院徽、院旗予以正式确定并发布，以"厚德，开物，自强"为院训，充分体现了皖江人弘扬传统、自强不息、与时俱进的精神风貌。院训、院徽、院旗发布后，学院通过积极宣传，进一步增强了全体师生的爱校之情和荣校之志。并且，在此基础上结合学院十年的办学发展历程，凝练出了皖江精神，即革故鼎新的创新精神、笃学尚行的实践精神、上善若水的包容精神、自强不息的拼搏精神。这与"诚信，勤奋，团结，博爱"的价值观一起，构成了学院厚重的文化底蕴，成为引领学生成长的精神高地。

（一）院徽

（1）院徽由"皖江学院"英文缩写"WJC"、昂扬向上的人、腾飞的鸟、航帆、层叠的书页等元素构成，形象直观地表达了安徽师范大学皖江学院的属性和办学特色。

（2）院徽中两个航帆重叠呈现出层叠的书页，寓意学院扬帆破浪、勇往直前，昭示莘莘学子在知识的海洋里尽情遨游，无往不胜，表现皖江校园浓郁的书香和好学的风气。

圆形的太阳既寓意厚重之德、光明、热情，又体现了对大学精神的传承，还象征安徽师范大学皖江学院未来必将欣欣向荣、蒸蒸日上。

① 安徽师范大学皖江学院文件（院办字〔2013〕34号）。

昂扬向上的人与腾飞的鸟有机交融，体现学院师生自强不息的精神面貌和与时俱进、追求卓越的蓬勃朝气。

（3）院徽整体充满动感，生机勃发，展现了团结、进取、热情的时代精神，表达了安徽师范大学皖江学院的新形象。（见图4-11）

图4-11　学院院徽

（二）院训

厚德，语出《周易·坤卦》：“地势坤，君子以厚德载物。”意在表达学院“育人为本，德育为先”的理念，传承大学“厚重质朴，至善致远”的品质，期望皖江师生胸怀天下，立身行道，砥砺德行，立志向善。

开物，语出《周易·系辞上》：“夫开物成务，冒天下之道，如斯而已者也。”意在表达学院传承大学“厚德、重教、博学、笃行”的传统，全院师生致力通晓万物的道理并奉行而得以成功。

自强，语出《周易·坤卦》：“天行健，君子以自强不息。”意在表达皖江师生朝乾夕惕，战胜自我，奋发向上，刻苦学习，堪当复兴中华之重任。

厚德者重在培养载物之德行，自强者重在养成不息之精神，开物者重在究竟事物之理，成就美满人生。

“厚德，开物，自强”是学院对“立德树人”的具体落实和不懈追求。（见图4-12）

图4-12　学院院训

（三）院旗

院旗尺寸：2 880 mm × 1 920 mm。

院旗颜色：院旗底色为红色，RGB值为R:255，G:0，B:0。（见图4-13）

图4-13　学院院旗

二、打造“皖江之星”

校园文化活动品牌建设的本质就在于提升校园文化活动的效果，充分展现校园文化的特色。目前，大多数学生对校园文化活动的具体过程乃至活动效果都提出了非常高的要求。学校在开展校园文化活动时，应该时刻保持高度的创新意识，提升学校校园文化活动特色，打造活动品牌，才能不断获取越来越多学生的关注。只有发挥校园文化活动品牌建设的影响力，才能持续提升校园文化质量。

2012年8月，安徽师范大学对我院领导班子进行了调整和充实，学院党委书记、院长闫蒙钢多次指出要做好大学文化建设，为把学院创建成特色鲜明的省内外知名独立学院做出积极的贡献；学院党委副书记、副院长李裕鑫在部署学生工作之时强调，要进一步提升校园文化活动品牌，通过活动选树青年典型，打造“皖江之星”。随后学院出台了“皖江之星”评选办法，对校园文化活动进行了重新规划和定位。2013年3月，学院启动了首届“皖江之星”校园文化艺术节，李裕鑫在开幕词中说：“人生如船，梦想是帆，梦想是激励我们发奋前行的精神动力。我希望每个皖江学子都要拥有‘星’之梦，争当‘皖江之星’！”随后，闫蒙钢和李裕鑫为皖江学院“皖江之星”校园文化艺术节启动仪式揭幕（见图4-14）。此次艺术节活动内容涵盖了20多项文化、艺术和科技的竞赛与展演活动，以活动为载体，全面打造“才艺之星”“实践之星”“公益之星”“科技之星”“创业之星”，在学生中引起广泛而热烈的反响。此次艺术节的开幕，标志着皖江学院初步建立了以“皖江之星”为主体的校园文化活动体系。

图4-14　院领导闫蒙钢和李裕鑫为“皖江之星”校园文化艺术节启动仪式揭幕

2013年12月23日晚，学院“皖江之星”颁奖典礼暨2014年迎新晚会在院大学生活动中心隆重举行（见图4-15）。院领导闫蒙钢、李裕鑫、李子华、俞晓红、叶旭萍、孙利平和各系、各部门负责人与千余名皖江师生欢聚一堂、共迎新年。晚会以“中国梦·皖江星·青春情”为主题，共分为“寻梦有志，坚定信念，成就中国梦想”“追梦有行，闪耀星光，构建美丽皖江”“圆梦有情，肩负使命，谱写青春华章”三个篇章。晚会中进行的2013年“皖江之星”颁奖典礼光彩闪耀。国学社“驮马寻梦队”等5个暑期社会实践团队分获“优秀实践团队”荣誉称号；孙康康等10名学生获得2013年“皖江之星”荣誉称号；宋婉莉等11名学生获得2012—2013学年国家奖学金；学前教育专业2012级1班等14个班级分获“先进班集体”荣誉称号；爱心协会等10个社团分获“十佳社团”荣誉称号。闫蒙钢、李裕鑫、李子华、俞晓红、叶旭萍分别为获奖团队和个人颁奖。本次迎新晚会与“皖江之星”颁奖典礼相结合，真正做到了表彰先进、弘扬典型。精彩纷呈的表演、绚丽缤纷的舞台使皖江校园星光璀璨、美丽动人，使“皖江之星”熠熠生辉。

图4-15　“皖江之星”颁奖典礼暨2014年迎新晚会

校园文化活动只有通过同学们的自我教育、自我完善才能充分发挥作用。榜样的力量是无穷的，身边的典型更具说服力和感染力，更能引起学生的共鸣和反思。学院在传承校园文化的基础上，推陈出新，打造引领性品牌，创建的“皖江之星”校园文化艺术节，通过树立典型、表彰先进，充分发挥优秀学生群体的标杆示范作用，用身边人、身边事教育身边人，让学生在活动中了解、学习榜样的先进事迹，从对方身上发现优势，觉察到自身的不足，形成良好的群体效应，有效提升校园文化的育人内涵，促进校园文化建设的创新发展。

三、推进素质拓展

为办好人民满意的教育，适应经济发展新常态下对人才的需求，独立学院如何有效实施大学生素质拓展计划，提高人才培养质量，推动实现更高质量的就业，是经济新常态下独立学院人才培养的重要课题。2013年9月，学院自2013级新生开始推行学分制，课程的选修制和重修制为大学生提供了弹性学习的空间，能够满足学生的个性发展和学习兴趣的需要①。为进一步提高育人质量，学院自2013级学生开始实施大学生素质拓展计划，积极推进素质拓展课程化建设，将素质拓展学分作为必修学分，纳入人才培养方案，通过编制与学院学分制相适应的活动规划，力求做活“第一课堂”，做优“第二课堂”，做大“第三课堂”，实现“三个课堂”（课堂教学、校园文化活动、社会实践）的有机结合。

图4-16　学分制人才培养方案、素质拓展学分认证手册

学院大学生素质拓展计划自2013年9月实施以来，取得了一些成效，形成了特色，具体可归纳总结为素质拓展“3456”工程，即分为院、系、班3级机构组织实施；思想品德与政治素质、专业技能与职业导航、身心健康与文化艺术、激励模块4大活动模块；国家、省、市、院、系5个活动级别；6个必修学分。

（1）3级机构实现组织规范化。大学生素质拓展计划的实施是一项庞大的工程，需要一个强有力的组织体系来保证，仅仅靠团组织的力量是远远不够的。学院学生素质拓展组织机构由院、系、班三级组成，分别负责各自素质拓展工作的指导、规划、实施和学分认证工作。完善的三级联动组织体系形成了强大的合力，对素质拓展工作进行统筹协调，确保了素质拓展组织管理工作的规范化。

（2）4大模块实现结构科学化。根据独立学院办学实际、人才培养要求以及学生成长发展的规律，学院对照团中央、教育部等规定的思想政治与道德素养、社会实践与志愿服务、学术科技与创新创业、文化艺术与身心发展、社团活动与社会工

① 安徽师范大学皖江学院文件（院办字〔2013〕16号）《安徽师范大学皖江学院关于推行学分制改革的若干意见》。

作、技能培养等6大模块，充分整合为4大模块，即A模块：思想品德与政治素质模块，B模块：专业技能与职业导航模块，C模块：身心健康与文化艺术模块，D模块：激励模块，主要指以“照顾困难、勤能补拙、单项突出”为原则，有效解决素质拓展实施过程中的一些特殊情况，实现了大学生素质拓展结构的科学化。

（3）5个级别实现活动标准化。学院按照“分层规划、分级设计”的原则，每年统一规划全院素质拓展活动，院级活动重在拓展学生综合素质，系级活动重在拓展学生专业素质。一年级注重专业学业导航和社会公益活动，二年级注重专业素质拓展和社会实践，三年级注重就业、创业指导训练。与此同时，将素质拓展活动分为国家级、省级、市级、院级、系级五个级别。同类别下一级活动分值原则上不能高于上一级，同一个活动不重复计分，逐级选拔的活动只计最高分。

（4）6个学分实现内容课程化。学院将素质拓展学分纳入人才培养方案，与学生学历、学位挂钩，实现了素质拓展活动项目化管理、课程化考核。学生在校学习期间，必须获得不少于6个素质拓展活动课程学分，即A模块1.5分（其中暑期社会实践不得少于1分），B模块3分，C模块1.5分（其中大学生课外阅读不少于1分）。从模块的设置和分值来看，突出了专业技能、实践能力以及人文素养，非常符合独立学院应用型人才的培养目标。

大学生素质拓展计划是独立学院提升办学质量、创新应用型人才培养方法的重要抓手。学院大学生素质拓展方案自实施以来，相关部门按照“科学化、课程化、高品位、有特色”的要求，精心打造活动课程体系，不断完善相关规程，目前已初步形成了“三个课堂”有效联动的育人格局，为实现应用型人才培养目标提供了有力保障。

第五节　加强党建，反对“四风”

党的组织建设是党建工作的重要组成部分。为切实抓好基层党建工作，2012年以来，学院深入贯彻落实中央、省委和校党委的有关精神，认真组织开展深入学习实践科学发展观、社会主义核心价值观、创先争优和群众路线教育等主题教育活动，全面加强和改进学院党的建设。认真贯彻落实上级党组织的各项规定和要求，充分发挥学院党委领导的核心作用，全面推进和不断加强党建工作和党风廉政建设，为学院在高等教育事业大发展和独立学院改革发展浪潮中提供坚强有力的思想政治保障。

一、召开首次党员大会

召开皖江学院全体党员大会是学院进一步加强党的建设的重要举措，是增强全体党员党性观念、加强党性修养的过程，是学习实践党的民主集中制的过程，更是统一思想、凝聚力量、献计献策、共谋发展的过程。

2012年12月14日9时，中国共产党安徽师范大学皖江学院委员会在花津校区大礼堂隆重举行第一次党员大会，选举产生新一届党委委员。安徽师范大学党委组织部部长毕明福，院领导闫蒙钢、李裕鑫、李子华、俞晓红、叶旭萍在大会主席台就座。院党委副书记李裕鑫主持大会。学院正式党员、预备党员共计546人参加会议。

大会在庄严的国歌声中开幕。毕明福代表学校党委向大会的召开表示热烈的祝贺，对学院上一届党委的工作给予了充分的肯定。毕明福指出，皖江学院在面临诸如高质量的生源竞争、高水平的师资吸引、高品位的校园文化建设、高素质的人才培养等挑战时，如何凝练办学理念、突出办学特色，如何强化内涵建设、提升办学水平，如何壮大办学力量、增强竞争实力。这是学院新一届党委需要深入思考、积极应对的现实课题，也是全院师生特别是全体党员同志责无旁贷、共同担当的历史使命。为此他提出三点希望：一是，要紧紧把握“围绕中心抓党建，抓好党建促发展”这一总的要求，着力推动独立学院事业发展。二是，要紧紧把握“立德树人，育人为本”这一根本任务，着力提高应用型人才培养质量。三是，要紧紧把握“把方向，促和谐，保稳定”这一重要使命，着力创新独立学院党建工作体制机制。

院党委书记闫蒙钢代表上一届党委作“坚持科学发展，深化内涵建设，为把我院建设成为高水平应用型本科院校而奋斗”的工作报告。

报告共分为三个部分：八年来的主要工作和基本经验，今后一段时间学院发展的目标、思路和措施，进一步加强党的建设和思想政治工作。闫蒙钢从坚持科学发展观，党的建设和思想政治工作不断加强；坚持真抓实干，学院的办学质量与水平不断提升两个方面回顾了上届院党委的主要工作。报告指出，未来一段时间学院工作的基本目标是：以中国特色社会主义理论为指导，全面贯彻落实党的教育方针，秉承安徽师范大学“厚德，重教，博学，笃行”的优良传统，倡导“诚信，勤奋，团结，博爱”的价值观，充分利用安徽师范大学的优质资源，发挥独立学院办学机制的活力，坚持“深化教改，强化特色，提高质量，创建品牌”的工作方针，以应用型学科为主、多学科协调发展。立足安徽，面向全国，为地方经济建设和社会发展培养“厚基础，重应用，强技能”的复合型、应用型专门人才，努力办成全省领先、全国有影响、特色鲜明的应用技术型本科院校。报告还提出了当前及未来几年学院发展的总体思路：“围绕一个中心，推进两项改革，建设三支队伍，强化四个坚持”。

根据《中国共产党章程》《中国共产党基层组织选举工作暂行条例》和《安徽师范大学院级党组织换届选举暂行办法》，大会采用无记名投票和差额选举的方式选举了新一届皖江学院党委委员。

具体分工如下，书记：闫蒙钢，副书记：李裕鑫（兼组织委员）、李子华（兼宣传委员），纪检委员：俞晓红，统战委员：叶旭萍，青年委员：张萍，保卫委员：秦忠基。

图4-17　学院第一次党员大会现场

二、召开首届教代会

根据上级有关文件精神，结合学院年度工作计划和工作实际，皖江学院第一届教职工代表大会暨第二届工会会员代表大会（以下简称“两代会”）经院党政联席会研究并报安徽师范大学批准决定2012年12月7日举行。

学院“两代会”会前成立了筹委会领导组，并在广泛征集各部门、各教职工意见的基础上，明确了议题，拟定了议程。同时选出大会代表95人，教职工代表大会执委和工会委员候选人重心放在学院一线教师行列，其中青年教师占51%，女性教师占41%。

2012年12月7日，学院“两代会”在大学生文化活动中心隆重举行。安徽师范大学党委常委、纪委书记、皖江学院监事会主席程度，校工会主席赵红，皖江学院原党委书记、首任院长王世华，院领导闫蒙钢、李裕鑫、李子华、俞晓红、叶旭萍在大会主席台就座，大会正式代表、特邀代表91人参加大会。院党委副书记、副院长李裕鑫主持会议。（见图4-18）。

开幕式上王世华首先致辞，他向参加本次大会的所有代表致以亲切的问候，并表示学院“两代会”的召开，不仅标志着皖江学院向现代大学制度迈出了重要一步，同时也是学院在推进民主办学、民主管理进程中的历史性跨越。程度书记代表大学党委和行政部门发表讲话，他充分肯定了皖江学院独立办学以来所取得的成绩，并提出提高认识、明晰见解学院教职工代表大会的重要意义；加强领导、全面推动学院教职工代表大会工作健康发展和围绕发展、扎实促进学院工会工作有序开展的三点要求。

开幕式结束后举行了第一次大会，院党委书记、院长闫蒙钢向大会作了题为“继往开来谋发展 改革创新促幸福”的工作报告。报告共分三个部分：2008年以来的工作回顾、目前学院办学中存在的主要问题、今后一段时间学院发展的目标任务和措施。学院第一届工会主席张钢作了《工会年度工作报告》。

各代表团分组讨论后，大会举行第二次会议。经过与会代表的民主表决，选举产生了叶旭萍、刘玉龙、张萍（外语系）、张萍（经济系）、周建国、赵平、秦忠基7名第一届教职工代表大会执委会委员，同时选举产生了王光煜、刘巍、张钢、张铮、邵敏、周淑芳、胡一鸣7名第二届工会委员会委员。

学院此次“两代会”的召开也受到了省内兄弟学院的高度关注，安徽大学江淮学院、安徽工程大学机电学院、安徽农业大学经济学院、安徽医科大学临床医学院、淮北信息学院、阜阳师范信息管理学院、河海大学文天学院等纷纷发来贺信，祝贺大会胜利召开。

后经选举及上级有关部门批准，叶旭萍任皖江学院第一届教职工代表大会执委会主任，张钢、周淑芳任第二届工会委员会主席、副主席。

图4-18　学院第一届教职工代表大会暨第二届工会会员代表大会现场

三、建立政治学习制度

思想政治理论学习是党员加强政治修养，提升政治觉悟，提高政治敏锐性的重要途径。为适应政治新常态的新要求，学院把集中学习与日常教育相结合，不断健全政治理论学习教育制度。

学院党委领导班子每月召开一次专题学习会，重点围绕党的十八大精神、群众路线教育、习近平总书记系列重要讲话和《中国共产党廉洁自律准则》《中国共产党纪律处分条例》等内容，集中学习研讨，增强了理论素养，更新了观念，提高了决策水平和履职能力。同时，学院党委还积极邀请专家来学院作专题辅导报告。2013年4月27日，芜湖市委党校教授盛书刚作了题为“党的十八大报告——马克思主义中国化最新的纲领性文件”的报告。2013年5月13日，安徽师范大学党委书记、研究员顾家山莅临皖江学院，为全院行政、教学骨干做十八大精神学习辅导。(见图4-19)。

图4-19　安徽师范大学党委书记顾家山为学院党员干部上党课

为使政治理论学习常态化，2013年5月，学院制定并印发《院党委中心组理论学习计划》《教职工政治理论学习计划》。为规范学院党委下设二级党组织议事规则，2013年12月，学院还制定了《系级党政联席会议议事规则（试行）》。

学院还通过党建工作网、党校微博、微信在线等平台，不断拓展学习载体。采用专题报告、观看视频、交流研讨等形式，丰富学习内容。落实党支部“三会一课”（定期召开支部党员大会、支部委员会、党小组会，按时上好党课）制度，努力推进学习型党组织建设。

四、开展主题教育活动

学院党委严格按照党中央和校党委的统一部署，扎实推进创先争优、保纯教育、我的中国梦、群众路线教育等一系列主题教育活动，做到基本环节不缺少、重点要求不变通、措施目标不走样，把规定动作做到位。

2012年6月27日，在安徽师范大学召开的创先争优活动表彰暨“保持党的纯洁性，迎接党的十八大”主题教育实践动员大会上，皖江学院党委荣获“先进基层党组织”称号。同时，院党委副书记、常务副院长闫蒙钢，学生处处长侯超，新闻系党支部书记周建国和新闻系2010级倪洁等9人获得“优秀共产党员”称号。

2012年8月28日，学院在第一会议室召开保持党的纯洁性教育专题学习会。院党委书记、院长闫蒙钢作了题为“保持党的纯洁性，迎接党的十八大”的动员报告。

2013年7月19日，学院在赭山校区文学院诗学中心会议室召开党的群众路线教育实践活动动员大会（见图4-20）。院党委书记、院长闫蒙钢代表院党委作“反对‘四风①’，服务群众”的动员讲话，并解读了《安徽师范大学皖江学院党的群众路线教育实践活动执行方案》。

2013年7月31日，学院在赭山校区举行群众路线教育实践活动学习交流会，安徽师范大学校长、皖江学院董事长王伦出席活动并讲话。2013年8月9日，学院在花津校区会议室召开党的群众路线教育实践活动学生座谈会。同日，学院还在赭山校区召开教师座谈会，听取对学院领导班子、系（部）领导、行政部门等在“四风”方面存在的问题及改进意见，并就学院党的群众路线教育实践活动及学院建设与发展方面的意见和建议展开广泛交流。

图4-20　学院党的群众路线教育实践活动动员大会现场

五、建立三级组织体系

2012年2月，学院党委设立了8个党支部，分别为行政后勤党支部（图书馆、后勤与保卫处、学生处、教务处、综合办、宣传部）、经济管理系党支部、外语系党支部（外语系、化学系）、新闻系党支部、中文系党支部、理工科与基础部系党支部（电子信息系、媒体技术系、实验中心、基础部）、美术系和音乐系党支部、旅游管理系党支部。各党支部设立支部书记和副书记各1人。

2013年11月，原有的8个党支部已经不能充分满足学院党建工作的发展要求，为更好地满足和加强学院党建工作在基层的开展，调整和设立了7个党总支委员会和1个直属党支部②，分别为人文与传播系党总支委员会、外语系党总支委员会、经济

① “四风”主要是指：形式主义、官僚主义、享乐主义、奢靡之风。

② 安徽师范大学皖江学院文件（院发〔2013〕30号）《关于设立系级党的总支委员会和直属机关党支部委员会的决定》。

系党总支委员会、管理系党总支委员会、电子工程系党总支委员会、视觉艺术系党总支委员会、“化自音体学”（化学工程系、自动化专业、音乐系、体育系、学前教育系）党总支委员会和直属机关党支部委员会（党政办公室、人事处、财务处、教务处、学生处、后勤与保卫管理处、图书馆、实验中心、思想政治理论课教研部）。并进行了首届系级党总支和直属党支部选举工作，选举产生了书记、组织委员、宣传委员，完善了党组织架构。各党总支委员会共设立了28个下属党支部，分别为人文与传播系教工党支部、新闻学专业党支部、广告学专业党支部、广播电视专业党支部、汉语言文学专业和文秘专业党支部、外语系教工党支部、英语专业党支部、日语专业党支部、俄语专业党支部、经济系教工党支部、经济学专业党支部、财务管理专业党支部、管理系教工党支部、旅游管理专业党支部、市场营销专业党支部、信息管理与信息系统党支部、物流管理专业党支部、电子工程系教工党支部、电子专业党支部、计算机专业党支部、媒体技术专业党支部、视觉艺术系教工党支部、美术学专业党支部、艺术设计专业党支部、动画专业党支部、摄影和戏剧影视美术设计专业党支部、音体学党支部、赭山校区党支部，各党支部设立支部书记、组织委员、宣传委员各1人。

至此，学院已建立“党委—总支—支部”三级组织体系，在系级建立党的总支部委员会，将教职工和学生支部分设，在高年级学生班级设立党的支部委员会。同时也完善了“团委—团总支—团支部”的组织体系。

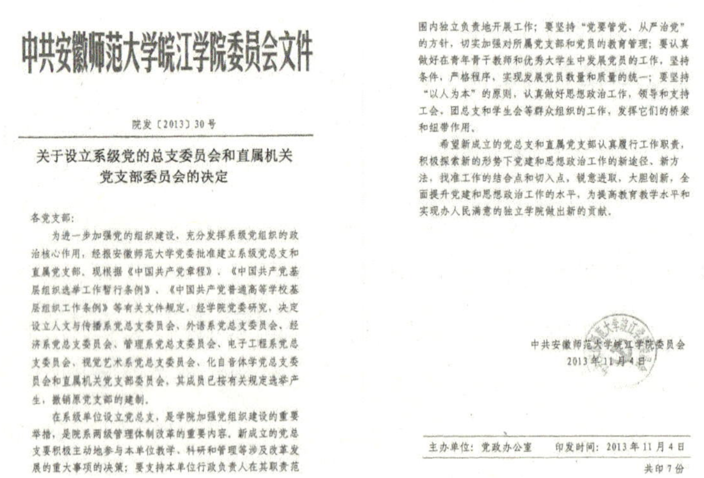

中共安徽师范大学皖江学院委员会文件

院发〔2013〕30号

关于设立系级党的总支委员会和直属机关党支部委员会的决定

各党支部：

为进一步加强党的组织建设，充分发挥系级党组织的政治核心作用，经报安徽师范大学党委批准建立系级党总支和直属党支部，现根据《中国共产党章程》、《中国共产党基层组织选举工作暂行条例》、《中国共产党普通高等学校基层组织工作条例》等有关文件规定，经学院党委研究，决定设立人文与传播系党总支委员会、外语系党总支委员会、经济系党总支委员会、管理系党总支委员会、电子工程系党总支委员会、视觉艺术系党总支委员会、化自音体学党总支委员会和直属机关党支部委员会，其成员已按有关规定选举产生，撤销原党支部的建制。

在系级单位设立党总支，是学院加强党组织建设的重要举措，是院系两级管理体制改革的重要内容。新成立的党总支要积极主动地参与本单位教学、科研和管理等涉及改革发展的重大事项的决策；要支持本单位行政负责人在其职责范围内独立负责地开展工作；要坚持“党要管党、从严治党”的方针，切实加强对所属党支部和党员的教育管理；要认真做好在青年骨干教师和优秀大学生中发展党员的工作，坚持条件，严格程序，实现发展党员数量和质量的统一；要坚持“以人为本”的原则，认真做好思想政治工作，领导和支持工会、团总支和学生会等群众组织的工作，发挥它们的桥梁和纽带作用。

希望新成立的党总支和直属党支部认真履行工作职责，积极探索新的形势下党建和思想政治工作的新途径、新方法，找准工作的结合点和切入点，锐意进取，大胆创新，全面提升党建和思想政治工作的水平，为提高教育教学水平和实现办人民满意的独立学院做出新的贡献。

中共安徽师范大学皖江学院委员会
2013年11月4日

主办单位：党政办公室　　印发时间：2013年11月4日

共印7份

图4-21　关于设立系级党的总支委员会和直属机关党支部委员会的决定

学院党委一直以来都重视分党校建设，制定了培训班的各项规章制度、翔实的培训方案。各系党支部书记、辅导员以及党课小组组长职责明确，对学员要求严格，确保学员通过党校学习，在思想上、党性上有进一步提高；各小组学员都能做到上课认真听讲、课后讨论气氛热烈，参加实践活动积极。

2012年，学院共发展党员560人，转正398人；2013年，学院共发展党员342人，转正446人。为进一步规范党员发展工作，学院制定了《安徽师范大学皖江学院推荐优秀团员作党的发展对象工作的实施细则（试行）》《中共安徽师范大学皖江学院委员会发展党员工作实施细则》，编印了《安徽师范大学皖江学院党支部工作手册》。

六、建立述职考核制度

开展领导班子年度考核不仅是正确评价学院领导班子德才表现和工作实绩，促进勤政廉政、提高工作效率、建设高素质队伍的重要方式，而且是学院总结工作、加强交流的重要平台。每年，学院都要求有关人员结合院领导的述职报告和日常工作经历，对各述职人员从德、能、勤、绩、廉五个方面做出实事求是的测评。同时，学院领导班子每年均举行民主生活会。安徽师范大学校领导、督导组组长、组织部部长等均参与听会。会上，学院主要领导代表院党委汇报专题民主生活会的准备情况，并代表院领导班子做对照检查，对自身存在的问题进行查摆和剖析。领导班子其他成员也各自联系自己的思想实际、工作实际、学院实际查找问题，分析原因，明确今后的努力方向和整改措施。

为了不断增强民主治校与民主监督。2013年9月，学院印发了《安徽师范大学皖江学院党政领导班子反对“四风”加强作风建设公开承诺》，有力推动了学院事业的快速健康发展。

七、建立安全责任制度

学院高度重视安全稳定工作，印发《安徽师范大学皖江学院突发事件应急处理预案》等文件，要求各系（部）、各部门根据“安全第一，预防为主”的原则，维护校园安全稳定，确保教育教学工作顺利开展。

2013年以来，学院每年与有关二级单位签订安全稳定目标责任书。责任书明确提出了“四个不发生”的要求，即确保不发生影响国家安全和政治稳定的重大事件；确保不发生涉及师生员工的重大恶性案件和重大社会治安问题；确保不发生群死群伤的重大安全事件；确保不发生师生参与捣乱、滋事等重大群体性事件。责任书从切实做到依法办学、从严治校，建立健全安全稳定工作责任制度，加强校园治安综合治理等十个方面提出了明确要求，并规定各部门主要负责人为本部门安全稳定工作第一责任人，对本部门安全稳定工作全面负责。

为加强院领导与广大师生和员工的联系与沟通，广泛听取师生和员工对学院工作的建议和意见，为师生和员工解决实际问题，促进学院整体发展，学院制定了“院长会客厅”制度。每两周安排一次接待，接待领导为当日值班领导，接待地点分别为皖江学院第一会议室和花津校区皖江学院会议室。全院师生和员工可直接与院领导对话交流。

八、建立廉政建设制度

学院认真贯彻“集体领导，民主集中，个别酝酿，会议决定”的原则，坚持班子例会制度，出台党政联席会议议事决策规则文件①，注重集体领导和个人分工负责相结合，注重廉政建设。

廉政教育内化于心。2013年8月30日上午，安徽师范大学党委常委、纪委书记程度为全院党员干部作题为“有一种获得叫失去，有一种接受叫拒绝”的廉政教育专题报告。

坚持廉洁自律。学院严格执行中央“八项规定”和中纪委“六项禁令”，遵守“一岗双责”、个人重大事项报告、述职述廉等制度。严格控制财务预算。2013年4月，学院制定了《安徽师范大学皖江学院关于进一步加强“三公”经费管理的意见》《安徽师范大学皖江学院公务用车管理暂行办法》《安徽师范大学皖江学院车队管理暂行规定》等“三公”经费管理文件。班子成员以身作则，率先垂范，廉洁自律，形成了风清气正的良好政治生态。

① 安徽师范大学皖江学院文件（院发〔2013〕11号）《关于印发〈安徽师范大学皖江学院党政联席会议议事规则实施细则〉的通知》。

第五章　肩负使命，行稳至远
（2014.1—2015.12）

第一节　概　述

2014年初，适逢安徽师范大学中层干部任期届满，重新聘任。为了进一步加强皖江学院建设，安徽师范大学党委和皖江学院董事会于2014年初再次对学院领导班子进行调整。2014年2月12日，安徽师范大学校长、皖江学院董事长王伦到皖江学院宣布安徽师范大学对皖江学院领导班子调整的决定：马三保同志任皖江学院党委书记[①]、学院董事会执行董事[②]，李子华同志任皖江学院院长[③]。

王伦要求新一届领导班子以"团结，勤奋，诚信，博爱"为价值追求，不负众望、不辱使命，团结广大师生员工，继续围绕"科学合理的资源配置，优质高效的运行机制，富有特色的人才培养"三大任务，凝心聚力，积极探索适合中国特色的独立学院办学体制、机制，走出一条具有皖江学院特色的办学之路，将皖江学院的各项指标和办学水平建设成安徽省二本院校的中上等水平。

院党委书记马三保表示，将在新的起点上精心谋划学院发展、健全完善办学体制和运行机制，牢牢把握办学质量这一生命线，稳步推进教育教学改革，着力加强

---

① 中共安徽师范大学委员会文件（师发〔2014〕7号）《关于马三保同志工作职务的通知》。

② 安徽师范大学文件（校办字〔2014〕6号）《关于调整皖江学院董事会、监事会成员的通知》。

③ 安徽师范大学任免通知（校任免字〔2014〕3号）《关于李子华工作职务的通知》。

师资队伍和管理队伍建设，不断优化资源配置、提高办学质量。

院长李子华向学院前两任院长王世华、闫蒙钢同志为学院建设和发展做出的贡献致以崇高敬意和衷心感谢。他说，面对皖江学院昔日的发展画卷，作为在学院发展的新起点担当起院长这一职务的接力者，深感责任重大，使命光荣。他表示，将与全院教职工并肩努力，不断更新办学理念，不断提升办学水平，不断巩固办学成果，牢记共同的发展使命和价值追求，风雨兼程，播种希望，携手踏上新的征程。

图5-1　2014年2月12日，学院新一届领导班子与学院董事长王伦、校党委组织部部长毕明福合影

（左起：叶旭萍　李子华　毕明福　王伦　马三保　俞晓红）

2014年12月9日，学院召开中层以上干部会议，院党委书记马三保宣读了安徽师范大学党委的任免决定：王传辉同志任学院党委副书记、副院长；俞晓红同志任安徽师范大学文学院副院长，免去其皖江学院副院长职务。

图5-2　调整后的学院领导班子合影

（左起：叶旭萍　李子华　马三保　王传辉）

表5-1　2014年12月调整后的学院领导分工一览表

姓名	职务	职责分工
马三保	党委书记、董事会执行董事	主持学院党委全面工作。分管宣传、信息、精神文明建设、统战、维护稳定工作；分管党政办公室、宣传部。联系人文与传播系、化学工程系
李子华	院长	主持学院行政全面工作。分管人事、财务、教学、科研、招生、资产管理工作、思想政治理论课建设、图书资料、体育工作；分管人事处、财务处、教务处、实验中心、思想政治理论课教研部、教学督导中心、动漫艺术研究中心、大学生创业实践中心、图书馆、体育运动委员会、招生办公室、资产管理科。联系学前教育系、视觉艺术系、经济系
王传辉	党委副书记、副院长	分管学生思想政治教育与管理、就业指导服务、人民武装、共青团工作、关心下一代工作；分管学生工作处、学工部、人武部、团委。联系管理系、电子工程系、体育系
叶旭萍	副院长	分管外事、对外合作办学、后勤、安全保卫、综合治理、医疗卫生、计划生育、工会、教代会工作；分管后勤与保卫管理处、工会。联系外语系、音乐系

皖江学院自2003年申报，2004年开始招生，2005年独立办学至今已经走过了十多个年头，学院的建设和发展虽已取得了可喜的成绩，但仍存在不少问题和困难。主要表现在：领导班子发展视野有待进一步拓宽，师资队伍建设任务非常艰巨，教学科研条件亟待更新改善，实践教学需进一步强化，分类考核评价体系需进一步建立和完善，党建工作需进一步增强，后勤服务保障水平需进一步提高，对外合作与交流需进一步拓展等，学生安全教育、生命教育有待进一步强化。

新一届学院领导班子任职以来，始终牢记一个使命，践行培养宗旨；紧扣两个方案，落实根本任务；强化三种功能，助推事业发展；狠抓四项指标，增强竞争能力；提高财务效益，加大奖励力度。

第二节　创新思路，完善设计

顶层设计是一个工程学概念，本义是统筹考虑项目各层次和各要素，在最高层次上寻求问题的解决之道。顶层设计实质上是将系统理念贯穿于该系统内的各子系统之中，每个子系统同样需要经过提炼的理念并向下一级系统延伸，直到阐明系统的基本要素为止。顶层设计具有顶层决定性、整体关联性、表述简明性等特征。顶层设计要能够有效地被执行，除了制度化的形式之外，还需要在执行过程中加以顶层推动，以纠正发展的离心力现象。

新一届院党政领导班子上任后，立足皖江实际，勤勉求索、开拓创新，准确定位目标，高度重视设计。

一、调整办学目标

2014年6月26日，国务院新闻办公室举行新闻发布会，教育部职业教育与成人教育司司长葛道凯介绍全国职业教育工作会议和《国务院关于加快发展现代职业教育的决定》（以下简称《决定》）的有关情况，表示要推动一批本科高校转型发展，先从现有的本科高校划出一部分，推动它们逐步地、更多地培养应用型人才、技术技能型人才。《决定》指出，对于独立学院，如果要转设为独立设置的高等学校，鼓励他们定位为应用技术类型的高等学校。转型的根本目的是为了满足经济社会发展的需要，使高等教育培养的人更加符合经济社会对人才的需求。

面对高等教育发展的新形势，皖江学院的人才培养目标是技术型，还是技能型，院领导班子深入学习，广泛调研，仔细分析。院领导认为，技术型人才和技能型人才培养在"学习内容、学习途径、教育目标"上是有区别的。技能教育学习的内容多为经验性知识，重点在知识的运用，重在技巧的把握和动作纯熟的程度，主要学习途径是从"做"中学，教育目标主要是培养人对动作技能的掌握。中国的高职高专院校大多培养的是此类型人才。而技术教育学习的内容多为系统的理论知识，重在对原理的掌握、技术的应用和产品的开发，主要学习途径是从知识载体中获得，教育目标主要是人的心智的开发。

根据经济文化发展对不同类型人才的需求，联系皖江学院的办学实际以及"厚德，开物，自强"的院训，新一届院党政领导班子将学院原人才培养目标"厚基础，重应用，强技能"调整为：围绕"明明德，厚基础，强技能"的高素质应用技术型人才培养定位，以教育思想观念更新为先导，以课程体系和教学内容改革为重点，以培养学生的创新精神和实践能力为核心，着力提高人才培养质量，努力将学院办成全省领先、全国有影响、特色鲜明的应用技术型高等院校。

二、完善运行机制

良好的运行机制是工作目标和任务得以顺利实现的重要保证。为实现办学目标，学院定期向董事会、监事会汇报年度工作要点、财务运行情况、重大改革举措和需要解决的重大问题。同时，新一届院党政领导班子还积极完善内部管理机制，建立了以“学”为中心，以“教”为重点，以系主任为责任人，以系部副书记和教学秘书为着力点的“一点两线”运行机制。确立了“两点一线”的工作思路，即起点——狠抓新生报到率，终点——狠抓学生就业率，一线——把育人工作作为主线贯穿办学过程的始终，着力点——培养学生的就业能力。

此外，学院还根据办学规律和运行节律，认真制订年度工作计划，分解年度工作任务，编制每月工作计划，编发每周工作安排，统筹安排全院重点工作和重要活动。

确立了“党的建设统领学院发展，文化育人引领学院发展”的办学理念，坚持以文化人，以文育人，成风化俗，进一步提升校园文化品位，固化学院文化成果。

三、改革学生工作

随着高等教育改革进程的持续深化，中国高校学生管理工作的传统方式被打破，其理念、机制、方式、途径等都需要进一步创新。独立学院在管理体制、办学机制、学生特点等各个方面都有自己的独特之处，这种现实情况要求独立学院的学生管理工作必须要具有自身的特色，而不能照搬照抄普通本科高校的现有模式。

（一）“三四三”管理思路

2014年4月，因分管学生工作的党委副书记暂缺，由院长李子华代管学生工作。根据当时的办学情况和独立学院学生的自身特点，2014年8月27日，李子华在2014—2015学年学院工作布置会上提出了“三四三”学生管理思路。学院随后出台了《安徽师范大学皖江学院学生工作院系两级管理暂行办法》[①]《安徽师范大学皖江学院学生教育管理工作指导方案》[②]《安徽师范大学皖江学院大一年级教育管理方案》[③]等学生教育与管理系列改革方案（见图5-3、5-4、5-5）。李子华指出要以学生安全稳定教育为前提，以学生的“生命，生活，生涯”教育为内容，以学生的“成人，成长，成才，成功”教育为目标，进一步明确学生工作“分区建设，分级指导，分类管理”的工作思路和“全面育人，全程育人，全情育人，全员育人”的工作理念。

---

① 安徽师范大学皖江学院文件(院政〔2014〕108号)。

② 安徽师范大学皖江学院文件(院政〔2014〕109号)。

③ 安徽师范大学皖江学院文件(院政〔2014〕110号)。

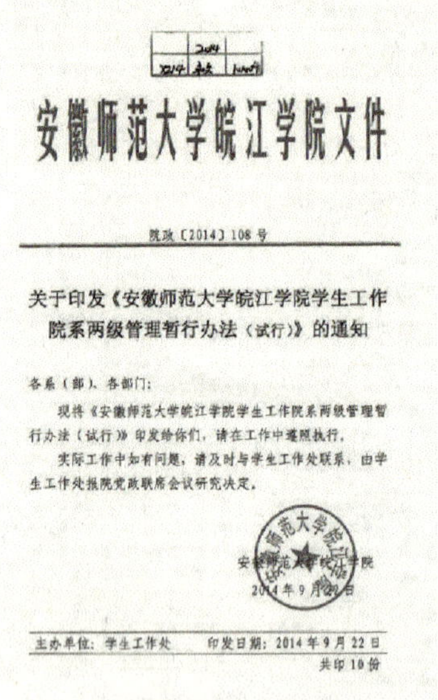

安徽师范大学皖江学院文件

院政〔2014〕108号

关于印发《安徽师范大学皖江学院学生工作院系两级管理暂行办法（试行）》的通知

各系（部）、各部门：

现将《安徽师范大学皖江学院学生工作院系两级管理暂行办法（试行）》印发给你们，请在工作中遵照执行。

实际工作中如有问题，请及时与学生工作处联系，由学生工作处报院党政联席会议研究决定。

安徽师范大学皖江学院
2014年9月22日

主办单位：学生工作处　　印发日期：2014年9月22日
共印10份

图5-3　学院学生工作院系两级管理暂行办法

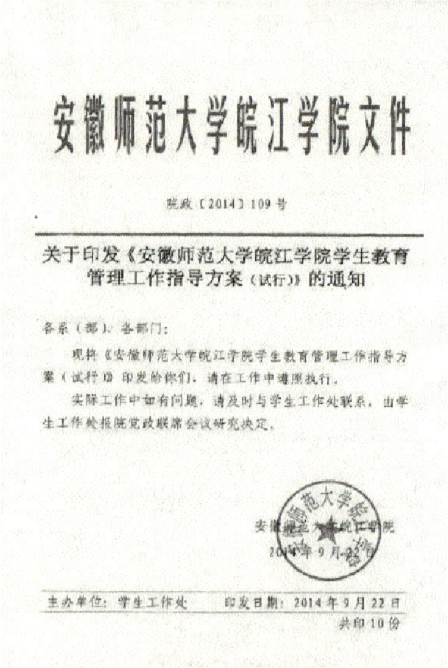

安徽师范大学皖江学院文件

院政〔2014〕109号

关于印发《安徽师范大学皖江学院学生教育管理工作指导方案（试行）》的通知

各系（部）、各部门：

现将《安徽师范大学皖江学院学生教育管理工作指导方案（试行）》印发给你们，请在工作中遵照执行。

实际工作中如有问题，请及时与学生工作处联系，由学生工作处报院党政联席会议研究决定。

安徽师范大学皖江学院
2014年9月22日

主办单位：学生工作处　　印发日期：2014年9月22日
共印10份

图5-4　学院学生教育管理工作指导方案

安徽师范大学皖江学院文件

院政〔2014〕110号

关于印发《安徽师范大学皖江学院2014级学生大一年级教育管理方案（试行）》的通知

各系（部）、各部门：

现将《安徽师范大学皖江学院2014级学生大一年级教育管理方案（试行）》印发给你们，请在工作中遵照执行。

实际工作中如有问题，请及时与学生工作处联系，由学生工作处报院党政联席会议研究决定。

安徽师范大学皖江学院
2014年9月22日

主办单位：学生工作处　　印发日期：2014年9月22日
共印10份

图5-5　学院2014级学生大一年级教育管理方案

此次学生教育与管理系列改革方案结合我院一校三区的办学模式以及不同年级的学生特点，分别从宏观、中观和微观层面进一步明确了学生工作的总体要求以及工作机制，既体现了学院的办学思路，也有各职能部门的相关实施办法，更有各系和学生工作人员的具体做法。如大一新生大都集中在皖江校区，学生各项活动的开展相对比较便利，而新生入学教育是大学教育的起点，是整个大学教育与管理的重要组成部分，学院决定在新生入学后集中一段时期，以“成人教育”为中心，有目的、有计划、有组织地开展系列教育活动，指导新生树立远大理想、制订大学学习生活规划，培养学生乐观进取的积极心态，促进学生健康成长，以饱满的精神风貌迎接崭新的大学生活，为学生四年的大学生活及今后的发展打下坚实的基础。这种因时制宜、因材制宜的学生教育管理方案，改变了传统的单一管理方式，将“成人教育”“成长教育”“成才教育”“成功教育”细化到大学的每一阶段，凸显人文关怀，努力建立课内课外、校内校外相互融合、相互促进的长效机制。

（二）“三生四成”教育

随着学院办学规模的扩大，2014年学院的在校生人数已达8 300多人，其中5个系学生数已突破千人，加之一校三区的办学模式更是给学院工作的规范运行带来了新的挑战。如何加强学院学生的教育管理，经过广泛调查、深入研究，学院提出了“三生四成”的学生教育管理理念。即以学生安全稳定教育为前提，以学生的“生命，生活，生涯”教育为内容，以学生的“成人，成长，成才，成功”教育为目标。

院长李子华在接受《安徽青年报》记者采访时指出，“规范管理、创新管理是实现独立学院可持续发展的根本保证”。如何把握学生的成长规律，抓住管理教育的重点，根据不同阶段的特点，分步实施相应的主题教育，让学生健全心智、珍视生命、热爱生活，规划好他们的职业生涯，引导他们不断追求成人、成长、成才和成功，一直是学院教育工作者孜孜探索的课题。

所谓“三生教育”是指在学生中广泛开展生命教育、生活教育和生涯教育。“生命教育”即认识生命、尊重生命、珍爱生命和发展生命；“生活教育”即认识并理解生活的真谛，热爱生活，奋斗生活，幸福生活，树立正确的生活观；“生涯教育”即培养个体规划自我职业生涯的意识与技能，引导个体进行并落实职业生涯规划为主线的综合性教育活动。“四成追求”是指学生对成人、成长、成才和成功的追求。“成人”即引导学生学会做人；“成长”即引导学生学会学习，是培养学生准备从事社会生活的整个过程；“成才”即引导学生扎实学习专业基本理论、基本知识和基本技能，使学生“术业有专攻”；“成功”即引导学生学会做事，追求学生潜能的发掘和发展，促进学生各方面能力的提高。

“三生教育，四成追求”的提出，是学院积极探索出的当时在一校三区形势下学生教育管理工作的新思路、新抓手、新方法、新途径。这种因时制宜、因材制宜的学生教育管理体系，改变了传统的单一管理方式，向着多元化、灵活性发展，有利于学院整体管理水平的提升。《安徽青年报》曾对此进行了长篇报道（见图5-6）。

安徽工业大学学生设计系列漫
四维度诠释“两学一做”

皖江学院：“三生教育”塑高尚人格 “四成追求”绘精彩人生

省教育厅部署预防青

图5-6 《安徽青年报》对学院“三生四成”学生教育理念的长篇报道

四、创新工作思路

面对学院办学实际，回顾学院发展历程，院长李子华在2015年工作总结中，提出了学院工作的“1234”总架构。即：牢记一个使命，紧扣两个方案，强化三种功能，狠抓四项指标。

（一）牢记一个使命，践行培养宗旨

新一届学院领导班子率领全体皖江人牢记“立德树人”是大学的根本任务，秉持“全面育人、全程育人、全员育人、全情育人”的现代教育理念，以制定和实施新一轮人才培养方案为契机，以应用技术型人才培养为主线，构建“专业核心课程建设、学生实践能力培养、考核评价体系构建、管理服务水平提升”四位一体的发展思路，为建设全省领先、全国有影响、特色鲜明的应用技术型本科高校勉力前行。

（二）紧扣两个方案，落实根本任务

一是紧扣专业人才培养方案，提升学生专业素养。进一步打造“信息工程类、金融财经类、语言艺术类、现代服务类、设计传播类、工商管理类”六大专业群；精心研制《人才培养方案修订指导意见》；制定《公共基础课程改革指导意见》，试

行计算机免试方案、大学英语分类分级教学方案、大学体育俱乐部教学方案、思想政治课教学改革方案等；制定核心课程建设与验收标准及考评体系；出台《课堂教学质量管理办法》，落实从严治教，向50分钟要质量；加强实践教学，探索专业、行业、企业联合培养人才的实践育人模式。二是紧扣学生人格培育方案，培养学生良好的品行修养。深入开展诚信感恩、自立自强等主题教育活动；大力开展安全教育项目化建设；加强学生心理健康教育；倡议毕业生为母校捐献“爱心一元钱”；成立皖江学院校友会，开展校友寻访工作；制定《学生一日常规实施办法》；启用课堂刷卡拍照考勤，严格晚间手机签到管理。

（三）强化三种功能，助推事业发展

一是强化党建统领功能，助推各项事业健康发展。开展“三严三实”主题教育；调整部分基层党组织，严格党员发展工作程序，全面开展党员发展“互联网+”群众满意度测评，提高党员发展质量；建立廉政风险防控体系，加强对招投标、招生、人员引进等重点领域和关键环节的监督管理。二是强化文化引领功能，助推各项事业持续发展。组织开展“皖江200”大学生课外阅读活动；举办“四礼三会”等校园文化品牌活动；举行“浸润经典·书香皖江”之经典吟诵活动；启动院徽、“皖江大讲坛”“皖江学子大讲堂”“皖江200”“人文之光”论坛等品牌标识设计、注册工作；组织撰写“皖江文化系列丛书”——《我在皖江听讲座——皖江大讲坛荟萃》《我在皖江话成长——安徽师范大学皖江学院优秀学子事迹汇编》《我在皖江话读书——安徽师范大学皖江学院学生优秀读书笔记汇编》《安徽师范大学皖江学院院史（2003—2015年）》等，固化文化建设成果，提升学院影响力和美誉度。三是强化部门督领功能，助推各项事业快速发展。积极发挥职能部门的引导作用，不断完善人事管理制度，推进人才队伍建设，制定《学生工作人员考核办法》，加强学工队伍建设；严格教学管理，通过完善管理制度、优化奖惩机制等，切实推进从严治教；通过优化预算编制、明确审批权限、强化过程监管等措施，不断规范财务管理，提高经费使用效益。

（四）狠抓四项指标，增强竞争能力

学院紧扣新生报到率、毕业生就业率、考研率和在校学生专业技能达标率这四个关键指标，以事实为依据，用数据做标尺，进一步整合育人资源，增强人才培养的系统性、整体性、协同性。

精心设计招生宣传方案，加大招生宣传力度，招生宣传进中学，志愿咨询面对面；利用新生入学报到前的“空档期”，创设“前置”教育，努力提高新生报到率；搭建各类就业创业平台，开展就业创业指导，积极开拓就业市场，举办专场招聘会，切实开展困难毕业生帮扶工作；制定考研学生奖励办法，隆重召开考研表彰大会，充分调动学生考研积极性；实行“1+N”的在校生专业技能竞赛组织模式，明确学科和技能竞赛目标管理，构建完善的学科技能竞赛服务体系。

五、调整内设机构

为进一步加强学院人事管理，优化人力资源配置，着力建设一支专兼结合、精干高效、富有活力的管理服务队伍，充分调动管理服务人员的积极性、主动性和创造性，2015年8月，学院发布《关于调整安徽师范大学皖江学院管理服务岗位设置的通知》，决定再次对行政管理机构进行适当调整。经过此次调整，学院形成了10个行政管理机构、11个教学机构、2个教辅机构和2个群团组织的格局。（见表5-2）

表5-2　2015年皖江学院机构设置一览表

行政管理机构 （10个）	教学机构 （11个）	教辅机构 （2个）	群团组织 （2个）
党政办公室 党委宣传部 纪检监察办公室 人事处 教务处 学生管理处 科研处 招生办公室 财务处 后勤与保卫管理处	人文与传播系 外语系 经济系 管理系 电子工程系 化学工程系 视觉艺术系 音乐系 体育系 学前教育系 思想政治理论课教研部	图书馆 实验中心	工会 团委

六、提高财务效益

财务管理是高校的中心工作之一，财务管理工作质量的好坏、水平的高低直接关系到高校的发展。

安徽师范大学党委高度重视皖江学院发展，不断增加对学院的支持力度。2013年和2015年分别将学院自留经费的分配比例进行了调整（由原来的40%调整为45%），增加的经费，学院主要用于加强师资队伍建设和教学内涵建设等。

自2014年以来，学院财务管理通过优化预算编制、明确审批权限、强化过程监管、严控工程付款、开展绩效分析等措施，逐步建立了以效益管理为目标的新机制。全年学费缴交率100%，应收各类款项到账率100%。三公经费等行政消耗性支出有较大幅度的下降。

2014年，学院较大幅度地提高了课时酬金。2015年，学院参考国家机关事业单位工资调整方案及安徽师范大学相关岗位工资标准，再次对合同聘用教职工的工资方案进行了调整。此次工资方案调整遵循“规范、普惠、差异、可承受和可持续”五大原则，将合同聘用职工工资调整与学院事业发展紧密结合，同时首次将工龄系数列入工资调整方案，体现出了工龄差异。

第三节　深化内涵，提升质量

一、强化教学管理

（一）评比手写教案

为进一步科学、客观地反映教师课堂教学的真实情况，在充分调研的基础上，教务处于2015年暑假前安排落实教案检查工作，要求青年教师仔细研究新修订的学分制人才培养方案，认真备课，遵照教学大纲制定教学进度表、准备手写版教案，以备检查。学院成立教案检查评比小组，对全院青年教师的教案进行全面检查评比，推选出18名青年教师的教案为优秀教案。（见表5-3）

表5-3　皖江学院2015年教案评比结果一览表

<table>
<tr><th>序号</th><th>系(部)</th><th>姓名</th><th>课程名称</th><th>获奖等级</th></tr>
<tr><td>1</td><td>人文与传播系</td><td>张晓敏</td><td>秘书学概论</td><td>二等奖</td></tr>
<tr><td>2</td><td>外语系</td><td>汪静波</td><td>大学英语</td><td>二等奖</td></tr>
<tr><td>3</td><td rowspan="3">经济系</td><td>李莉莉</td><td>政治经济学</td><td>二等奖</td></tr>
<tr><td rowspan="2">4</td><td rowspan="2">濮兆平</td><td>公司金融</td><td rowspan="2">二等奖</td></tr>
<tr><td>管理会计</td></tr>
<tr><td>5</td><td>管理系</td><td>邹　燕</td><td>微积分</td><td>二等奖</td></tr>
</table>

续　表

序号	系(部)	姓名	课程名称	获奖等级
			物业管理概论	
			线性代数	
6	电子工程系	侯婷婷	概率论	二等奖
7	视觉艺术系	孙　蓉	广告策划与创意设计	二等奖
8	思想政治理论课教研部	许　宁	马克思主义基本原理概论	二等奖
9	人文与传播系	张　伟	新闻学概论	三等奖
10		张　雷	素描与广告设计教案	三等奖
11	外语系	吴辛佳	大学英语	三等奖
			旅游英语	
			英语语音	
12		戴玉珊	剑桥商务英语	三等奖
			英语听力	
13	管理系	赵　奎	管理信息系统	三等奖
			旅游企业人力资源管理	
14	电子工程系	朱强军	通信原理	三等奖
15	音乐系	肖　磊	意大利语音与演唱	三等奖
16	视觉艺术系	李　智	视听语言	三等奖
17	学前教育系	刘雅莉	学前卫生学	三等奖
18	思想政治理论课教研部	苏园园	思想道德修养与法律基础	三等奖

（二）调整评教指标

2015年，学院调整以往的评教指标，突出对教学内容、教学态度、教学手段、教学方法及学生感受的重视，制定了《系（部）本科教学工作考核指标体系（征求意见稿）》和《教师教学工作考核指标体系》，重点监测教学运行、建设和改革的情况，以进一步提高系（部）教学管理规范性，提升课堂教学质量。

（三）修订系列制度

为加强教学管理，稳定教学秩序，严格教学纪律，促进教学管理的规范化、科学化，提高教学质量，2015年，学院对《安徽师范大学皖江学院教学管理规程》《安徽师范大学皖江学院教师教学工作规程》《安徽师范大学皖江学院教学事故认定与处理办法》等系列规章制度进行修订。

二、狠抓队伍建设

（一）召开专题会议

师资队伍建设是一所学校的根本大计。皖江学院作为新举办不久的学校，一个显著特点就是青年教师比较多。所以，院领导始终将师资队伍建设的重点放在青年教师身上。2014年，学院召开青年教师队伍建设工作会议，共同探讨学院青年教师的成长和发展问题。会议总结了近年来学院在青年教师队伍建设上开展的主要工作和存在的问题，并对今后青年教师队伍建设工作提出了深刻的思考与系列举措，如适度扩大青年教师队伍规模；逐步优化青年教师队伍的学历、职称和学缘结构，打造教科研团队，拓宽青年教师专业成长途径；大力培养“双师型”教师，拓展青年教师的职业发展空间。

（二）完善成长平台

抓青年教师的成长，首先就是让他们练好教学基本功，真正在讲台上能够立足。为此，学院每年都要举行一次“教学基本功”大赛，并且让他们组队参加安徽师范大学的比赛。2013年6月，安徽师范大学第三届青年教师“教学基本功”大赛在赭山校区举行，来自19个学院的37名青年教师参加了比赛。皖江学院首次派出6名青年教师参加了本次比赛，教学副院长俞晓红、教务处处长汪启年、外语系主任余尚文带领部分青年教师到现场观摩。学院参赛选手最终获得二等奖1名、三等奖2名的好成绩。

2014年5月，学院举行第七届青年教师教学技能比赛。本次比赛共评出一等奖1名、二等奖3名、三等奖7名、优秀奖8名，并推出6名教师参加安徽师范大学第四届青年教师“教学基本功”决赛，最终获得二等奖2名、三等奖4名的好成绩。

2015年4月，学院在赭山校区举行第八届青年教师教学技能比赛，来自各系（部）的15名青年教师参加比赛，近70名青年教师观摩了整场比赛。比赛采用“微课”授课方式，在15分钟的“微课”讲授中，青年教师根据专业特点，生动地展示了他们扎实的教学功底。比赛共评出一等奖1名、二等奖3名、三等奖6名。学院选送5名青年教师参加安徽师范大学第五届青年教师“教学基本功”决赛的角逐，取得了一等奖2名、二等奖1名、三等奖2名的优异成绩。

（三）建立评价机制

1. 开展课堂评价

教学是师生双向活动，究竟教师教学水平如何，要通过学生的反馈才能知道。多年来，学院每学期都要开展对教师课堂教学质量的测评工作，组织学生网上评教，并将测评结果、学生评价以及反映比较突出的问题及时反馈给任课教师和所在系（部）。2015年，学院继续开展对教师课堂教学质量的测评工作，共对1 378门次课程实施了学生网上评教，并将测评结果、学生评价以及反映比较突出的问题及时反馈给任课教师和所在系（部）。同时，教务处、各系每学期期中召开学生座谈会，及时掌握教师课堂教学情况，发现教师在教学中存在的问题，了解学生的学习需求，促进教师更有针对性地改进教学，提高课堂教学质量。

2. 实行教学督导

2013年3月，学院成立教学督导团，皖江学院原副院长、安徽师范大学文学院教师张先云任首届教学督导团团长。2015年4月，学院成立第二届督导团，由皖江学院原党委书记、院长闫蒙钢教授任督导团团长。教学督导团按照《安徽师范大学皖江学院教学督导工作条例》[①]文件精神开展教学督导工作。教学督导团分层次、分类别、有针对性地开展听课评课活动，对教师组织课堂教学的各个环节进行检查、评价，督查教师教学工作质量；了解学生的上课出勤、听课等情况，督查学生课堂学习质量。同时，也对学院、系（部）的教学管理工作进行督查，参与教学工作各个环节的检查，针对教学管理中存在的问题提出合理化意见和建议；协助各系（部）组织公开课、示范课的观摩教研活动；对教学单位和教学工作人员在教学改革、教学建设和教学管理等方面的先进经验予以介绍和推广，在必要时进行专题调研。

教学督导制度实行三年以来，学院逐步形成良好的教学氛围，教学纪律严谨，总体教学质量达到较高水平。特别可喜的是，专任青年教师队伍进步成长快速，教学能力得到普遍提高，部分教师已具备较高的教学水平，外聘的教师也能尽职尽责。从课堂教学气氛及课后了解的情况看，学生总体上对学院的教学情况比较满意。

3. 组织教学观摩

为发挥优秀教师的示范引领作用，学院于2013年9月制定了《安徽师范大学皖江

---

① 安徽师范大学皖江学院文件(院教字〔2013〕12号)。

学院课堂教学示范观摩活动实施暂行办法》，遴选出课堂教学方法有创新、教学改革有特色、突出学生能力和素质培养的优秀教师作为观摩课的主讲教师，并规定全院35周岁以下（含35周岁）青年教师、高校教龄不足五年的教师必须参加观摩活动。

观摩课活动实施以来，学院每年开设观摩课10讲左右，帮助青年教师从教学方法、教学态度、教学技能等方面改进教学。同时，在观摩课活动期间，教务处组织工作人员制作海报、拍摄录像、编辑视频并及时将视频上传到校园网，供师生观摩学习。

另外，学院还举办"微课"观摩活动，为优秀青年教师提供展示各自教学风采的舞台，也为更多的青年教师提供彼此切磋、共同提升的平台，促进其教学水平的提高。

4. 提升科研能力

一名合格的教师不仅教学水平要高，而且还应具备相当的科研能力。为提高青年教师的科研能力，学院高度重视教科研项目的申报与建设工作，加强对教师参与项目的指导与培训，营造良好的学术氛围，力求在项目申报与建设的过程中真正做到以研促教，教研结合，注重实效，以科研反哺教学，充分发挥其在教学改革与人才培养过程中的推动作用。2012年，学院获批省级质量工程项目11项。同时，组织申报与配套建设院级质量工程项目18项，获批省级科研项目3项。其中，闫蒙钢教授牵头申报的"构建安徽省独立学院高等教育生态系统研究"课题喜获安徽省哲学社会科学规划项目立项，这是我院独立办学以来获得的第一个省哲学社会科学规划项目。值得一提的是，皖江学院是当年安徽省11所独立学院中唯一一所获得本年度省哲学社会科学规划项目立项的院校。

2013年，学院获批省级质量工程项目24项、省级振兴计划项目3项、省级科研项目3项，同时，启动院级科研项目申报，立项31项。其中，副院长李子华主持的"'大学生创业实践中心'育人模式改革成果推广研究"项目被批准为安徽省高等教育振兴计划省级优秀教学成果推广项目，这不仅是对我院大学生创业实践中心数年来创业历程的高度肯定，更将大学生创业实践中心推上了一个更高的平台，对我院探索实践教学新途径提出了更高要求。管理系教师徐宁主持的"信任危机背景下我国非营利组织的治理结构与管理模式研究"、视觉艺术系教师方芳主持的"全媒体时代高校学生集体生态研究——以安徽独立学院为例"获批省级优秀青年人才基金重点项目立项，共获得14万元的经费支持，这是皖江学院首次获批省级优秀青年人才基金重点项目，标志着皖江学院青年教师的研究水平进入一个新的起点，为我院青年教师教科研能力的发展开创了一个新的局面。

2014年，学院获批省级质量工程项目18项、省级振兴计划项目2项、省级科研项目3项。其中，院长李子华主持的“独立学院学前教育专业学生能力结构及其培养模式改革研究”和宋波主持的“中国高等教育评估30年改革与探索研究”获批省级重大教学改革研究项目，共获得20万元的经费支持，这是我院首次获批省级重大教学改革研究项目的立项，标志着我院教科研水平达到一个新的高度。

2015年，学院获批国家级大学生创新创业训练计划4项，这是学院首次获批国家级大学生创新创业训练计划。同时，学院还获批省级质量工程项目22项、省级振兴计划项目2项、省级科研项目5项。

三、调整专业结构

专业是学校人才培养工作的具体实施载体，学生专业知识的增长和能力的提高是通过对专业的学习来完成的。因此，专业建设的质量势必会影响到人才培养的质量。学院高度重视专业建设，在2012—2015年的4年时间里，学院的专业建设水平有了较大的提升。

2012年10月，学院按照教育部《关于做好普通高等学校现设本科专业整理和2012年度普通高等学校本科专业申报工作的通知》文件精神，召开专业整理布置会，并对照《普通高等学校本科专业目录（2012年）》，对本科专业整理和新专业申报工作进行布置。会后，学院对所设的29个专业进行整理，并将整理后的34个专业及其相关信息上报教育部专业信息库。与此同时，学院将专业建设工作上升到了一个新台阶。

随着皖江学院规模的逐渐扩大，必须要有足够的专业来支撑。因此，学院每年都定期召开专业申报与建设研讨会，邀请相关专家围绕专业调整改造、新专业申报和现有专业方向拓展等问题展开热烈讨论，听取宝贵意见和建议。

图5-7　专业建设与改革工作推进会现场

学院在专业申报与建设问题上，一直坚持下列原则：

一是科学论证，严格申报。根据学院办学实际和市场需求，适度控制专业规模，科学论证，注重应用型专业申报，以适应社会经济发展对人才培养的需求。

二是优化结构，突出特色。根据学院人才培养目标和要求，合理调整专业结构，积极改造传统专业，努力建设特色专业，不断拓宽专业方向，突出应用技术型人才培养特色。

三是制定标准，提升内涵。制定各专业人才培养标准和分类建设标准，试行专业建设质量年度报告制度，不断提升专业内涵建设。为加快专业建设，学院于2015年5月制定了《安徽师范大学皖江学院专业建设方案指导意见》①，明确了学院专业建设的指导思想与基本原则，专业建设范围，专业建设方案的结构和内容（含专业建设总体目标、专业发展方向与规模、专业课程体系结构、师资队伍建设、实验室建设等）、实施程序和建设管理。并要求各系在对本系各专业进行全面剖析的基础上，制定各专业的建设方案并予以贯彻落实。

2012年，学院申请增设电子商务、会计学、绘画、金融工程、金融数学、数字媒体艺术、网络工程、物联网工程等8个新专业，其中，金融工程、金融数学和网络工程3个新专业成功获批；2014年，学院申请增设会计学、播音与主持艺术、物业管理、家政学、舞蹈表演5个新专业，其中，会计学、物业管理和舞蹈表演3个新专业已成功获批；2015年，学院申请增设家政学、物联网工程、软件工程和电子商务4个新专业并成功获批。截至2015年年底，学院共设本科专业43个（见表5-4），涵盖了文学、经济学、管理学、工学、理学、艺术学、教育学、法学等八大学科门类。其中，文学类专业9个，经济学类专业3个，管理学类专业8个，工学类专业7个，理学类专业2个，艺术学类专业11个，教育学类专业2个，法学类专业1个。

表5-4　安徽师范大学皖江学院专业结构设置一览表

所在系	专业	授予学位
人文与传播系	汉语言文学	文学学士
	秘书学	文学学士
	新闻学	文学学士
	广告学	文学学士
	广播电视学	文学学士
	汉语国际教育	文学学士

① 安徽师范大学皖江学院文件（院政〔2015〕50号）。

续 表

所在系	专业	授予学位
外语系	英语	文学学士
	日语	文学学士
	俄语	文学学士
经济系	经济学	经济学学士
	金融工程	经济学学士
	金融数学	经济学学士
	财务管理	管理学学士
	会计学	管理学学士
管理系	市场营销	管理学学士
	信息管理与信息系统	管理学学士
	物流管理	管理学学士
	旅游管理	管理学学士
	物业管理	管理学学士
	电子商务	管理学学士
	家政学	法学学士
学前教育系	学前教育	教育学学士
电子工程系	电子信息工程	工学学士
	计算机科学与技术	工学学士
	数字媒体技术	工学学士
	自动化	工学学士
	网络工程	工学学士
	物联网工程	工学学士
	软件工程	工学学士
	教育技术学	理学学士
化学工程系	应用化学	工学学士
音乐系	音乐学	艺术学学士
体育系	社会体育指导与管理	教育学学士
	舞蹈表演	艺术学学士
视觉艺术系	美术学	艺术学学士
	视觉传达设计	艺术学学士
	环境设计	艺术学学士
	动画	艺术学学士

续　表

所在系	专业	授予学位
	摄影	艺术学学士
	戏剧影视美术设计	艺术学学士
	产品设计	艺术学学士
	影视摄影与制作	艺术学学士
	服装与服饰设计	艺术学学士

四、强化课程建设

课程建设是保证和提高教学质量最重要的基础性建设，是学科专业建设的基础，是深化教学改革的关键。为进一步深化学分制改革，提高学院的教育教学质量，学院采取了以下各种举措：

（一）推动公共课程改革

学院结合学分制人才培养方案的培养目标，推动公共基础课程的相关改革工作，如充分发挥“两课”（马克思主义理论课、思想政治教育课）课堂对学生德育的主阵地作用，运用专题、案例等教学强化德育效果；在计算机基础、大学英语等公共基础课程上注重与各专业人才培养目标相关的计算机操作、英语听说等技能的培养。另外，在公共基础课程学分的设置上，打破一课时对应一学分的传统计算方法，根据实际情况对课时和学分进行折算，体现出较大的灵活性。

学院高度重视学生体育工作，根据《全国普通高校体育课程教学指导纲要》和《学院体育工作条例》精神，积极探索大学体育课程改革与建设，并建立了“小型多样、单项分散、基层为主、勤俭节约”为原则的学生群体活动运行机制，充分发挥体育的教育、强身、娱乐和文化功能，积极营造健康的体育文化氛围。值得一提的是，学院自2006年起举办第一届田径运动会，至2015年，已成功举办十届，成为大学体育课程教学的重要补充。田径运动会作为学院一项综合性的参赛人数最多的重要赛事，经过不断地改进创新，逐步呈现出参赛人数多、范围广、影响大的特点。

（二）开设通识教育课程

学院于2014年成立通识教育课程教研室，由教务处处长任教研室主任，组织开展通识教育课程申报与论证工作，分类构建通识教育课程群，进一步完善学分制人才培养方案。2014年3月，学院召开通识教育课程专家论证会，对学院通识教育课程的设置方案和申报的通识教育课程做简要介绍，由与会专家根据申报课程的师资力量、教学水平进行合理的筛选和整合，并就通识教育课程名称的规范、课程类型的明确、课程学分学时的设定、课程内容的完善提出建议。经过讨论，学院共确定了43门通识教育课程，涉及人文社会科学类、自然科学类、艺术类、综合类等四大类别。

为丰富通识教育课程资源，充分利用网络优质课程平台，学院引入超星尔雅网络通识教育课程。在教学过程中采用线上线下相结合，学生自学和助教集中指导相结合的混合式教学，这种教学形式缩短了课堂教学时间，学生在享受优质教学资源的同时，可以有更多时间就课程的重点话题与同学、教师深入地讨论和交流，从而发挥学生学习的主观能动性，提高学习效果。2014年4月，网络通识教育课程在学院实验中心二楼机房正式开课，标志着我院通识教育课程教学改革工作取得实质性进展。

为确保此次网络通识教育课程试点工作的顺利进行，学院教务处就网络通识教育课程的选择、网络平台的使用、学生学习过程的组织与指导、课程助教人员和职责的确定等前期工作进行了细致安排。另外，学院通识教育课程教研室、实验中心、相关试点专业和辅导员等单位和个人明确职责、合理分工，为本次试点工作的顺利开展提供了保障。从教学情况看，学生对网络课程的学习兴趣较高，助教教师能合理安排学习进度，耐心指导学生学习，参与试点学习的师生都以积极的态度投入到网络通识教育课程的指导和学习中。

（三）共享优质课程资源

为将党的十八大报告中关于“全面实施素质教育，深化教育领域综合改革，着力提高教育质量，培养学生创新精神”的重要精神落到实处，全力配合学分制改革的顺利实施，培养大学生自主学习的能力，实现高校优质课程资源共享，提高高等教育质量，促进教育资源公平，助推高等教育改革与创新，学院经过广泛调研、反复论证，决定从2013级学生开始，在诸多课程层面实施教育教学方式改革。改革后的课程体系，主要通过传统课堂学习和在线自主学习两种方式实现。

2014年4月，学院借助尔雅网络平台，将第一批6门课程在2013级5个专业共498名学生中完成了试点选修。试点开设的6门课程分别是《法学人生》《食品安全与日常饮食》《古代名剧鉴赏》《经济学百年》《魅力科学》《中国文化概论》，涉及人文社会科学、自然科学、艺术三大门类。学生来自汉语言文学、英语、电子信息工程、旅游管理、社会体育指导与管理5个专业。鉴于原有课程在上学期已经排定，学生来自不同专业班级，学院分别指定了这6门课程学习的时间段，安排专用机房为网络学习课堂，专业助教在现场组织教学，指导学生闯关、答题、解决过程中出现的各类问题。在统一安排下，学生在学习时间选择上有较大的自由度，学习能力强、时间宽裕的学生可以多学几节课程，如因有事临时不能到堂，也可以利用其他时间段在空余的机位上或电子阅览室里补学。这样的管理机制，有利于有效调控各班课程学习的整体进度，在较大程度上抑制网络学习中可能出现的“拖延症”。

试点选修结束后，教务处对试点班级进行了一次问卷调查，并借助问卷分析软件，对所有问卷进行了精确而详细的统计。问卷结果表明，我院学子对网络通识教育课程开设的意义认识客观、到位，有96.52%的同学都认为，网络通识课程正面、积极、有效，学习时间自由、自主，课程选择的余地较大，便于更好地规划不同课程的学习。同时，参加试点选修的学生诚恳地就课时设置、课程种类选择、课程开展方式等方面提出了很好的建议，贡献了很多宝贵的意见。其中，绝大部分同学都希望能够开设更多种类的课程以供选择。

试点选修成功后，学院在全院范围内全面推广网络通识教育课程。选修网络通识教育课程最大的优势是，可以充分借助国内优质教育教学资源，同时辅以校内助教，实现资源整合，在一定程度上弥补课程资源的不足。国内独立学院大多依托母体大学资源办学，自身的教育资源尤其是通识教育课程资源相对不足，而网络通识教育课程不受时间、空间的限制，课程的师资力量、教学水平都处于全国同类课程的前列。选修这类课程能够打破大学的围墙，实现教育资源公平，让独立学院的学生也能享受到优质的教育教学资源。学院使用的网络通识课程系统以“全人教育”为理想，借鉴一流大学的经验，课程教授者均为国内著名学者、名师名家，强调通识教育课程的内容不纯粹出于专业需求，不单纯从教学目的出发，更着重与不同的知识领域相关联，强调跨学科的知识追求。学院配备的助教都拥有深厚的专业背景，爱岗敬业，责任心重，使命感强。他们在开课伊始为学生解读课程要义和学习要求，在进程中为学生答疑解惑，在后台进行系统管理。这样的资源整合体现了独立学院扬长避短、借智育才的管理理念。

（四）启动核心课程建设

课程建设是保证和提高教学质量最重要的基础性建设，是学科专业建设的基础，是深化教学改革的关键。为全面贯彻落实《教育部关于全面提高高等教育质量的若干意见》，进一步深化学分制改革，提高我院教育教学质量，学院于2015年启动专业核心课程建设，制定了《安徽师范大学皖江学院专业核心课程建设实施方案》①，按照"遴选一批、建设一批、培育一批、带动一批"的课程建设思路，拟经过3—5年的时间，建设300门左右在师资队伍、教学内容、教学条件、教学方法和手段等方面都具有较高水平并能起到示范和带动作用的专业核心课程。目前，学院已建成专业核心课程94门（见表5-5）。

表5-5　安徽师范大学皖江学院核心课程一览表

序号	课程名称	所属专业	所在系	课程负责人
1	古代汉语	汉语言文学	人文与传播系	温志权
2	中国古代文学	汉语言文学	人文与传播系	鲁华锋
3	现代汉语	秘书学	人文与传播系	胡承佼
4	秘书写作	秘书学	人文与传播系	吴怀志
5	新闻采访	新闻学	人文与传播系	张　伟
6	传播学概论	新闻学	人文与传播系	张　伟
7	新闻采访	新闻学	人文与传播系	颜　彦
8	电脑图文设计	广告学	人文与传播系	黄　辉
9	传播学概论	广告学	人文与传播系	张泉泉
10	电视广告摄制	广告学	人文与传播系	周建国
11	新闻采访	广播电视学	人文与传播系	张　伟
12	传播学概论	广播电视学	人文与传播系	张　伟
13	新闻采访	广播电视学	人文与传播系	颜　彦
14	剑桥商务英语	英语	外语系	戴玉珊
15	英汉笔译	英语	外语系	吴红芳
16	英语听力	英语	外语系	宋　昀
17	综合英语	英语	外语系	张　颖
18	日语精读	日语	外语系	李明丽
19	日汉翻译	日语	外语系	王　雪
20	日语听力	日语	外语系	项名翠
21	高级日语	日语	外语系	袁晓婷
22	基础俄语	俄语	外语系	徐　洁

① 安徽师范大学皖江学院文件(院政〔2015〕51号)。

续　表

序号	课程名称	所属专业	所在系	课程负责人
23	俄语笔译（Ⅰ）（Ⅱ）	俄语	外语系	朱少华
24	高级俄语	俄语	外语系	孙　为
25	俄语听力	俄语	外语系	徐　洁
26	西方经济学	经济学	经济系	高芳菲
27	计量经济学	经济学	经济系	黄旭东
28	财务管理	财务管理	经济系	高智林
29	财务分析	财务管理	经济系	何　川
30	金融学	财务管理	经济系	李莉莉
31	财务管理	会计学	经济系	高智林
32	财务分析	会计学	经济系	何　川
33	西方经济学	金融工程	经济系	高芳菲
34	计量经济学	金融工程	经济系	黄旭东
35	金融学	金融工程	经济系	李莉莉
36	西方经济学	金融数学	经济系	高芳菲
37	计量经济学	金融数学	经济系	黄旭东
38	金融数学	金融数学	经济系	李　茜
39	旅游学概论	旅游管理	管理系	吉　慧
40	旅游政策与法规	旅游管理	管理系	吉　慧
41	旅行社经营与管理	旅游管理	管理系	张春花
42	前厅与客房管理	旅游管理	管理系	张春花
43	旅游规划原理	旅游管理	管理系	韩玉刚
44	市场营销	市场营销	管理系	袁素红
45	市场营销调查与预测	市场营销	管理系	袁素红
46	电子商务概论	市场营销	管理系	王冬菊
47	管理学	市场营销	管理系	徐　宁
48	消费者行为学	市场营销	管理系	徐　宁
49	广告学	市场营销	管理系	胡　群
50	管理信息系统	信息管理与信息系统	管理系	李　丽
51	信息系统分析与设计	信息管理与信息系统	管理系	李　丽
52	管理运筹学	信息管理与信息系统	管理系	王冬菊
53	现代物流管理	物流管理	管理系	陶婧怡
54	电路分析基础	电子信息工程	电子工程系	秦忠基

续 表

序号	课程名称	所属专业	所在系	课程负责人
55	模拟电路	电子信息工程	电子工程系	许长安
56	信号与系统	电子信息工程	电子工程系	吴　彬
57	计算机组成原理	计算机科学与技术	电子工程系	齐学梅
58	数据结构	计算机科学与技术	电子工程系	陈少军
59	计算机网络	计算机科学与技术	电子工程系	董　尼
60	数字图像处理	数字媒体技术	电子工程系	周　琢
61	数字图形设计	数字媒体技术	电子工程系	荣姗珊
62	计算机网络原理	网络工程	电子工程系	董　尼
63	计算机组成原理	网络工程	电子工程系	齐学梅
64	数据结构	网络工程	电子工程系	陈少军
65	曲式分析	音乐学	音乐系	张晓露
66	和声	音乐学	音乐系	张晓露
67	视唱练耳	音乐学	音乐系	程康勇
68	声乐基础	音乐学	音乐系	武松林
69	油画	美术学	视觉艺术系	尹昌志
70	摄影构图	摄影	视觉艺术系	沈玲玲
71	平面设计与印刷制作	视觉传达设计	视觉艺术系	季　然
72	文字与版式设计 （版式设计）	视觉传达设计	视觉艺术系	孙　蓉
73	现代设计史	视觉传达设计	视觉艺术系	开　璇
74	数字媒体设计制作（UI设计）	视觉传达设计	视觉艺术系	赵雁鸣
75	手绘技法	环境设计	视觉艺术系	王炳江
76	人体工程学与家具设计	环境设计	视觉艺术系	陈　林
77	影视视听语言	影视摄影与制作	视觉艺术系	李　智
78	服装设计	服装与服饰设计	视觉艺术系	季　然
79	服装制作与工艺	服装与服饰设计	视觉艺术系	王　晔
80	产品系统设计	产品设计	视觉艺术系	汪惟宝
81	产品造型设计学	产品设计	视觉艺术系	赵　婉
82	人机工程学	产品设计	视觉艺术系	赵　婉
83	产品设计原理与方法	产品设计	视觉艺术系	荣金金
84	造型材料与工艺	产品设计	视觉艺术系	荣金金
85	影视后期制作（非线性编辑）	戏剧影视美术设计	视觉艺术系	刘　力

续　表

序号	课程名称	所属专业	所在系	课程负责人
86	体育教学论	社会体育指导与管理	体育系	张振华
87	运动解剖学	社会体育指导与管理	体育系	张国棣
88	体育保健学	社会体育指导与管理	体育系	方　敏
89	网球	社会体育指导与管理	体育系	李祝青
90	羽毛球	社会体育指导与管理	体育系	丁　伟
91	体育舞蹈	社会体育指导与管理	体育系	马　萌
92	幼儿教育心理学	学前教育	学前教育系	李　云
93	学前卫生学	学前教育	学前教育系	童慧玲
94	学前儿童发展心理学	学前教育	学前教育系	王　萍

（五）推行考核方式改革

为进一步培养大学生自主学习的能力，实现高校优质资源共享，教务处对诸多课程实施教育教学方式改革，借助现代网络技术，利用爱课程、尔雅网络平台等优质网络教学资源，进一步推行相关课程视频教学方法，建立数字化教学平台，实现网上实时答疑和网上提交、批改作业，解决专任师资瓶颈，提升课堂教学质量。

2013年，学院实现公共基础课程大学语文机考；2014年6月，学院下发《关于开展院级“课程考核改革试点”项目申报工作的通知》①，经各系（部）积极申报，教务处组织专家评审、公示，共确定大学英语等8门立项课程考核改革项目，以此为契机，积极推进考试内容和考试方式改革，加强对学生学习过程和专业技能的考核。

五、推动实践改革

作为一所应用技术型的独立学院，学院一直高度重视实践教学。一方面，坚持对内充分盘活学校资源，加大投入，进一步加强校内实践、实验、实训基地建设；另一方面，依托各系，对外积极谋求社会力量的合作与支持，继续拓展校外实践教学资源，尤其是加强与优质单位的联系，力求建立稳定的校外实践教学基地。

（一）召开专题会议

为进一步深化校企合作，探索符合教育规律、适应市场需求、富有皖江特色的实习基地建设模式，2015年5月，学院在花津校区隆重召开实践教学改革暨实习基

① 安徽师范大学皖江学院文件（院政〔2014〕70号）。

地建设研讨会，探索教育教学新模式，进一步加大实践教学改革，积极推进实习基地建设。来自北京、南京、宣城、马鞍山、芜湖等地的30多家实习基地代表以及滁州学院、芜湖职业技术学院等兄弟院校相关部门负责人应邀与会。学院领导在会上指出，作为一所以培养应用技术型人才为目标的本科院校，皖江学院高度重视实践教学工作，以提升学生实践创新能力为抓手，不断深化实践教学改革，强化实践教学环节。院党委书记马三保强调，本次会议旨在进一步了解企业对人才培养的现实需求，反馈教育教学评价信息，推进实习基地建设，通过优势互补、资源共享为应用技术型人才培养创造良好的条件，共同打造一批结构合理、关系紧密、管理规范的实习基地。他希望各位领导和嘉宾在构建校企合作的长效机制、加强产学研合作、提高实践教学质量、完善校外实践教学管理等方面，为学院提供宝贵的意见和建议。在主题发言环节中，来自兄弟院校、实习单位的6位代表分别上台作主题发言。在分组讨论环节中，与会代表围绕“用人单位目前的人才需求”“建构校企合作新模式”“完善实践课程教学”“双能型教师队伍构建”“实习质量的监控与评价”等议题进行了深入探讨。大家畅所欲言，各抒己见，交流经验。此外，与会代表还对学院即将颁布的《安徽师范大学皖江学院关于进一步加强实践教学的若干意见》《安徽师范大学皖江学院毕业实习管理暂行办法》等文件进行讨论并提出意见与建议。

（二）出台系列文件

为进一步加强管理，规范实习实训形式，在实践教学改革暨实习基地建设研讨会后，学院又不断加强制度建设，先后颁布了《安徽师范大学皖江学院毕业实习管理暂行办法》以及《安徽师范大学皖江学院学生实习实训安全管理规定》，编印了《安徽师范大学皖江学院实习材料汇编》等。在一如既往的重视实习实训的基础上，为激发学生的学习兴趣与潜能，有效推动实践教学改革，实现应用技术型人才培养目标，学院高度重视并鼓励各系（部）积极组织学生参与各级各类学科和技能竞赛，专门制定了《安徽师范大学皖江学院关于进一步加强实践教学的若干意见》，对参加学科和技能竞赛的意义、范围类别、组织与管理、经费使用与管理、竞赛奖励与补助等做出了规定。

（三）严格论文检测

学院自2009年开展毕业论文写作改革以来，已经取得一定的成绩。2012年，学院在总结已有改革经验的基础上，根据学院应用型人才培养的目标，继续坚持实践性论文的改革方向。为确保毕业论文（设计）的形式规范，重新规定了学位论文模板，为学生的写作提供相对规范的撰写格式。同时，进一步加强毕业论文（设计）的过程管理，将毕业论文推动工作纳入系（部）考核范畴。此外，为进一步加强对本科毕业论文（设计）的监督与管理，切实提高本科生学位论文质量，严明学术纪律。从2012年5月起，学院组织开展了本科生毕业论文（设计）专项检查工作，重点检查毕业论文（设计）格式是否规范、是否存在抄袭、雷同以及指导教师指导情况等现象，并启用了“学位论文学术不端行为检测系统”，随机抽取部分学生的毕业论文进行了检测。

第四节　文化育人，学尚典雅

大学文化是大学的灵魂，是学校赖以生存和发展的重要根基和血脉，是学校个性特征的重要标志，是办好大学最重要的精神资源和无形资产，是学校核心竞争力的重要组成部分。对于历史悠久的公办高校而言，校园文化已经是其品牌与综合实力的集中体现。但对于作为我国高等教育发展过程中新生事物的独立学院而言，文化建设相对薄弱[①]。

皖江学院一直重视文化建设，2012年7月之前，学院文化建设取得了一些成绩，如物质文化建设方面，继续使用行知楼等由原芜湖师范专科学校对教学楼等基础设施的命名。同时，结合学院自身实际，进一步加强了基础设施建设，在继承原芜湖师范专科学校的相关人文景观以外，还规划设计了求知园、价值观标识石、育才广场、校园文化墙等；在精神文化建设方面确定了“诚信，勤奋，团结，博爱”的价值观，并于每年9月集中开展“价值观教育月”活动，让价值观在每个同学心中扎根；在制度文化建设方面，学习借鉴母体大学相关成熟体系，并结合实际出台了一系列的教学、管理和服务方面的规章制度，办学逐渐规范；在校园文化活动方面，开设了“皖江大讲坛”“皖江学子大讲堂”“人文之光”等不同系列的特色讲坛，培育了优良的学风，打造了校园“十佳”歌手大赛、“金话筒”主持人大赛、校园服装秀、校园DV大赛、校园舞蹈大赛、“勤学笃志”知识竞赛、大学生辩论赛、校园模拟招聘会、职业规划大赛等十大精品校园文化活动，并且实现品牌活动届次化。（见图5-8、5-9、5-10、5-11、5-12、5-13、5-14、5-15）虽然经过8年的发

① 江净帆.论独立学院的校园文化建设[J].重庆教育学院学报,2006,19(2):74-77.

展，文化建设取得了一定的进展，但总体来说文化建设尚处于初级阶段，文化底蕴相对薄弱，文化特色相对不强，文化体系相对不全。

图5-8 皖江大讲坛

图5-9 皖江学子大讲堂

图5-10　校园“十佳”歌手大赛

图5-11　“金话筒”主持人大赛

图5-12　校园服装秀大赛

图5-13　校园DV作品大赛

图5-14　校园舞蹈大赛

图5-15　校园模拟招聘会

2014年4月，院长李子华在主持召开的学院学生工作院系二级管理务虚会上指出文化育人是大学教育的核心，要树立“以文化人，以文育人”的理念，以文化引领学院科学发展，要以“立德树人”为指导，大力践行学院“厚德，开物，自强”的院训精神。

一、传承经典文化

中共中央总书记习近平在主持中共中央政治局集体学习时强调：“中华优秀传统文化是我们最深厚的文化软实力，也是中国特色社会主义植根的文化沃土。”近年来，学院积极响应党中央号召，认真学习贯彻习近平总书记系列重要讲话精神，大力弘扬中华优秀传统文化，将中华优秀传统文化融入校园和课堂，积极践行社会主义核心价值观。通过开设系列讲坛、创新党课授课方式和内容等举措，让学生接受优秀传统文化的洗礼。

2014年4月2日，学院在桂花园隆重举行“香港孔教学院汤恩佳院长捐赠安徽师范大学皖江学院孔子铜像揭幕仪式”（见图5-16）香港孔教学院院长、世界儒商联合会会长、孔子铜像捐赠人汤恩佳及夫人香港孔教学院副院长汤甄得萍，安徽师范大学校长、安徽师范大学皖江学院董事长王伦，院领导马三保、李子华、俞晓红、叶旭萍及各系（部）、各部门领导出席仪式。揭幕仪式由院长李子华主持。近千名皖江师生观看仪式进行，瞻仰圣容，缅怀祖德。孔子铜像落户皖江，成了我院乃至安徽高校的一道独特的人文景观，激励着全院师生学习并继承孔子优秀的教育观、学习观、修身观、义利观等，为教书育人、弘扬中华优秀传统文化，实现中华民族伟大复兴贡献智慧和力量。

图5-16　香港孔教学院汤恩佳院长捐赠孔子铜像揭幕仪式

除了上述人文景观的建设以外，自2011年起，学院先后开设了“人文之光”校园文化活动（见图5-17）、“崇尚经典·文化皖江”系列讲座、“阳光心灵·文化皖江”大学生心理健康专题系列活动、“皖江道德讲堂”等一系列经典传承活动，内容涉及经典解读、人生导航等诸多方面。此类活动的开展，不仅得到学生的欢迎，每场活动都座无虚席，而且得到校外专家、学者的认可，都有意向把这种活动特色、构想在各自学校推广。讲座的开设，提升了学生的感恩意识和社会责任感，不断完善了大学生的健康人格，有利于促进学生全面健康成长。

图5-17　“人文之光”校园文化活动

为充分发挥中华优秀传统文化在青年学生的道德培育和人格塑造中的支撑、引领作用，引导学生深入学习中华优秀传统文化，加强德行修养，自觉践行社会主义核心价值观，做到公民、学生、党员三种身份的有机结合。自2014年4月起，院党委书记马三保多次为党校学员主讲中华优秀传统文化与社会主义核心价值观。（见图5-18）此外，学院分党校还对党课进行了创新实践，将中华优秀传统文化融入党校课堂，660名皖江学子先后分两批赶赴芜湖市中华传统文化教育基地——安徽好德之家文化传播有限公司，接受中华优秀传统文化与党性宗旨的教育培训。通过将中华优秀传统文化融入党课教学体系，把理论学习与社会实践相结合，以期最大限度地让传统文化、传统美德、党的宗旨与学生的人生观、价值观、生活实际紧密结合，从而提升大学生的思想境界，增强学生对中国共产党的崇敬和向往，增强学生对中华优秀传统文化的自信心和弘扬中华优秀传统文化的使命感，进一步加强了党校教育培训工作的针对性和实效性。

图5-18　党委书记马三保解读中华优秀传统文化与社会主义核心价值观

二、创新仪式教育

仪式教育是一种有效的思想政治教育工作方式。由仪式所唤起的情感体验能够长期凝结在群体和个体的内心深处，既能让参加者反复回味和再体验，又能作为一种源动力固定下来。将仪式教育融入校园文化活动之中，旨在将传统的说教转化为学生的一种亲身体验。通过仪式教育，能够让大学生在潜移默化中受到教育，强化自身的使命感。学院自2012年起，强化仪式教育，不断创新形式、丰富内容，初步形成了富有特色的“四礼三会”，即新生开学典礼、18岁成人礼、学生学业颁奖典礼、毕业典礼以及田径运动会（见图5-19）、迎新生迎新年晚会、欢送毕业生晚会。

图5-19　院领导为田径运动会获奖选手颁奖

新生18岁成人礼是我院围绕大学一年级成人教育目标所精心打造的新生入学教育活动，该活动自2012年举办以来，已连续开展4届，旨在帮助新生尽快完成角色转变，引导新生树立远大理想，确立正确观念，整装进入社会，走好未来人生。安徽教育网、芜湖市广播电视台、《大江晚报》等新闻媒体连续几年对活动盛况进行了报道。每年的成人礼在传承的基础上进行创新，通过设置“领导致辞”“师长寄语”“家长赠言”“老生祝福”“成人感言”“佩戴成人纪念章，发放成人纪念册”“成人宣誓”“跨越成人门”“纪念横幅签名”等环节，突出“向青春致敬，让梦想启航”的主题，深刻体现了学院对新生的感恩教育和责任教育。尤其是在2014年的仪式上增加的“古代成人仪式展示”环节，由汉服文化协会和国学社带来了精彩的“着我汉家衣裳，兴我礼仪之邦”的汉服成人礼表演，让现场师生感受到了中华传统文化的魅力，了解了传统成人礼的仪式和内涵。参加成人礼的学生们都在仪式中接受了一次精神的洗礼，深切感受到自己身上责任的重大，从而进一步感恩父母，明确目标，肩负责任，刻苦学习，早日成才。（见图5-20、5-21）

图5-20　新生成人礼

图5-21　2014年成人礼中“着我汉家衣裳，兴我礼仪之邦”的古代女子笄礼展示

自办学至今，学院每年都会举办学年“先进集体”“先进个人”表彰大会，大会多以宣读表彰决定和领导颁奖的形式开展。2014年，在院党委副书记王传辉的倡导下，对学生表彰大会进行了改革创新，更侧重于打造学生学业颁奖典礼。学生学业颁奖典礼以主持人介绍、PPT展示和发表感言的形式，回顾了先进集体和先进个人的事迹，以一个个动人的故事，阐述了皖江学子艰苦奋斗、勇于拼搏的精神，展示了皖江学子自立自强、乐观向上的精神风貌。(见图5-22)

学生学业颁奖典礼成了我院一项新的仪式教育，通过将先进集体、先进个人的事迹以图文并茂的形式进行展示，向皖江学子传递自强不息、甘于奉献的精神，激励他们不断加强自身学习，提高综合能力，争做奋发有为的新时代青年。此活动的开展起到了积极有效的育人效果。

图5-22　学生学业颁奖典礼

2015年6月，学院首次针对全院毕业生开展毕业典礼，在花津校区大礼堂隆重举行2015届学生毕业典礼暨欢送毕业生文艺演出。院领导马三保、李子华、王传辉、叶旭萍出席典礼。学位评定委员会主席、院长李子华为毕业生代表颁发证书并拨正流苏。(见图5-23)院党委副书记王传辉主持典礼。典礼上，学生代表为家长献上鲜花并紧紧拥抱，让全场为之动容。毕业典礼最隆重的一项是，为毕业生颁发毕业证书和学士学位证书，简单而又隆重的仪式令全场充满感动与祝福的掌声。

图5-23　院长李子华为毕业生代表颁发证书并拨正流苏

如今，仪式教育已经成为学院的一个特色文化，针对学生的心理特点，学院重视仪式、典礼教育活动的开展，精心策划每一个重要的仪式活动，将社会主义核心价值观融入各种活动之中，将丰富的教育内容植入每一个学生的内心，让活动的每一个细节都在潜移默化中起到良好的育人效果。

三、建设书香校园

书籍是人类宝贵的精神财富，是社会进步的阶梯。阅读是大学生应该从事的最重要任务之一，是大学生获取知识的必然途径，阅读的内容也直接影响大学生世界观、人生观和价值观的形成。为培养学生自我教育、自我学习的能力，引导学生提升道德素质、人文素养和创新精神，学院于2014年出台了“皖江200”读书方案[①]（见图5-24），为每一名在校学生推荐阅读200本课外书目（其中150本为公共阅读书目，50本为专业阅读书目），涉及人文、自然、科学等领域。“皖江200”大学生课外阅读活动，是学院深化教育教学改革，着力提升文化建设内涵，切实提高学生综合素质与动手能力的积极探索。学院通过一系列举措，推进学子课外阅读活动扎实有效地开展，让读书成为学生的习惯，让书香溢满校园。

① 安徽师范大学皖江学院（〔2014〕111号）《“皖江200”学生课外阅读指导方案（试行）》。

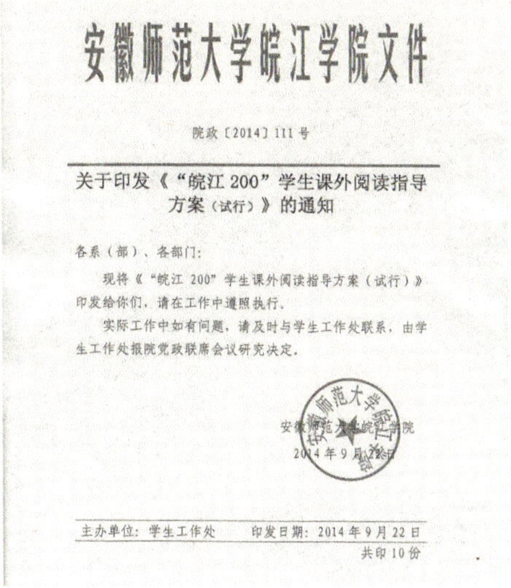
安徽师范大学皖江学院文件

院政〔2014〕111号

关于印发《“皖江200”学生课外阅读指导方案（试行）》的通知

各系（部）、各部门：

现将《“皖江200”学生课外阅读指导方案（试行）》印发给你们，请在工作中遵照执行。

实际工作中如有问题，请及时与学生工作处联系，由学生工作处报院党政联席会议研究决定。

安徽师范大学皖江学院
2014年9月22日

主办单位：学生工作处　　印发日期：2014年9月22日
共印10份

图5-24　“皖江200”学生课外阅读指导方案

2014年11月4日晚，皖江学院读书协会成立暨“皖江200”大学生课外阅读活动启动仪式在学术报告厅举行。院党委书记马三保为协会授旗（见图5-25），院长李子华为仪式致辞（见图5-26），副院长俞晓红主持仪式。此次活动的举办标志着“皖江200”大学生课外阅读活动正式实施。当晚，宣传部部长戴长江作《大学与读书》专题报告。

图5-25　党委书记马三保为读书协会授旗

图5-26　院长李子华为“皖江200”大学生课外阅读活动启动仪式致辞

2015年4月23日，“皖江200”大学生课外阅读活动收获首批成果，学院在图书馆报告厅举办“皖江200”大学生课外阅读活动经验交流会暨优秀组织单位、优秀读书笔记颁奖仪式。院领导李子华、王传辉应邀出席仪式，与在场学子一起交流读书心得，畅谈阅读收获。会上，院长李子华宣读“皖江200”大学生课外阅读活动优秀组织单位及优秀读书笔记评选结果：人文与传播系、管理系、学前教育系获“课外阅读先进系”称号；2013级学前教育一班、2014级汉语言二班等10个班级荣获“课外阅读先进班级”称号；50份读书笔记被评为“优秀读书笔记”。

2015年10月22日，学院2015级新生相聚于操场，隆重举行2015—2016学年“皖江200”大学生课外阅读活动启动仪式。仪式由院团委书记周新胜主持，院党委副书记王传辉为仪式致辞。此次启动仪式进一步明确了“皖江200”大学生课外阅读活动的实施要求，将此活动与素质拓展学分认证相结合，2015级学生在2015—2016学年需在“皖江200”推荐阅读书目中阅读书籍不少于10本，并撰写读书笔记（每篇读书笔记字数不少于1 500字，手写打印版均可，每学期至少提交5篇）。经各系组织检查合格后方可获得0.5学分。课外阅读活动为必修学分，未修满1学分者不得毕业。

2015年12月2日，学生处下发《关于进一步推进“皖江200”大学生课外阅读活动的通知》，文件要求2015级新生各班级每半月举办一至两次“皖江200”课外阅读心得汇报会，每次汇报会由6至8名汇报人汇报读书心得体会，汇报时间6分钟左右为宜。此次文件提出“半月一谈”专项活动，进一步丰富了“皖江200”大学生课外阅读活动的交流形式，提升了活动实施效果。

“皖江200”大学生课外阅读活动自2014年下半年启动以来，开展了“读书心得交流”“半月一谈”“好书传阅”等一系列活动，校园里读书氛围渐浓，寻一静处，捧书而读，成了我院大学生课外生活的新常态。历经一年半的摸索和发展，该项活动成了该院文化建设的一张特色名片。目前，恰逢学院成立10周年，学院准备出版一套丛书，其中《我在皖江话读书——安徽师范大学皖江学院学生优秀读书笔记汇编》便是从学生提交的读书笔记中择优汇编的。

四、固化文化成果

加强学院文化建设，努力构建具有历史传承、时代特征和学院特色的学院文化体系，增强师生的凝聚力和向心力，促进师生全面发展，提高人才培养质量和办学水平，对建设“全省领先、全国有影响、特色鲜明的应用技术型本科院校”的奋斗目标具有重要意义和深远影响。

2015年4月，学院下发《关于印发〈安徽师范大学皖江学院2015年文化建设方案〉的通知》[①]，就加强学院文化建设，努力构建具有历史传承、时代特征和学院特色的学院文化体系做出明确部署。4月16日，学院召开2015年文化建设工作布置会。会上，党委书记马三保强调，校园文化建设方案是对学院年度重点工作的再分解、再布置、再落实。学院规划校园文化建设是一项打基础、立长远、促发展的固本工程、铸魂工程。他指出，校园文化建设应以培育和践行社会主义核心价值观为引领，以弘扬中华优秀传统文化为核心，紧紧围绕学院发展的目标，促进校园文化建设的制度化、品牌化，打造高起点、高质量、高品位的校园文化。李子华在会上指出，校园文化建设应当是一项常抓不懈的工程，学院在推进校园文化建设的过程中，应秉承“以文育人，以文化人”的理念，上下一心，齐抓共管，让人文精神渗透到校园的各个角落。李子华强调，本次校园文化建设方案，既是对学院上一个十年办学历史的沉淀，也是对学院下一个十年发展的规划。他要求各系、各部门分解任务，落实责任，为各项工作推进打造一支踏实、能干的队伍。

根据文件内容，学院2015年文化建设工作分为制定《安徽师范大学皖江学院社会主义核心价值观教育实施方案》、开展“皖江文化建设”主题出版活动11项具体工程。为加强对皖江文化建设工作的领导，有效协调全院力量，学院还成立了以马三保、李子华为组长，王传辉、叶旭萍为副组长的皖江文化建设领导组，对皖江文化

① 安徽师范大学皖江学院文件（院政〔2015〕28号）。

建设工作进行统一领导和部署。

目前，学院正在组织出版《安徽师范大学皖江学院院史（2003—2015年）》《我在皖江听讲座——皖江大讲坛荟萃》《我在皖江话成长——安徽师范大学皖江学院优秀学子事迹汇编》《我在皖江画成长——安徽师范大学皖江学院视觉艺术系学生优秀作品集》《我在皖江话读书——安徽师范大学皖江学院学生优秀读书笔记汇编》五本文化建设图书。

表5-6　安徽师范大学皖江学院2015年度校级科研项目立项名单

序号	项目编号	项目名称	申报人	牵头单位
1	WHJS-201501	编印《安徽师范大学皖江学院院史(2003—2015年)》	闫蒙钢	党政办
2	WHJS-201502	《安徽师范大学皖江学院年鉴》(2015卷)	刘　巍	党政办
3	WHJS-201503	皖江学院院徽、院训解读及教育	戴长江	宣传部
4	WHJS-201504	我在皖江听讲座——皖江大讲坛荟萃	周淑芳	教务处
5	WHJS-201505	我在皖江话成长——安徽师范大学皖江学院优秀学子事迹汇编	周新胜	团委
6	WHJS-201506	我在皖江话读书——安徽师范大学皖江学院学生优秀读书笔记汇编	张　铮	学生处
7	WHJS-201507	我在皖江画成长——安徽师范大学皖江学院视觉艺术系学生优秀作品集	刘玉龙	视觉艺术系

通过以上文化建设项目的指引，广大学生的精神面貌发生了很大变化，坚持以大学精神文化做好育人工作，产生了良好的教育效果。2014年，我院学生夏国霞帮助83岁迷路老人找到家人，在帮助老人后，默默离开，未曾留下姓名。老人儿子多方寻找后，将写有“助人为乐情常在，雷锋精神心永存”的锦旗送至学校。作为爱心协会的一员，夏国霞认为只是做了自己该做的事情（见图5-27）。在第六届“挑战杯”安徽省大学生课外学术科技作品竞赛中，我院国学社社长潘海燕的作品荣获二等奖，她表示，是校园浓厚的科技学术文化氛围激发了她的创新意识和创新能力（见图5-28）。在安徽省第八届青年模特大赛总决赛中，我院大学生艺术团团长、2013级网络工程专业朱慧慧脱颖而出，摘得平面组桂冠。在接受采访时，她表示，是学院的各类文化育人平台成就了她的艺术梦和冠军梦（见图5-29）。2015年，我院国学社获团中央评选的“全国优秀大学生国学社团”和教育部、国家语言文字工作委员会、语言文字报刊社组织评选的“中华优秀传统文化教育先进单位”两项荣誉称号（见图5-30、5-31），青年志愿者联合会获芜湖市志华爱心团队卓越贡献奖。在艾瑞深中国校友会网公布的《中国大学评价研究报告（2015）》显示，我院跻身全国师范类高校独立学院前

十位，成为星级区域知名独立学院，全省独立学院排名第二。

图5-27　锦旗接受仪式

图5-28　潘海燕（左一）荣获第六届“挑战杯”安徽省大学生课外学术科技作品竞赛二等奖

图5-29　2013级网络工程专业朱慧慧（中）荣获第八届安徽省青年模特大赛冠军

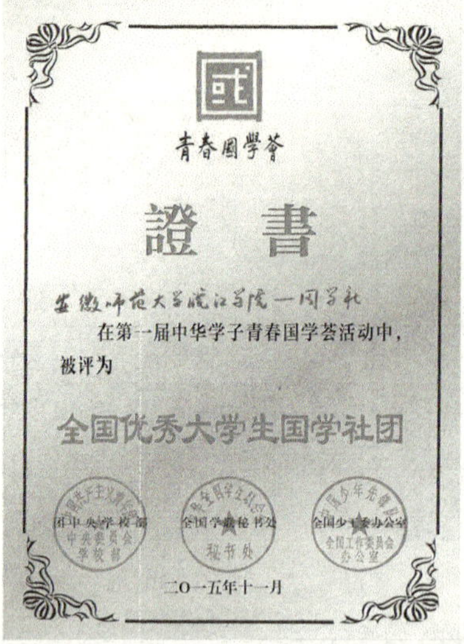
青春国学荟

證　書

安徽师范大学皖江学院—国学社

在第一届中华学子青春国学荟活动中，被评为

全国优秀大学生国学社团

二〇一五年十一月

图5-30　皖江国学社获团中央“全国优秀大学生国学社团”荣誉称号

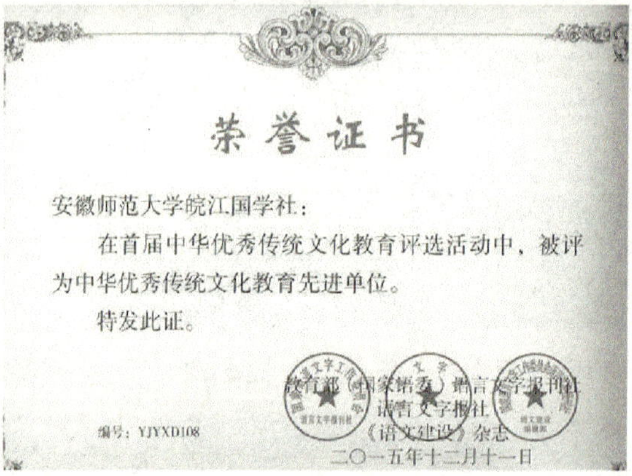
荣誉证书

安徽师范大学皖江国学社：

在首届中华优秀传统文化教育评选活动中，被评为中华优秀传统文化教育先进单位。

特发此证。

编号：YJYXD108

教育部（国家语委）语言文字报刊社
语言文字报社
《语文建设》杂志
二〇一五年十二月十一日

图5-31　皖江国学社获“中华优秀传统文化教育先进单位”荣誉称号

第五节　加强交流，扩大合作

一个国家的政治、经济、文化、教育和科技都与国际社会密切相关。国际化已经成为高等教育发展的一种全球性趋势。2010年6月，国务院颁布的指导性文件《国家中长期教育改革和发展规划纲要（2010—2020年）》更是明确了“扩大教育开放”的重要性。在这种背景下，高等院校顺应时代的发展趋势，敞开校门，加强对外交流与合作就显得尤为重要。

一、聘请外教

皖江学院自建院之初，就顺应趋势，高度重视对外交流与合作。2015年，随着学院对外交流日益频繁，学院成立外事办公室，隶属于党政办公室。学院成立十余年来，办学规模不断扩大，对外合作交流工作也日益加强。2012年，学院成为安徽省教育国际交流协会理事单位，已与英国、德国、韩国、俄罗斯、日本等国家及台湾地区相关高校和教育机构开展交流与合作。开展广泛而卓有成效的对外交流与合作，已成为我院提升整体实力和教育质量、扩大知名度的重要措施，对于提高学校的科研水平、改善师资结构、推进学科建设、加强人才培养等都发挥着十分重要的作用。

为促进交流，提高学院外语系的教学质量，提升全院师生的外语水平，学院从成立之初就聘请了外籍教师来校授课、教学。2011年12月14日，经国家外国专家局、省安全厅批准，学院获得《聘请外国专家单位资格认可证书》，是全省独立学院中唯一一所有聘请外教资格的院校。（见图5–32）

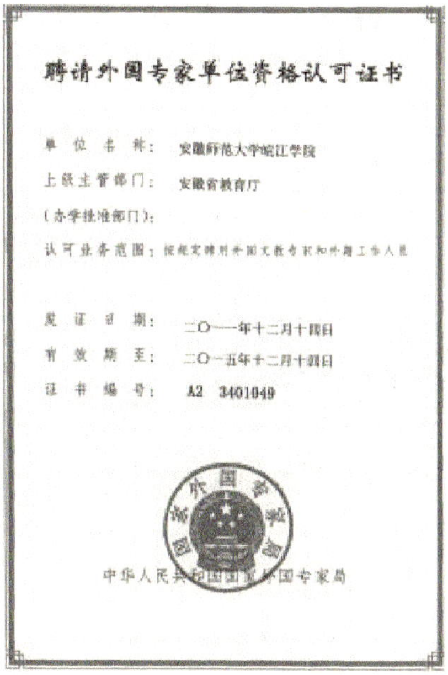

聘请外国专家单位资格认可证书

单位名称：安徽师范大学皖江学院

上级主管部门：安徽省教育厅

（办学批准部门）：

认可业务范围：[illegible]

发证日期：二〇一一年十二月十四日

有效期至：二〇一五年十二月十四日

证书编号：A2 3401049

中华人民共和国国家外国专家局

图5–32　聘请外国专家单位资格认可证书

自2005年以来，学院共聘请外籍教师58人，分别来自美国、英国、澳大利亚、荷兰、乌克兰、德国、捷克、日本，所聘外籍教师分别在外语系英语专业、日语专业、俄语专业任教，主要从事英语、日语、俄语的口语、会话、写作等课程教学工作。其中，2007年聘请外籍教师8人，为历年之最。外籍教师上课认真，备课充分，工作踏实严谨，与学生相处融洽，深受学生喜爱。无论是在课上还是在课余生活中，皖江校园里经常能看见外籍教师与学生亲密交流的身影，“英语之角”“日语之角”“俄语之角”的开展更是为学生与外籍教师亲密交流提供了有利条件，为外语系及热爱外语的学生学习外语创造了机会。

2014年4月，在国家外国专家局组织的“我与外教”全国征文大赛暨“我最喜爱的外教”评选活动中，我院被评为优秀组织单位，乌克兰籍教师Tamila·Zakharchenko（塔密拉·扎哈尔千科）荣获“我最喜爱的外教”称号，外语系学生蒋燕萍、黎育娴2位学生的征文荣获优秀奖。2014年，我院顺利通过安徽省外国专家局外国文教专家聘请资格单位年检工作。2014年1月，学院乌克兰籍教师（塔密拉·扎哈尔千科）因其兢兢业业的教学态度、无私奉献的教育精神和在教学及国际交流方面做出的突出贡献荣获安徽省人民政府第十三届“黄山友谊奖”，省长王学军为其颁奖并与之合影。（见图5-33）

图5-33 外教塔密拉·扎哈尔千科荣获安徽省人民政府第十三届“黄山友谊奖”

一直以来，我院高度重视外教的后勤保障工作，关心外教的学习、工作、生活情况，每年适逢西方节日，学院都会送上节日祝福，让外籍教师们在异国他乡感受到节日的气氛和家庭的温暖。一位外籍教师在我院突发疾病去世，我院积极联系治疗，妥善处理后事，受到有关方面和家属的认可。

图5-34 院领导亲切慰问乌克兰小朋友

学院积极探索应用型本科院校的对外交流合作模式，打造国际化办学的特色和品牌，培养具有国际视野的复合型人才，为学生的进一步深造搭建平台。

二、开展合作

从2006年起，经教育部中国教育国际交流协会、中教国际教育交流中心、美国州立大学与学院协会的推荐，学院与美国特洛伊大学、鲍尔州立大学、内布拉斯加大学卡尼尔分校和东华盛顿大学等4所美国公立大学建立“1+2+1”中美人才培养计划项目，即从一年级本科生中选拔人员到美国上述之一大学学习两年，后回我院学习第四年课程，毕业后可获得中美双方大学颁发的学士学位。自启动至今，“‘1+2+1’中美人才培养计划”已发展成为目前中美高校参与最多、合作与交流领域最广的重要平台之一。

2006年3月24日，学院在主楼106教室举行了“‘1+2+1’中美人才培养计划”项目招生与留学美国现场咨询会，由中国教育国际交流协会、中教国际教育交流中心、中美高校合作交流办公室首席营运总监华建宁先生主讲，这也成为学院开展对外合作交流的重要标志。

经济学专业2007级学生季一淑是我院第二位参加“‘1+2+1’中美人才培养计划”的学生。这一人才培养计划为学生在学习专业知识的同时，开阔视野，接受不同文化氛围的熏陶创造了良好的条件。季一淑通过努力，不仅顺利地完成了教学计划规定的所有课程，而且成绩优异，被中美两国的这一合作项目评为“优秀毕业生”并获得奖学金。

2011年6月22日，“‘1+2+1’中美人才培养计划”第八届毕业生毕业典礼在西南交通大学举行。我院2011届毕业生季一淑参加毕业典礼，获得安徽师范大学和美

国加州州立大学圣贝纳迪诺分校分别颁发的学士学位证书。原副院长张先云作为中方学校的代表出席毕业典礼。（见图5-35）

图5-35　毕业生季一淑喜获中美两国学士学位

三、广泛交流

学院始终坚持“请进来”与“走出去”双向交流的合作方针，认真做好境外来访、学院出访的接待与管理工作，努力在对外交流中更新教育观念，把握国际化教育方向，拓宽国际化视野，提升学院办学知名度。

2007年11月14日，联合国官员翁盈盈女士和先生曾亮应我院院长王世华教授的邀请，来我院访问（见图5-36）。翁盈盈女士是联合国人事司副司长，负责除维和部队之外的所有有关联合国人事征聘的政策制定和具体执行工作，迄今已在联合国工作了30年。一同来访的翁盈盈女士的先生曾亮，系越南西贡大学科学院化学学士、法国格勒诺布尔大学核子物理学硕士、软件工程师、专家，在美国工作。

图5-36　联合国人事司副司长翁盈盈女士访问学院

翁盈盈伉俪在王世华院长的陪同下，参观了校园（见图5-37）。作为环保热心者，翁盈盈女士对我院整洁优美的校园环境给予高度评价。王世华同志向嘉宾介绍了学院办学的基本情况，并与其交流了高校办学经验。

图5-37　翁盈盈伉俪在王世华院长的陪同下参观皖江校园

2011年3月22日，英国诺森比亚大学中国代表处主任Ms. Jennifer Gao一行在安徽省汉语国际推广中心主任洪允智的陪同下来我院访问。院领导王世华、闫蒙钢、孙利平、李裕鑫、张先云亲切会见了来访客人。（见图5-38）

会谈中，双方进行了亲切交谈，就开展“硕士直通车”项目合作事宜达成了初步共识。目前，随着办学实力和规模的不断提升，学院正积极探索有应用型本科院校特色的对外交流合作模式，充分利用国外高校的优质办学资源，为学生深造搭建平台，拓宽学生发展渠道，进一步提升学院的人才培养质量和学术科研水平。

图5-38　英国诺森比亚大学中国代表处主任访问学院

2012年10月31日至11月1日，美国普渡大学旅游与酒店管理研究中心主任、华人教授蔡利平应邀到我院交流访问，为我院旅游管理系师生作学术报告，与学院签订合作意向协议。

2013年4月7日，英国伯恩茅斯大学副教授、博士生导师徐菲菲博士应邀来学院交流并讲学。安徽师范大学国土资源与旅游学院教授张宏梅出席讲座，皖江学院管理系（部）分教师及旅游管理专业2011级全体学生聆听讲座。徐菲菲和学院党委书记、院长闫蒙钢，副院长俞晓红及相关部门负责人就学院旅游管理专业和伯恩茅斯大学的交流与合作交换了看法。

2013年4月16日，著名美籍华人侨领、世界华人华侨精英联合会会长管必红博士应邀在图书馆报告厅举办题为“海外华人的中国梦”专场报告。副院长叶旭萍主持报告会，近300名皖江学子聆听了报告。报告开始前，皖江学院董事长、安徽师范大学校长王伦和院领导亲切接见了管必红先生。

2013年5月，由国家外国专家局派遣外语系教师李明丽于2013年9月17日至2013年12月13日赴日本拓殖大学参加为期近三个月的研修。研修期间，主要是在拓殖大学言语教育科选修不同课程，完成研究生部老师布置的各项任务，以及在留学生别科参观学习日本教师教授各国留学生，并各自准备教案组织内容给留学生上课。

2013年9月16日，学院在第一会议室举行聘任仪式，聘请德国著名教育家、教学论专家德国奥尔登堡大学教授希尔伯特·迈尔、德国奥尔登堡大学教授芭芭拉·莫施娜、德国耶拿大学教授伊利斯·温克勒为我院客座教授。院党委书记、院长闫蒙钢为三位德国专家颁发聘书并合影留念（见图5-39）。

对以上三位专家的聘任，是我院首次聘请高水平外籍专家为客座教授。此举对于加强我院的学科建设，提高教学质量、科研水平及加强国际合作与交流都具有重要作用和深远意义。

图5-39　学院聘任三名德国专家为客座教授

此外，2013年12月18日晚，在新年来临之际，来自大洋彼岸的美国演奏家为学院师生带来了一份不可多得的新年礼物——阿肯色州立中央大学“尖峰”铜管室内乐团专场音乐会在多功能厅奏响。院领导闫蒙钢、李裕鑫、叶旭萍等与近400名皖江学子共同欣赏了这场视听盛宴。（见图5-40）

图5-40　美国阿肯色州立中央大学“尖峰”铜管室内乐团专场音乐会奏响皖江

2014年3月28日，我院前日语外教桝井久和日本教师谷清人等一行6人组成的教师代表团来到我院，同皖江学子展开面对面的交流和沟通。桝井久于2011年至2014年应聘在皖江学院外语系任日语教师。4年间，桝井久与同事友好相处，兢兢业业，认真教学，为日语专业学生付出了大量心血，深受同事认可和学生喜爱。

我院也先后派出院领导、教师外访，积极组织学生参加国际交流活动，开阔教师、学生的国际化视野。

2014年6月，学院选拔外语系2011级俄语专业许涛与2012级俄语专业王锐两位同学赴俄参加“中俄青年友好交流年”之“中俄青年论坛”活动（见图5-41）。许涛、王锐与来自我国长江中上游六省市的学生代表一起，同俄罗斯大学生共300余人，同住帐篷，同吃野餐，共话未来，共筑友谊。在为期10天的活动中，我院两名学生认真学习，并主动为中方代表团承担了部分翻译任务。论坛分为语言文化营、企业管理营、科技创新营、文化艺术营以及体育运动营五个分营。许涛参与了科技创新营，王锐则参与了体育运动营。各分营在主题分营框架内，就文化交流、科研创新、中俄友好等话题，开展专项展示、专题讲座，举办圆桌会议以及文艺演出、体育交流、走访城市等各类活动。

“中俄青年论坛”是中国长江流域和俄罗斯伏尔加河流域两地开展的一项重点人文交流活动，被列为两国政府批准的“中俄青年友好交流年”活动之一。此次活动中俄双方各派150名青年代表参加，其中安徽省共派出28名代表。此次活动，我院学生不仅实地体验了俄罗斯的文化、历史、人文风情等，而且在生活方面收获了新的体验，在精神层面收获了新的感悟。

图5-41 皖江学子参加“中俄青年论坛”活动

2014年7月15—29日，学院暑期社会实践重点团队“龙马队”之“中华文化万里行”小分队全体队员赴泰国开展暑期社会实践（见图5-42）。赴泰国期间，团队成员在学院宣传部部长、国学社指导教师戴长江的率领下，参加了泰国清莱第四届

《论语》读书会，拜会泰国皇太后大学孔子学院，并应邀出席第三届“魅力中国——中华文化系列讲座”，与泰国华文教师公会进行座谈，并为泰北华人义务支教。此次活动，皖江学子不仅在异国他乡接受传统文化教育，亲身体验中华文化走向国际、开拓发展的情景，而且用实际行动弘扬了中华优秀传统文化。

图5-42　皖江学子赴泰国开展暑期社会实践

2014年11月，台湾敏惠医护管理专科学校校长叶至诚，台湾实践大学副校长丁斌首、教务长蔡博文一行来我院进行友好访问，双方就高校办学理念、应用型人才培养模式构建、优质教育资源共享、交流合作机制建立等进行了广泛而深入的座谈，初步达成校际合作意向。（见图5-43）

图5-43　台湾敏惠医护管理专科学校代表团访问学院

2015年7月2日，韩国韩瑞大学交流协力处处长金镇宇、语言教育院主任金东昊等一行访问皖江学院，副院长叶旭萍热情接待了金镇宇一行。双方就合作办学、教师交流、学生赴韩深造、韩语培训等内容进行了广泛交流，双方正式签订了友好合作协议书。（见图5-44）

图5-44　韩国韩瑞大学代表团访问学院

2015年9月21日，由安徽省教育厅主办、安徽师范大学承办的“徽文化”大学生夏令营在安徽师范大学国际教育学院拉开帷幕。俄罗斯米宁大学代表队一行11人前来参加夏令营活动。我院外语系俄语专业部分师生和学生志愿者，与安徽师范大学外国语学院师生一道参加活动，并负责翻译工作。

2015年11月，院党委书记马三保赴德国参加中德论坛。

2015年11月18日，新加坡人民行动党人事部总监梁莹女士一行访问我院，就引进学前教育专业学生赴新加坡任教相关事宜进行交流洽谈。（见图5-45）院党委副书记王传辉热情接待了梁莹一行。代表团就赴新加坡就业过程中求职申请办理、工作生活适应等问题对在场同学进行了宣讲。座谈结束后，代表团还对我院有意赴新加坡工作的学前教育专业学生进行了面试。

图5-45　新加坡人民行动党代表团访问学院

第六节　党建统领，筑梦皖江

2014年以来，学院高度重视党建工作的标准化与实效性。着力加强政治理论学习，持续提升党性修养；进一步规范党内生活；优化支部配置，选优配强支部书记；规范党员发展程序，提升党员发展质量；督导基层标准化建设，确保达标完成任务；加强党风廉政建设，提升群众满意度；运用信息化管理手段，创新教育管理工作，不断推进党建工作健康发展。

一、加强党的建设

（一）重视班子建设

班子建设是党自身建设的重要内容，也是学院事业发展的决定因素。2012—2015年，安徽师范大学党委对皖江学院领导班子进行了四次调整与充实。2014年1月，马三保同志任皖江学院党委书记，李裕鑫同志调任安徽师范大学党委宣传部部长，不再担任皖江学院党委副书记。同年12月，王传辉同志任皖江学院党委副书记，俞晓红同志不再担任学院纪检委员。截至2015年12月，中国共产党安徽师范大学皖江学院委员会具体分工如下，书记：马三保，副书记：王传辉，统战委员：叶旭萍，青年委员：张萍，保卫委员：秦忠基。

2014年5月27日，学院党委在花津校区图书馆学术报告厅召开党员大会，选举出席安徽师范大学第十次党代会代表，402名党员参加会议。按照选举办法，经差额投票，马三保、李子华、俞晓红、叶旭萍、张萍、秦忠基、刘巍、刘佳珂（学生）8名党员当选学院出席安徽师范大学第十次党代会的代表。选举产生的代表中，既有领导干部，又有工作第一线的党员，还有一定数量的学生党员，既体现了先进性，又具有广泛的代表性。

（二）优化组织结构

1. 调整组织机构

2015年9月，为进一步加强党的组织建设，健全党组织生活，推动学院党建工作科学发展，对学院党委下设党组织机构进行调整，具体情况如下：原宣传部更名为党委宣传部。撤销直属机关党支部委员会和“化自音体学”党总支委员会，成立机关党总支委员会、化学工程系直属党支部委员会、直属党支部委员会、音乐系直属党支部委员会、体育系学前教育系直属党支部委员会。机关党总支委员会下设纪宣办党支部（党政办公室、纪检监察办公室、党委宣传部、人事处、财务处、工会）、“教学团”党支部（教务处、学生处、团委）、“后保”党支部（后勤与保卫管理处）、“图政实”党支部（图书馆、思想政治理论课教研部、实验中心）。电子工程系党总支委员会增设自动化专业党支部。

2. 完善组织体系

学院认真贯彻落实《高校基层党组织工作条例》和《安徽师范大学院级党组织工作条例》，推动基层党组织工作的规范化和制度化。2015年，学院调整了部分基层党组织，完善了“党委—总支—支部”三级组织体系。制定并实施《系级党政联席会议议事规则》和《皖江学院党员发展工作实施细则》，启动党员发展 “互联网+”群众满意度测评，严格党员发展工作程序，党员发展质量进一步提高。2015年，获评安徽师范大学优秀共产党员2人、优秀党务工作者1人。院党委授予新闻学专业党支部等3个基层党组织“先进基层党组织”荣誉称号，授予张铮等17位同志“优秀共产党员”荣誉称号，授予方新等3位同志“优秀党务工作者”荣誉称号。

（三）加强党校工作

学院党委一直以来都重视分党校建设，制定了翔实的培训方案和一系列规章制度。各系党支部书记、辅导员以及党课小组组长职责明确，对学员要求严格，确保学员通过党校学习，在思想上、党性上有进一步提高；党校学员能做到上课认真听讲、课后讨论气氛热烈，参加实践活动积极。

2015年，学院进一步完善了皖江学院分党校领导机构，校长由院党委书记马三保担任，分党校副校长由院党委副书记、副院长王传辉担任，成员为党政办公室主任和各系级党总支副书记。在学院党委的统一领导下，强化顶层设计，通过注重师资遴选、优化课程设置、完善运行机制、合理划拨经费等途径努力提高分党校培训实效与质量，根据安徽师范大学党委组织部相关文件要求，学院党委通过召开专题会议、科学研究制定培训方案。切实发挥学生党支部教育培养实效，分党校建立了“分党校—学生党支部”联合教育培养机制，使学员提前参与支部生活，端正了入党动机，增强了党性修养，强化了责任意识，提高了培训质量。

学院分党校2012年、2015年分别被安徽师范大学党校评为“先进分党校”。

2014年，学院共发展党员182人，转正313人；2015年，学院共发展党员247人，转正188人。截止到2015年12月，学院拥有541名党员，其中教职工党员167人，学生党员374人，其中正式党员298名，预备党员243名。

二、狠抓“三严三实”

根据办学规律和运行节律，学院认真制定年度工作要点，分解年度工作任务，编制每月工作计划，编发每周工作安排，统筹安排全院重点工作和重要活动，及时妥善地处理了有关应急事务和突发事项。完善院领导联系系（部）制度，坚持一线调研和现场办公，及时解决师生的实际困难与问题，切实推进工作作风的转变。

为提高基层党支部工作水平，2014年1月，学院制定并实施了《学院党支部工作目标管理考核办法》。2014年3月，为适应新时期党建工作的新特点和新要求，提高党建工作效率，学院建立了党建工作网。

2015年，学院成立了“三严三实”专题教育领导小组，并认真学习了《安徽师范大学深入开展党的群众路线教育实践活动实施方案》，同时结合我院实际制定了《安徽师范大学皖江学院开展“三严三实”专题教育实施方案》和《开展“三严三实”集中学习教育活动实施方案》，明确了学习活动开展的指导思想、总体要求、方法步骤和各环节主要任务，确立了以开展“三严三实”专题教育为抓手，切实将学习活动与学院2015年党政工作要点中各项工作紧密结合起来。期间，学院共开展院级专题学习教育11次（3次专题会议，5次集中学习，1次专题汇报，2次观看教育影片），召开院级各类座谈会8次（教师座谈会、学生座谈会、新进教职工座谈会）。

图5-46　学院“三严三实”专题教育领导小组集中学习

学院领导班子围绕“忠诚方面”“干净方面”“担当方面”深入查摆，即对照中央所列举的“不严不实”现象，深入查摆自身在思想和作风上存在的问题，对照工作岗位职责，深入查摆工作中存在的问题，列出了《院领导“不严不实”问题清单》，建立了《“不严不实”问题整改台账》。如在“修身不严问题”方面，存在有抓学院思想政治理论学习建设还不够，学习中多偏向业务知识和科研理论而对政治理论学习不足等问题。在“律己不严问题”方面，有的存在工作措施针对性与工作成效有待进一步加强等问题。通过问题的查找，为下一步整改工作明确了方向和重点。

2015年7月1日，正值建党94周年，学院举行“三严三实”专题党课教育活动，向党的生日献礼。院党委书记马三保主讲，院党委副书记王传辉主持党课。马三保强调，践行“三严三实”，推进作风建设，要“严”字当头，“实”字托底，做到“心中有党，心中有民，心中有责，心中有戒”，持之以恒地抓实抓细作风建设，凝聚加快学院进一步发展的强大正能量。（见图5-47）

图5-47 院党委书记马三保作“三严三实”专题报告

三、加强廉政建设

2015年8月，学院增设了纪检监察办公室，由侯超同志任纪检监察办公室主任，加强廉政风险教育与防控，完善党风廉政建设工作责任制，规范了岗位职责和职务行为，严格执行工作考勤和年终绩效考核，党员作风、教师教风呈现出良好气象。

学院坚持一手抓事业发展、一手抓党风廉政建设，两手抓、两手都要硬。秉承“标本兼治，综合治理，惩防并举，注重预防”的方针，全面落实党风廉政建设责任制，强化党委的主体责任和纪检部门的监督责任，进一步推进惩治与预防腐败体系建设。把党风廉政建设纳入班子主要议事日程，组织学习党风廉政建设理论和政策法规，深入开展党性党风党纪教育、廉洁从政教育、警示教育、师德师风和学术规范教育，筑牢思想防线。严格执行廉洁自律各项规定，贯彻落实中央八项规定精神和省委“三十条”，建立健全党风廉政各项管理制度，防控廉政风险。经常谈心谈话，定期述职述廉，加强问题整改。坚持民主集中制原则和“三重一大”决策制度，严格程序和规则，重视调查研究，坚持事务公开，坚持“收支两条线”，杜绝“小金库”，厉行节约反对浪费，重视来信来访，对违纪违法线索，及时报告，协助查处，自觉接受广大师生的监督。

四、强化群团指导

学院不断增强民主治校与民主监督。2014年5月，学院调整了教职工代表大会执行委员会人员结构，并就教职工切身利益和学院发展的重大事项及时向执行委员会进行了通报。为推进学院信息公开，方便广大师生员工和其他公民、法人及组织获取本校的相关信息，根据《高等学校信息公开办法》《高等学校信息公开事项清单》，2015年4月，学院编制了《安徽师范大学皖江学院信息公开指南》，建设了安徽师范大学皖江学院信息公开网。近年来，院党委始终坚持党要管党、从严治党的方针，不断加强党的思想、组织、作风、制度和反腐倡廉建设，正确处理改革、发展、稳定之间的关系，为学院事业发展提供有力的思想、政治和组织保证。通过明晰办学目标，强化师资建设，推进教育教学改革，增强文化引领功能，规范内部管理运行等举措，有力地推动了学院各项事业的发展。2014年、2015年，学院档案工作先后获得大学“档案工作先进个人”“档案工作先进集体”荣誉称号。

此外，学院还进一步加强和改进新形势下党的群团工作，找准群团工作的结合点和着力点，创新活动载体，打造活动品牌，更好地联系师生员工、服务学院发展、参与民主管理、促进校园和谐，努力构建“活力皖江”“幸福皖江”“和谐皖江”。进一步完善教职工代表大会制度，筹备召开学院第二届教职工代表大会暨第三届工会会员代表大会；坚持每年召开教职工代表大会，听取和审议学院年度工作报告，推进校务公开，促进民主办学。加强与党外知识分子的联系、沟通和交流。充分发挥群团组织在“教、学、管”和“三个课堂”中的作用，加强团干部和学生干部队伍建设，做好学生干部培训教育工作，充分发挥学生组织“自我服务，自我管理，自我教育”的功能。

五、谋划校区建设

为实现一个校区办学梦想，从根本上改变“一校三区”的办学现状，彻底改善学院的整体办学条件，自2008年教育部颁布“26号令”以来，安徽师范大学和学院董事会多次研究皖江学院合作办学有关事宜，谋划校区建设。

2008—2010年期间，皖江学院在董事会的指导下，积极设法与浙江、江苏、安徽等民营机构联系合作办学事宜，但由于种种原因，引入民资困难重重，一直没有实质性进展。直到2010年，大学明确表示暂不考虑与民企合作的方案。

2014年年初，繁昌县委、县政府希望引进一所大学落户繁昌，提高城市建设品位，增强辐射带动功能。2014年5月，繁昌县政府开始寻求与安徽师范大学合作办学，以“交钥匙”工程方式引进皖江学院落户繁昌。2014年12月，经安徽师范大学党委常委会研究，同意与繁昌县政府合作办学，并签订了《合作办学意向性协议》。安徽师范大学成立了皖江学院合作办学专项工作组，王伦董事长先后多次带领专项工作组到繁昌县考察新校区校址，研究新校区建设项目论证、上报审批、资金筹措、规划设计等工作。2015年4月，安徽师范大学（甲方）和繁昌县政府（乙方）经过深入调研、广泛论证、充分协商，在签订《合作办学意向性协议书》的基础上，拟定了正式协议，协议的基本内容为：校园面积约1000亩，总建筑面积为40万平方米左右；办学规模为全日制在校生10 000人。投资总额约11亿元。项目采用整体设计，分期建设方式，一期建设面积约35万平方米，工期24个月，于2018年8月31前竣工投入使用。二期建设面积约5万平方米，于2019年8月31日前竣工投入使用。

2015年5月25日，因大环境有所变化，繁昌县委、县政府再次到安徽师范大学就皖江学院繁昌新校区建设方式进行商讨，拟采取“PPP”模式（Public-Private Partenership，即政府和社会资本合作，是公共基础设施中的一种项目运作模式）替代过去的“交钥匙”工程。繁昌县政府引进社会资本，成立由繁昌县建设投资有限公司、安徽师范大学、社会资本的投资方等三方共同投资设立“繁昌县教育投资公司”，融资建设皖江学院新校区。经双方论证，如采取“PPP”模式，存在政策障碍，实施难度大，同年7月否决此方案。之后繁昌县委、县政府召开“六大班子”会议，研究通过了采取“交钥匙”工程方式建设皖江学院新校区的方案。安徽师范大学也召开了董事会、监事会、教代会执委会以及党委常委会，通过了拟定的《合作办学协议书》。

2015年11月，因种种原因，繁昌县委、县政府提出暂停正式协议的签署。

六、规划美好蓝图

“十二五”期间，学院在安徽师范大学党委、董事会的正确领导下，全面贯彻党的教育方针，遵循高等教育规律，围绕“立德树人”这一根本任务，群策群力，锐意进取，不断提升人才培养质量，各项事业取得了长足发展。2015年，在艾瑞深和武书连公布的全国高校排行榜中，皖江学院位居全省独立学院第二。

“十三五”时期是我国经济进入新常态，实施创新驱动发展战略，加快转方式、调结构，加快教育改革发展步伐，加快基本实现教育现代化的关键时期，既是我院加快发展步伐，迅速提高综合实力和竞争力，实现跨越式发展的战略机遇期，也是着力解决制约发展瓶颈，实现“全省领先、全国有影响、特色鲜明的应用技术型本科院校”目标的挑战期。近年来，在全国独立学院年会上教育部传达了独立学院未来发展的6个方向（继续作为独立学院；转设为民办高等学校；转设为公办高等学校；与其他公办学校合并为高等学校公办学校；归并举办的高等学校；撤办），前4

个发展方向均需经过教育部考核评估验收，合格后方能实施，反之归并举办的高等学校或撤办。在这种环境背景下，学院更需要在“十三五”期间把握机遇，科学谋划，找准方向，统筹发展，提升实力，充分赢得主动权，以期顺利通过考核评估验收。

面对上述现状，2015年年底，学院领导班子充分发扬民主，广泛凝聚智慧，开始制定具有科学性、前瞻性的学院“十三五”规划，使其成为指导学院未来一个时期改革与发展的宏伟蓝图和行动纲领。

（一）发展思路

树立科学的高等教育发展观，以应用技术型人才培养为主线，以专业核心课程建设为重点，以学生实践能力培养为核心，以考核评价体系构建为抓手，以管理服务水平提升为保障，大力推进合作办学，稳步加快队伍建设，全面开展大学文化建设，努力提升党建工作水平，进一步提高办学质量和效益。

（二）总体目标

全面贯彻落实党的教育方针，切实遵循高等教育教学规律，充分利用母体大学优质资源，努力发挥独立学院体制机制活力，以应用技术型人才培养为主线，以专业核心课程建设为重点，以学生实践能力培养为核心，以考核评价体系构建为抓手，以管理服务水平提升为保障，围绕“明明德，厚基础，强技能”的高素质应用技术型人才培养目标，努力将学院办成全省领先、全国有影响、特色鲜明的应用技术型本科院校。

（三）主要任务

1. 人才培养

紧紧围绕立德树人这一根本任务，坚持以社会需求为导向，以加强教学内涵建设为重点，以深化教育教学改革为动力，以优化教学资源配置为支撑，注重过程管理，从严治学、从严治教，全面提升人才培养质量，着力打造“明明德，厚基础，强技能”的高素质应用技术型人才。“十三五”期间学院坚持招生计划不低于2 500人每年，年均报到率在93%以上，到2020年，全日制在校生本科生规模基本达10 000人左右。

2. 队伍建设

坚持以德为先，加强和优化师资、管理、服务三支队伍建设，不断提升教职工的综合素质，激发教职工干事创业的活力，引导和激励广大教职工培养教书育人、求真务实、爱岗敬业的优良品质，落实各项队伍建设激励政策和措施，造就一支与学院发展相适应的高素质队伍。

3. 教科研建设与社会服务

以科研促进教师专业成长和教学质量提升为理念，以凝练学科方向、培育科研骨干为重点，以加大经费投入、建立约束激励机制为手段，进一步提高科研成果数量和质量，不断增强学院的整体办学实力和社会服务能力。

4. 国际合作交流

进一步拓宽学院国际化交流视野，探索多层次、多领域、多形式并举的国际交流合作格局。推动跨文化交流，着力提升我院学子在国际化形势下的思维方式、沟通能力和交际能力，切实提高学院的国际化办学水平。

5. 基础能力建设

以服务全院师生为宗旨，坚持以人为本的理念，不断改善校园的基础设施与条件，加强公共服务体系建设，提升校园管理服务水平，打造舒适优雅和谐的校园环境。

6. 学院文化建设

紧紧围绕学院发展的目标愿景，明确思想意识形态工作主体责任，以培育和践行社会主义核心价值观为引领，以中华优秀传统文化传承创新为核心，以形象塑造为平台、以制度建设为保障、以行为规范为表征，进一步完善具有皖江特色的精神文化、制度文化、行为文化和环境文化。确保理想信念教育、社会主义核心价值观培育和践行、中华优秀传统文化传承和弘扬工作基强本固，宣传文化阵地管理更加规范，皖江文化品牌特色更加鲜明。

附　　录

附录一：安徽师范大学皖江学院2005—2015年在校生人数一览表

年份	专业名称	专业学生数(人)	在校生人数(人)	备注
2005年	新闻学	202	1 250	不含2003级
	英语(应用英语)	250		
	日语(商贸日语)	121		
	经济学	249		
	电子信息工程	248		
	计算机科学与技术(软件开发与应用)	75		
	教育技术学	105		
2006年	新闻学	282	2 111	不含2003级
	英语(应用英语)	404		
	日语(商贸日语)	218		
	经济学	304		
	电子信息工程	327		
	计算机科学与技术(软件开发与应用)	75		
	教育技术学	173		
	音乐学	13		
	美术学	67		
	艺术设计	82		
	广告学	82		

续 表

年份	专业名称	专业学生数(人)	在校生人数(人)	备注
	市场营销	84		
2007年	新闻学	409	3 668	
	英语(应用英语)	620		
	日语(商贸日语)	353		
	经济学	437		
	电子信息工程	435		
	教育技术学	268		
	广告学	199		
	市场营销	216		
	音乐学	63		
	美术学	152		
	艺术设计	170		
	汉语言文学	173		
	计算机科学与技术(软件开发与应用)	75		
	计算机科学与技术	98		
2008年	新闻学	444	4 694	英语专业含英语(应用英语)专业学生;日语专业含日语(商贸日语)专业学生
	英语	722		
	日语	417		
	经济学	488		
	电子信息工程	486		
	教育技术学	312		
	广告学	288		
	市场营销	324		
	音乐学	96		
	美术学	213		
	艺术设计	260		
	汉语言文学	289		
	计算机科学与技术	215		
	广播电视新闻学	69		
	动画	71		

续 表

<table>
<tr><th>年份</th><th>专业名称</th><th>专业学生数(人)</th><th>在校生人数(人)</th><th>备注</th></tr>
<tr><td rowspan="18">2009年</td><td>新闻学</td><td>409</td><td rowspan="18">5 496</td><td rowspan="18">英语专业含英语(应用英语)专业学生；日语专业含日语(商贸日语)专业学生</td></tr>
<tr><td>英语</td><td>721</td></tr>
<tr><td>日语</td><td>440</td></tr>
<tr><td>经济学</td><td>477</td></tr>
<tr><td>汉语言文学</td><td>394</td></tr>
<tr><td>广播电视新闻学</td><td>121</td></tr>
<tr><td>动画</td><td>130</td></tr>
<tr><td>电子信息工程</td><td>419</td></tr>
<tr><td>计算机科学与技术</td><td>259</td></tr>
<tr><td>教育技术学</td><td>259</td></tr>
<tr><td>音乐学</td><td>155</td></tr>
<tr><td>美术学</td><td>256</td></tr>
<tr><td>艺术设计</td><td>349</td></tr>
<tr><td>广告学</td><td>361</td></tr>
<tr><td>市场营销</td><td>435</td></tr>
<tr><td>俄语</td><td>37</td></tr>
<tr><td>信息管理与信息系统</td><td>72</td></tr>
<tr><td>旅游管理</td><td>202</td></tr>
<tr><td rowspan="14">2010年</td><td>新闻学</td><td>417</td><td rowspan="14">6 594</td><td rowspan="14">英语专业含英语(应用英语)专业学生；日语专业含日语(商贸日语)专业学生</td></tr>
<tr><td>广告学</td><td>381</td></tr>
<tr><td>英语</td><td>725</td></tr>
<tr><td>日语</td><td>432</td></tr>
<tr><td>经济学</td><td>518</td></tr>
<tr><td>电子信息工程</td><td>462</td></tr>
<tr><td>教育技术学</td><td>192</td></tr>
<tr><td>音乐学</td><td>178</td></tr>
<tr><td>美术学</td><td>271</td></tr>
<tr><td>艺术设计</td><td>358</td></tr>
<tr><td>汉语言文学</td><td>490</td></tr>
<tr><td>市场营销</td><td>470</td></tr>
<tr><td>计算机科学与技术</td><td>375</td></tr>
<tr><td>广播电视新闻学</td><td>176</td></tr>
</table>

续　表

年份	专业名称	专业学生数(人)	在校生人数(人)	备注
	动画	195		
	俄语	75		
	信息管理与信息系统	177		
	旅游管理	317		
	财务管理	164		
	数字媒体技术	96		
	摄影	39		
	应用化学	86		
2011年	新闻学	375	7 104	英语专业含英语(应用英语)专业学生；日语专业含日语(商贸日语)专业学生
	广告学	340		
	英语	649		
	日语	388		
	经济学	483		
	电子信息工程	476		
	教育技术学	100		
	音乐学	171		
	美术学	258		
	艺术设计	385		
	汉语言文学	447		
	市场营销	418		
	计算机科学与技术	399		
	广播电视新闻学	237		
	动画	264		
	俄语	110		
	信息管理与信息系统	261		
	旅游管理	425		
	财务管理	339		
	数字媒体技术	195		
	摄影	79		
	应用化学	192		
	物流管理	73		
	戏剧影视美术设计	40		

续　表

年份	专业名称	专业学生数(人)	在校生人数(人)	备注
2012年	新闻学	340	7 732	
	广告学	306		
	英语	596		
	日语	338		
	经济学	449		
	电子信息工程	482		
	音乐学	183		
	美术学	252		
	艺术设计	370		
	汉语言文学	445		
	市场营销	362		
	计算机科学与技术	382		
	广播电视新闻学	228		
	动画	242		
	俄语	144		
	信息管理与信息系统	323		
	旅游管理	533		
	财务管理	516		
	数字媒体技术	280		
	摄影	137		
	应用化学	282		
	物流管理	150		
	戏剧影视美术设计	102		
	文秘教育	75		
	学前教育	67		
	自动化	66		
	社会体育	61		
	教育技术学	21		
2013年	新闻学	304		
	广告学	283		
	英语	564		
	日语	290		

续表

年份	专业名称	专业学生数(人)	在校生人数(人)	备注
2013年	经济学	374	8 197	
	电子信息工程	485		
	音乐学	163		
	美术学	245		
	艺术设计	286		
	汉语言文学	451		
	市场营销	303		
	计算机科学与技术	428		
	广播电视新闻学	227		
	动画	231		
	俄语	135		
	信息管理与信息系统	316		
	旅游管理	430		
	财务管理	655		
	数字媒体技术	352		
	摄影	203		
	应用化学	341		
	物流管理	211		
	戏剧影视美术设计	186		
	文秘教育	75		
	学前教育	142		
	自动化	122		
	社会体育	64		
	社会体育指导与管理	52		
	网络工程	55		
	金融工程	44		
	金融数学	41		
	环境设计	41		
	视觉传达艺术	38		
	秘书学	60		
2014年	新闻学	276		
	广告学	241		

续　表

年份	专业名称	专业学生数(人)	在校生人数(人)	备注
2014年	英语	519	8 316	
	日语	239		
	经济学	348		
	电子信息工程	461		
	音乐学	173		
	美术学	214		
	艺术设计	191		
	汉语言文学	481		
	市场营销	236		
	计算机科学与技术	404		
	广播电视新闻学	119		
	动画	197		
	俄语	128		
	信息管理与信息系统	287		
	旅游管理	420		
	财务管理	634		
	数字媒体技术	334		
	摄影	247		
	应用化学	317		
	物流管理	276		
	戏剧影视美术设计	281		
	文秘教育	75		
	学前教育	218		
	自动化	177		
	社会体育	58		
	网络工程	102		
	金融工程	97		
	金融数学	41		
	环境设计	80		
	视觉传达艺术	64		
	秘书学	117		
	广播电视学	97		

续表

年份	专业名称	专业学生数(人)	在校生人数(人)	备注
	社会体育指导与管理	114		
	影视摄影与制作	19		
	产品设计	18		
	服装与服饰设计	16		
2015年	汉语言文学	496	8 621	
	文秘教育	75		
	秘书学	167		
	新闻学	245		
	广告学	214		
	广播电视学	133		
	广播电视新闻学	59		
	英语	518		
	日语	189		
	俄语	115		
	经济学	319		
	财务管理	584		
	会计学	118		
	金融数学	86		
	金融工程	148		
	市场营销	216		
	信息管理与信息系统	273		
	物流管理	253		
	旅游管理	415		
	物业管理	32		
	学前教育	297		
	电子信息工程	451		
	计算机科学与技术	388		
	数字媒体技术	293		
	自动化	235		
	网络工程	167		
	应用化学	271		
	音乐学	190		

续　表

年份	专业名称	专业学生数(人)	在校生人数(人)	备注
	社会体育	58		
	社会体育指导与管理	171		
	舞蹈表演	33		
	美术学	206		
	视觉传达设计	103		
	环境设计	145		
	动画	173		
	戏剧影视美术设计	334		
	摄影	293		
	产品设计	50		
	艺术设计	77		
	影视摄影与制作	14		
	服装与服饰设计	17		

（表中内容由学院学生处提供）　　本书编写组 制

附录二：安徽师范大学皖江学院2003—2015年招生计划一览表

年份	系（部）	专业	计划数（人）	备注
2003年	外国语学院	英语（应用英语）	90	由安徽师范大学负责招生与管理
	外国语学院	日语（商贸日语）	30	由安徽师范大学负责招生与管理
	数学计算机科学学院	计算机科学与技术（软件开发与应用）	100	由安徽师范大学负责招生与管理
	物理与电子信息学院	电子信息工程	95	由安徽师范大学负责招生与管理
	小计		315	
2004年	文学院	新闻学	98	由安徽师范大学负责招生与管理
	外国语学院	英语（应用英语）	116	由安徽师范大学负责招生与管理
	外国语学院	日语（商贸日语）	54	由安徽师范大学负责招生与管理
	经济管理学院	经济学	96	由安徽师范大学负责招生与管理
	物理与电子信息学院	电子信息工程	100	由安徽师范大学负责招生与管理
	数学计算机科学学院	计算机科学与技术（软件开发与应用）	120	由安徽师范大学负责招生与管理
	教育科学学院	教育技术学	80	由安徽师范大学负责招生与管理
	小计		664	
2005年	新闻系	新闻学	140	
	经济系	经济学	230	
	外语系	英语（应用英语）	180	
	外语系	日语（商贸日语）	90	
	教育技术系	教育技术学	110	
	电子信息系	电子信息工程	230	
	小计		980	
2006年	新闻系	新闻学	100	
	经济系	经济学	80	
	外语系	英语（应用英语）	160	
	外语系	日语（商贸日语）	120	

续 表

年份	系(部)	专业	计划数(人)	备注
	教育技术系	教育技术学	100	
	电子信息系	电子信息工程	120	
	新闻系	广告学	100	
	经济系	市场营销	120	
	音乐系	音乐学	100	
	美术系	美术学	100	
	美术系	艺术设计	100	
	小计		1 200	
2007年	新闻系	新闻学	150	
	经济系	经济学	140	
	外语系	英语(应用英语)	210	
	外语系	日语(商贸日语)	140	
	教育技术系	教育技术学	120	
	电子信息系	电子信息工程	120	
	新闻系	广告学	140	
	经济系	市场营销	160	
	音乐系	音乐学	100	
	美术系	美术学	100	
	美术系	艺术设计	100	
	中文系	汉语言文学	200	
	电子信息系	计算机科学与技术	120	
	小计		1 800	
2008年	新闻系	新闻学	120	
	经济管理系	经济学	140	
	外语系	英语	200	
	外语系	日语	120	
	教育技术系	教育技术学	120	
	电子信息系	电子信息工程	150	
	新闻系	广告学	100	
	经济管理系	市场营销	150	
	音乐系	音乐学	50	
	美术系	美术学	90	

续　表

年份	系(部)	专业	计划数(人)	备注
	美术系	艺术设计	100	
	中文系	汉语言文学	140	
	电子信息系	计算机科学与技术	150	
	新闻系	广播电视新闻学	80	
	美术系	动画	90	
	小计		1 800	
2009年	新闻系	新闻学	110	
	经济管理系	经济学	120	
	外语系	英语	175	
	外语系	日语	100	
	教育技术系	教育技术学	100	
	电子信息系	电子信息工程	180	
	新闻系	广告学	90	
	经济管理系	市场营销	120	
	音乐系	音乐学	80	
	美术系	美术学	70	
	美术系	艺术设计	100	
	中文系	汉语言文学	120	
	电子信息系	计算机科学与技术	185	
	新闻系	广播电视新闻学	70	
	美术系	动画	70	
	经济管理系	信息管理与信息系统	100	
	旅游管理系	旅游管理	160	
	外语系	俄语	50	
	小计		2 000	
2010年	新闻系	新闻学	110	
	经济管理系	经济学	110	
	外语系	英语	160	
	外语系	日语	100	
	电子信息系	电子信息工程	150	
	新闻系	广告学	120	
	经济管理系	市场营销	150	

续　表

年份	系(部)	专业	计划数(人)	备注
	音乐系	音乐学	50	
	美术系	美术学	70	
	美术系	艺术设计	100	
	中文系	汉语言文学	110	
	电子信息系	计算机科学与技术	150	
	新闻系	广播电视新闻学	70	
	美术系	动画	80	
	经济管理系	信息管理与信息系统	120	
	旅游管理系	旅游管理	140	
	外语系	俄语	50	
	经济管理系	财务管理	140	
	媒体技术系	数字媒体技术	120	
	化学系	应用化学	120	
	美术系	摄影	80	
	小计		2 300	
2011年	新闻系	新闻学	100	
	经济管理系	经济学	100	
	外语系	英语	140	
	外语系	日语	100	
	电子信息系	电子信息工程	150	
	新闻系	广告学	100	
	经济管理系	市场营销	80	
	音乐系	音乐学	50	
	美术系	美术学	60	
	美术系	艺术设计	100	
	中文系	汉语言文学	140	
	电子信息系	计算机科学与技术	150	
	新闻系	广播电视新闻学	70	
	美术系	动画	70	
	经济管理系	信息管理与信息系统	100	
	旅游管理系	旅游管理	140	
	外语系	俄语	50	

续 表

年份	系(部)	专业	计划数(人)	备注
	经济管理系	财务管理	120	
	媒体技术系	数字媒体技术	120	
	化学系	应用化学	120	
	美术系	摄影	80	
	美术系	戏剧影视美术设计	80	
	经济管理	物流管理	80	
	小计		2 300	
2012年	新闻系	新闻学	80	
	经济管理系	经济学	80	
	外语系	英语	120	
	外语系	日语	80	
	电子信息系	电子信息工程	140	
	新闻系	广告学	70	
	经济管理系	市场营销	70	
	音乐系	音乐学	50	
	美术系	美术学	50	
	美术系	艺术设计	80	
	中文系	汉语言文学	120	
	中文系	文秘教育	90	
	电子信息系	计算机科学与技术	130	
	电子信息系	自动化	70	
	新闻系	广播电视新闻学	70	
	美术系	动画	70	
	经济管理系	信息管理与信息系统	70	
	旅游管理系	旅游管理	130	
	外语系	俄语	50	
	经济管理系	财务管理	100	
	媒体技术系	数字媒体技术	100	
	化学系	应用化学	100	
	美术系	摄影	80	
	美术系	戏剧影视美术设计	80	
	经济管理系	物流管理	80	

续　表

年份	系(部)	专业	计划数(人)	备注
	学前教育系	学前教育	70	
	体育系	社会体育	70	
	小计		2 300	
2013年	人文与传播系	新闻学	70	
	经济系	经济学	80	
	外语系	英语	110	
	外语系	日语	70	
	电子工程系	电子信息工程	120	
	人文与传播系	广告学	60	
	管理系	市场营销	70	
	音乐系	音乐学	50	
	视觉艺术系	美术学	50	
	人文与传播系	汉语言文学	120	
	电子工程系	计算机科学与技术	110	
	人文与传播系	广播电视学	60	
	视觉艺术系	动画	60	
	管理系	信息管理与信息系统	70	
	管理系	旅游管理	120	
	外语系	俄语	50	
	经济系	财务管理	100	
	电子工程系	数字媒体技术	100	
	化学工程系	应用化学	75	
	视觉艺术系	摄影	80	
	视觉艺术系	戏剧影视美术设计	90	
	管理系	物流管理	70	
	人文与传播系	秘书学	70	
	学前教育系	学前教育	70	
	电子工程系	自动化	65	
	体育系	社会体育指导与管理	60	
	经济系	金融工程	50	
	经济系	金融数学	50	
	电子工程系	网络工程	70	

续 表

年份	系(部)	专业	计划数(人)	备注
	视觉艺术系	视觉传达设计	40	
	视觉艺术系	环境设计	40	
	小计		2 300	
2014年	人文与传播系	汉语言文学	130	
	人文与传播系	秘书学	70	
	人文与传播系	新闻学	70	
	人文与传播系	广告学	60	
	人文与传播系	广播电视学	60	
	外语系	英语	120	
	外语系	日语	50	
	外语系	俄语	40	
	经济系	经济学	80	
	经济系	财务管理	100	
	经济系	金融工程	50	
	管理系	市场营销	60	
	管理系	信息管理与信息系统	80	
	管理系	物流管理	70	
	管理系	旅游管理	130	
	学前教育系	学前教育	80	
	电子工程系	电子信息工程	120	
	电子工程系	计算机科学与技术	110	
	电子工程系	数字媒体技术	100	
	电子工程系	自动化	65	
	电子工程系	网络工程	60	
	化学工程系	应用化学	65	
	音乐系	音乐学	50	
	体育系	社会体育指导与管理	60	
	视觉艺术系	美术学	50	
	视觉艺术系	视觉传达设计	30	
	视觉艺术系	环境设计	40	
	视觉艺术系	动画	40	
	视觉艺术系	戏剧影视美术设计	110	

续 表

年份	系(部)	专业	计划数(人)	备注
	视觉艺术系	摄影	90	
	视觉艺术系	产品设计	20	
	视觉艺术系	影视摄影与制作	20	
	视觉艺术系	服装与服饰设计	20	
	小计		2 300	
2015年	人文与传播系	汉语言文学	130	
	人文与传播系	秘书学	70	
	人文与传播系	新闻学	70	
	人文与传播系	广告学	60	
	人文与传播系	广播电视学	60	
	外语系	英语	125	
	外语系	日语	40	
	外语系	俄语	40	
	经济系	经济学	80	
	经济系	财务管理	70	
	经济系	会计学	60	
	经济系	金融数学	50	
	经济系	金融工程	50	
	管理系	市场营销	60	
	管理系	信息管理与信息系统	90	
	管理系	物流管理	50	
	管理系	旅游管理	130	
	管理系	物业管理	50	
	学前教育系	学前教育	70	
	电子工程系	电子信息工程	140	
	电子工程系	计算机科学与技术	140	
	电子工程系	数字媒体技术	70	
	电子工程系	自动化	65	
	电子工程系	网络工程	85	
	化学工程系	应用化学	65	
	音乐系	音乐学	50	
	体育系	社会体育指导与管理	60	

续　表

年份	系(部)	专业	计划数(人)	备注
	体育系	舞蹈表演	50	
	视觉艺术系	美术学	50	
	视觉艺术系	视觉传达设计	35	
	视觉艺术系	环境设计	60	
	视觉艺术系	动画	40	
	视觉艺术系	戏剧影视美术设计	100	
	视觉艺术系	摄影	100	
	视觉艺术系	产品设计	35	
	小计		2 500	

(表中内容由学院招生办提供)　　本书编写组 制

附录三：安徽师范大学皖江学院历任、现任党政领导一览表

类别	职务	姓名	任职时间	备注
党委	党委书记	王世华	2007年9月至2012年2月	
		闫蒙钢	2012年6月至2014年1月	
		马三保	2014年1月至今	
	党委副书记	孙利平	2007年6月至2012年7月	
		李裕鑫	2007年6月至2014年1月	
		闫蒙钢	2008年3月至2012年6月	
		李子华	2012年7月至2014年1月	
		王传辉	2014年12月至今	
	调研员	孙利平	2012年7月至2015年2月	
行政	院长	王世华	2004年至2012年2月	
		闫蒙钢	2012年6月至2014年1月	
		李子华	2014年1月至今	
	副院长	李裕鑫	2007年9月至2014年1月	
		张先云	2007年9月至2012年1月	
		闫蒙钢	2008年3月至2012年6月	常务
		李子华	2012年7月至2014年1月	
		俞晓红	2012年7月至2014年12月	
		叶旭萍	2012年7月至今	
		王传辉	2014年12月至今	

（表中内容由学院党政办、人事处提供） 本书编写组 制

附录四：安徽师范大学皖江学院历任、现任系（部）负责人一览表

系（部）	姓名	性别	职务	任职时间	备注
综合办公室	张　钢	男	主任	2005年8月至2009年7月	
学院办公室	张　钢	男	主任	2009年7月至2012年7月	
党政办公室	余本玉	男	主任	2013年4月至2014年4月	挂职
	刘　巍	男	副主任（主持工作）	2014年5月至2015年5月	
			主任	2015年5月至今	
宣传办公室	戴长江	男	主任	2008年9月至2009年7月	
宣传部	戴长江	男	部长	2009年7月至2015年8月	
党委宣传部	戴长江	男	部长	2015年9月至今	
纪检监察办公室	侯　超	男	主任	2015年1月至2016年6月	
人事处	张　钢	男	处长(兼)	2009年8月至2012年7月	
	王立龙	男	处长	2013年5月至2013年12月	挂职
	王光煜	男	副处长（主持工作）	2014年5月至2015年5月	
			处长	2015年5月至今	
人才交流中心	张　钢	男	主任	2013年4月至2015年8月	
教务办公室	周淑芳	女	主任	2005年8月至2009年7月	
教务处	周淑芳	女	处长	2009年8月至2013年3月	
	汪启年	男	处长	2013年4月至2014年4月	挂职
	申广君	男	处长	2014年5月至2015年1月	
	钱奇佳	男	处长	2015年1月至今	
团学办公室	侯　超	男	主任	2005年8月至2009年7月	
学生工作处（学工部、人武部）	侯　超	男	处长	2009年8月至2015年1月	
	张　铮	男	副处长（主持工作）	2015年1月至今	
财务办公室	张　鋈	男	主任	2007年9月至2009年7月	
财务处	张　鋈	男	处长	2009年7月至2010年1月	
	余国传	男	处长	2010年1月至今	
总务办公室	夏明保	男	主任	2007年9月至2009年7月	
后勤与保卫管理处	夏明保	男	处长	2009年7月至2010年3月	
	陈家胜	男	副处长（主持工作）	2010年3月至2013年1月	
	周海燕	男	处长	2013年4月至今	挂职

续 表

系（部）	姓名	性别	职务	任职时间	备注
科研处	周淑芳	女	处长	2013年4月至今	
招生办公室	张 钢	男	主任(兼)	2005年8月至2010年9月	
	秦忠基	男	主任(兼)	2010年9月至2015年1月	
	胡一鸣	男	主任	2015年1月至今	
工会	张 钢	男	主席	2005年至今	
团委	侯 超	男	书记	2005年8月至2013年4月	
	周新胜	男	书记	2013年4月至今	
图书馆	曹晓鲁	男	馆长	2007年11月至今	
新闻系	周建国	男	主任	2006年1月至2013年1月	
中文系	芮道荣	男	主任	2007年3月至2012年2月	
	钱奇佳	男	主任	2012年2月至2013年1月	
人文与传播系	钱奇佳	男	主任	2013年1月至2015年1月	
外语系	路 遐	女	主任	2006年1月至2007年2月	
	李为民	男	主任	2007年3月至2008年9月	
	张 萍	女	主任	2008年9月至2012年3月	
	余尚文	男	主任	2012年3月至今	
经济管理系	张 萍	女	主任	2008年3月至2013年1月	
经济系	张 萍	女	主任	2006年1月至2007年8月	
	龚基云	男	主任	2015年9月至今	
旅游管理系	卢 松	男	主任	2009年6月至2011年9月	
	张宏梅	女	主任	2011年9月至2013年1月	
管理系	伍旭中	男	主任	2013年1月至今	
电子信息系	秦忠基	男	主任	2006年1月至2009年3月	
	许长安	男	主任	2009年3月至2013年1月	
电子工程系	秦忠基	男	主任	2013年1月至今	
教育技术系	沈建智	女	主任	2006年3月至2010年9月	
媒体技术系	沈建智	女	主任	2010年9月至2013年1月	
化学系	张明翠	女	主任	2010年8月至2012年2月	
	汪丰云	男	主任	2012年2月至2013年2月	
化学工程系	周双六	男	主任	2013年2月至2014年1月	
	盛恩宏	男	主任	2014年1月至今	
美术系	刘玉龙	男	主任	2006年8月2012年12月	

续　表

系（部）	姓名	性别	职务	任职时间	备注
视觉艺术系	刘玉龙	男	主任	2013年1月至今	
音乐系	孙来法	男	主任	2007年3月至2010年11月	
	张旭良	男	主任	2010年11月至2012年10月	
	李　城	男	主任	2012年10月至今	
体育系	郜贻红	男	主任	2012年5月至今	
学前教育系	张更立	男	主任	2012年5月至今	
基础教学部	赵　平	男	主任	2006年3月至2012年9月	
思想政治理论课教研部	赵　平	男	主任	2012年9月至今	
实验中心	秦忠基	男	主任	2006年11月至2013年1月	
	许长安	男	主任	2013年1月至2016年2月	
教学督导中心	张先云	男	主任	2013年6月至2015年2月	
教学督导团	闫蒙钢	男	团长	2015年4月至今	

（表中内容由学院党政办、人事处提供）　　本书编写组 制

附录五：安徽师范大学皖江学院历任、现任二级党组织负责人一览表

党组织名称	姓名	性别	职务	任职时间
行政后勤党支部	曹晓鲁	男	书记	2012年2月至2013年11月
直属机关党支部	曹晓鲁	男	书记	2013年11月至2015年8月
机关党总支	王光煜	男	书记	2015年8月至今
新闻系党支部	周建国	男	书记	2008年9月至2013年1月
中文系党支部	芮道荣	男	书记	2008年9月至2012年2月
	钱奇佳	男	书记	2012年2月至2013年1月
人文与传播系党支部	韩雪松	男	书记	2013年1月至2013年11月
人文与传播系党总支	韩雪松	男	书记	2013年11月至今
外语系党支部	张　萍	女	书记	2012年2月至2013年11月
外语系党总支	余尚文	男	书记	2013年11月至今
经济系党支部	芮道荣	男	书记	2013年1月至2014年1月
经济系党总支	龚基云	男	书记	2015年9月至今
管理系党总支	伍旭中	男	书记	2013年1月至今
电子工程系党总支	秦忠基	男	书记	2013年1月至今
美术系党支部	刘玉龙	男	书记	2008年9月至2013年1月
视觉艺术系党总支	刘玉龙	男	书记	2013年1月至今
化自音体学党总支	张　萍	女	书记	2013年11月至2015年8月
音乐系直属党支部	李　城	男	书记	2015年11月至2016年6月
化学系直属党支部	盛恩宏	男	书记	2015年11月至2016年6月
学前教育系直属党支部	张更立	男	书记	2015年11月至2016年6月
音体学党总支	侯　超	男	书记	2016年6月至今

（表中内容由学院党政办、人事处提供）　　本书编写组 制

附录六：安徽师范大学皖江学院2005—2015年外籍教师聘任情况一览表

年份	姓名	性别	国籍	教学情况	备注
2005年	克里斯琴·尼贝尔（Christina Nipper）	女	美国	2005年，在皖江学院外语系英语专业任教，教授英语口语、会话、报刊阅读等课程，并组织开展“英语之角”活动	
2006年	克里斯琴·尼贝尔（Christina Nipper）	女	美国	2006年，在皖江学院外语系英语专业任教，教授英语口语、会话、报刊阅读等课程，并组织开展“英语之角”活动	
	黛安娜·莫勒（Dianne Moule）	女	澳大利亚	2006年，在皖江学院外语系英语专业任教，教授英语写作、会话等课程，并组织开展“英语之角”活动	
	詹姆斯·阿伦·德雷珀（James Allan Draper）	男	美国	2006年，在皖江学院外语系英语专业任教，教授英语写作、英美文学、会话等课程，并组织开展“英语之角”活动	
	玛丽·奥卡拉汉·玛格丽特（O'callaghan Margaret Mary）	女	美国	2006年，在皖江学院外语系英语专业任教，教授英语写作、会话等课程	
	琳娜·亚当斯（Leanna Adams）	女	美国	2006年，在皖江学院外语系英语专业任教，教授英语写作、新闻阅读等课程	
	帕维莉娜·维尼卡拉（Pavlina Vanicka）	女	捷克	2007年9月1日至2008年6月30日，在皖江学院外语系英语专业任教，教授英语泛读、交际口语等课程，并组织开展英美文学文化讲座	
2007年	克里斯琴·尼贝尔（Christina Nipper）	女	美国	2007年，在皖江学院外语系英语专业任教，教授英语口语、会话、报刊阅读等课程，并组织开展“英语之角”活动。连任5年	
	詹姆斯·阿伦·德雷珀（James Allan Draper）	男	美国	2007年，在皖江学院外语系英语专业任教，教授英语写作、英美文学、会话等课程，并组织开展“英语之角”活动	
	帕特丽夏·威墨（Patricia Wimmer）	女	美国	2007年，在皖江学院外语系英语专业任教，教授英语泛读、交际口语等课程，并组织开展英美文学文化讲座	
	尼尔·大卫（Neal David）	男	英国	2007年，在皖江学院外语系英语专业任教，教授英语口语、会话等课程，并组织开展“英语之角”活动	

续 表

年份	姓名	性别	国籍	教学情况	备注
	迪尔克·让那赫（Dirk Rannacher）	男	德国	2007年，在皖江学院外语系英语专业任教，教授英语口语	
	大木章	男	日本	2007年，在皖江学院外语系日语专业任教，教授日语写作及日语交际口语，并开展日本文学、日本文化讲座，与中国教师一起研讨日语教学法	
	吉满进	男	日本	2007年，在皖江学院外语系日语专业任教，教授日语写作，并组织开展“日语之角”活动	
	末广悠也	男	日本	2007年，在皖江学院外语系日语专业任教，教授日语口语、报刊阅读等课程，并组织开展“日语之角”活动	
2008年	克里斯琴·尼贝尔（Christina Nipper）	女	美国	2008年，在皖江学院外语系英语专业任教，教授英语口语、会话、报刊阅读等课程，并组织开展“英语之角”活动	
	詹姆斯·阿伦·德雷珀（James Allan Draper）	男	美国	2008年，在皖江学院外语系英语专业任教，教授英语写作、英美文学、会话等课程，并组织开展“英语之角”活动。连任4年	
	大桥由美子	女	日本	2008年，在皖江学院外语系日语专业任教，教授日语口语、会话课程，并组织开展“日语之角”活动。连任2年	
	大畑龙次	男	日本	由国家外国专家局中国国际人才交流中心推荐，2008年在皖江学院外语系日语专业任教，教授日语写作、会话等课程。连任2年	
2009年	克里斯琴·尼贝尔（Christina Nipper）	女	美国	2009年，在皖江学院外语系英语专业任教，教授英语口语、会话、报刊阅读等课程，并组织开展“英语之角”活动	
	詹姆斯·阿伦·德雷珀（James Allan Draper）	男	美国	2009年，在皖江学院外语系英语专业任教，教授英语、英美文学、会话等课程，并组织开展“英语之角”活动	
	迈克·丹尼尔·赫特（Micah Daniel Hitt）	男	美国	2009年，在皖江学院外语系英语专业任教，教授英语口语、会话等课程，并组织开展“英语之角”活动	

续 表

年份	姓名	性别	国籍	教学情况	备注
	大畑龙次	男	日本	由国家外国专家局中国国际人才交流中心推荐,2009年在皖江学院外语系日语专业任教,教授日语写作、会话等课程	
2010年	詹姆斯·阿伦·德雷珀(James Allan Draper)	男	美国	2010年,在皖江学院外语系英语专业任教,教授英语写作、英美文学、会话等课程,并组织开展“英语之角”活动	
	朱迪思·乔安娜·科克(Judith Johanna Kok)	女	荷兰	2010年,在皖江学院外语系英语专业任教,教授英语口语、会话,并组织开展“英语之角”活动	
	艾伦·吉姆斯·梅(Aaron James May)	男	美国	2010年,在皖江学院外语系英语专业任教,教授英语口语、会话 ,并组织开展“英语之角”活动	
	桝井久	男	日本	由国家外国专家局中国国际人才交流中心推荐,2010年在皖江学院外语系日语专业任教,教授日语写作、日语会话、日本文化等课程,并组织开展“日语之角”活动	
	伊琳娜·波良斯卡亚(Iryna Polyanska)	女	乌克兰	2010年,在皖江学院外语系俄语专业任教,教授俄语写作、会话等课程	
2011年	朱迪思·乔安娜·科克(Judith Johanna Kok)	女	荷兰	2011年,在皖江学院外语系英语专业任教,教授英语口语、会话,并组织开展“英语之角”活动	
	约翰·丹尼尔·赫斯特(John Daniel Hirst)	男	英国	2011年,在皖江学院外语系英语专业任教,教授英语口语、会话,并组织开展“英语之角”活动	
	艾伦·吉姆斯·梅(Aaron James May)	男	美国	2010年,在皖江学院外语系英语专业任教,教授英语口语、会话,并组织开展“英语之角”活动	
	伊琳娜·波良斯卡亚(Iryna Polyanska)	女	乌克兰	2011年,在皖江学院外语系俄语专业任教,教授俄语写作、会话等课程	
	塔密拉·扎哈尔千科(Tamila Zakharchenko)	女	乌克兰	2011年,在皖江学院外语系俄语专业任教,教授俄语写作、会话等课程,并组织开展俄语文化讲座	

续 表

年份	姓名	性别	国籍	教学情况	备注
	桝井久	男	日本	由国家外国专家局中国国际人才交流中心推荐，2011在皖江学院外语系日语专业任教，教授日语写作、日语会话、日本文化等课程，并组织开展“日语之角”活动	
2012年	约翰·丹尼尔·赫斯特（John Daniel Hirst）	男	英国	2012年，在皖江学院外语系英语专业任教，教授英语口语、会话等课程，组织开展“英语之角”活动	
	布伦达·詹姆斯·麦克加里（Brendan James McGauley）	男	美国	2012年，在皖江学院外语系英语专业任教，教授英语写作，并组织开展“英语之角”活动	
	桝井久	男	日本	由国家外国专家局中国国际人才交流中心推荐，2012年在皖江学院外语系日语专业任教，教授日语写作、日语会话、日本文化等课程，并组织开展“日语之角”活动	
	松永睦子	女	日本	2012年，在皖江学院外语系日语专业任教，教授日语写作课程	
	塔密拉·扎哈尔千科（Tamila Zakharchenko）	女	乌克兰	2012年，在皖江学院外语系俄语专业任教，教授俄语写作、会话等课程，并组织开展文化讲座	
2013年	约翰·丹尼尔·赫斯特（John Daniel Hirst）	男	英国	2013年，在皖江学院外语系英语专业任教，教授英语口语、会话等课程，并组织开展“英语之角”活动	
	珍斯特丽贝斯克·蕾娜塔·玛丽亚（Renata Maria Jastrebski）	女	澳大利亚	2013年，在皖江学院外语系英语专业任教，教授英语写作，开展文化讲座、雅思培训等，并组织开展“英语之角”活动	
	桝井久	男	日本	由国家外国专家局中国国际人才交流中心推荐，2013年在皖江学院外语系日语专业任教，教授日语写作、日语会话、日本文化等课程，并组织开展“日语之角”活动	
	永井宏昌	男	日本	由国家外国专家局中国国际人才交流中心推荐，2013年在皖江学院外语系日语专业任教，教授日语写作、会话等课程，并组织开展“日语之角”活动。连任3年	

续 表

年份	姓名	性别	国籍	教学情况	备注
	塔密拉·扎哈尔千科（Tamila Zakharchenko）	女	乌克兰	2013年，在皖江学院外语系俄语专业任教，教授俄语写作、会话等课程，并组织开展文化讲座	
2014年	约翰·丹尼尔·赫斯特（John Daniel Hirst）	男	英国	2014年，在皖江学院外语系英语专业任教，教授英语口语、会话等课程，并组织开展"英语之角"活动	
	珍斯特丽贝斯克·蕾娜塔·玛丽亚（Renata Maria Jastrebski）	女	澳大利亚	2014年，在皖江学院外语系英语专业任教，教授英语写作课程，开展文化讲座、雅思培训等，并组织开展"英语之角"活动	
	桝井久	男	日本	由国家外国专家局中国国际人才交流中心推荐，2014在皖江学院外语系日语专业任教，教授日语写作、日语会话、日本文化等课程，并组织开展"日语之角"活动	
	永井宏昌	男	日本	由国家外国专家局中国国际人才交流中心推荐，2014年在皖江学院外语系日语专业任教，教授日语写作、会话等课程，并组织开展"日语之角"活动。连任3年	
	塔密拉·扎哈尔千科（Tamila Zakharchenko）	女	乌克兰	2014年，在皖江学院外语系俄语专业任教，教授俄语写作、会话等课程，并开展文化讲座	
2015年	约翰·丹尼尔·赫斯特（John Daniel Hirst）	男	英国	2015年，在皖江学院外语系英语专业任教，教授英语口语、会话等课程，并组织开展"英语之角"活动	
	珍斯特丽贝斯克·蕾娜塔·玛丽亚（Renata Maria Jastrebski）	女	澳大利亚	2015年，在皖江学院外语系英语专业任教，教授英语写作，开展文化讲座、雅思培训等，并组织开展"英语之角"活动	
	永井宏昌	男	日本	由国家外国专家局中国国际人才交流中心推荐，2015年在皖江学院外语系日语专业任教，教授日语写作、会话等课程，并组织开展"日语之角"活动	
	塔密拉·扎哈尔千科（Tamila Zakharchenko）	女	乌克兰	2015年，在皖江学院外语系俄语专业任教，教授俄语写作、会话等课程，并组织开展文化讲座	

（表中内容由学院党政办提供）　　本书编写组 制

附录七：安徽师范大学皖江学院2006—2015年“皖江大讲坛”举办情况一览表

讲座时间	讲座名称	主讲人	主办单位	承办单位	备注
2006年3月10日	新闻策划	张锦俭	教务办公室	新闻系	
2006年3月22日	现代市场营销创新与发展	金开好	教务办公室	经济系	
2006年4月18日	诚信危机及其对策	沈正赋	教务办公室	新闻系	
2006年5月8日	澳大利亚教育	戴安娜	教务办公室	外语系	
2006年5月10日	日本文化	张杰贤	外语系	外语系	
2006年5月15日	与青年学生“谈情说爱”	赵　平	教务办公室	基础教学部	
2006年10月9日	经济学学习方法	孙　良	经济系	经济系	
2006年11月8日	逻辑修养与虚假新闻的识别	杨树森	教务办公室	新闻系	
2006年11月9日	毛泽东诗词与中国新体诗的发展方向	何火任	中文系	中文系	
2006年12月11日	人工智能	张持健	教务办公室	电子信息系	
2007年1月10日	我画水彩画	柳新生	美术系	美术系	
2007年5月22日	美国弗吉尼亚理工大学校园枪击案的思考	管必红	教务办公室	教务办公室	
2007年5月27日	电视纪录片的社会责任和历史使命	刘明银	新闻系	新闻系	
2007年6月18日	“中国风”数字艺术	陈劲松	美术系	美术系	
2007年7月2日	新媒体艺术与教育技术	孙树群	教育技术系	教育技术系	
2007年9月20日	展示活动在广告传播中的运用	张　磊	教务办公室	新闻系	
2007年9月26日	大学生活你规划好了吗?	刘晓宇	教务办公室	教育技术系	
2007年10月9日	把心儿打开,让阳光进来——大学新生人际问题与对策	赵　平	教务办公室	基础教学部	
2007年10月11日	“以生为本,五心服务”	张　敬	团学办公室	团学办公室	
2007年10月12日	数字交互艺术的浪潮——从迪士尼动画片《花木兰》的三分钟短片谈新媒体艺术的学习方法	孙　亮	教务办公室	美术系	
2007年10月16日	经济学的视野和方法	孙　良	教务办公室	经济系	
2007年10月29日	网络与网络安全	许　勇	教务办公室	电子信息系	
2007年11月7日	新世纪文学伦理维度阙失影响下的文学动向	杨四平	教务办公室	中文系	
2007年11月12日	Adobe数字艺术安徽行	谷　岳	教务办公室	美术系	
2007年11月20日	“教育技术学”的专业道路前瞻	张新明	教务办公室	教育技术系	
2007年11月20日	低年级学生有志考研应注意的问题及当前考研形势介绍	胡金戈	教务办公室	教务办公室	
2007年11月23日	红楼梦与大观园	俞晓红	教务办公室	中文系	

续　表

讲座时间	讲座名称	主讲人	主办单位	承办单位	备注
2007年11月25日	文字的魅力	詹绪左	中文系	中文系	
2007年12月16日	CG(computer Graphics——电脑图形图像)进行时	刘　涛	教务办公室	美术系	
2007年12月21日	考研辅导报告会	罗永龙	教务办公室	电子信息系	
2008年2月28日	俄罗斯全因素素描基础理论及美术学院素描赏析	于安东	教务办公室	美术系	
2008年3月21日	《三字经》与中国文化	陈文忠	教务办公室	中文系	
2008年3月21日	电视媒体的经营与策划	陈接锋	教务办公室	新闻系	
2008年4月16日	非数学专业大学数学教学调查与思考	茆　巍	教务办公室	经济管理系	
2008年4月18日	我的办刊之路	黄元访	教务办公室	新闻系	
2008年4月25日	兴趣,读书,就业	杨树森	教务办公室	中文系	
2008年5月21日	信息技术漫谈	王元航	教务办公室	电子信息系	
2008年5月30日	P2P技术及研究现状	冯年荣	教务办公室	电子信息系	
2008年6月3日	编者,作者,读者	刘小林	教务办公室	新闻系	
2008年6月3日	艺术发展与现代艺术	杜　仲	教务办公室	美术系	
2008年6月4日	The Application of English Translation	郑金泽	教务办公室	外语系	
2008年6月13日	考试漫谈	孙东旭	教务办公室	外语系	
2008年6月17日	考研漫谈	欧阳俊林	教务办公室	外语系	
2008年10月15日	我的未来不是梦——大学生人生规划	张建华	教务办公室	经济管理系	
2008年10月18日	嵌入式系统的发展与展望	周鸣铮	教务办公室	电子信息系	
2008年11月11日	毕业论文写作方法指导	梁　军	教务办公室	教育技术系	
2008年11月19日	实习就业形势报告会	戴　俊	教务办公室	团学办公室	
2008年11月20日	规划精彩人生,拓展就业空间,打造锦绣前程	张建华	教务办公室	经济管理系	
2008年11月26日	文化与人生	李　平	教务办公室	中文系	
2008年11月28日	互联网,你的梦想可以从这里起飞——网络新闻的务实与创新	叶永茂	教务办公室	新闻系	
2008年12月4日	素描的意义	杨天民	教务办公室	美术系	
2008年12月11日	社会信息化建设和当代大学生的发展	承孝敏	教务办公室	电子信息系	
2008年12月18日	文化的现实境域和社会责任	唐　跃	教务办公室	美术系	
2009年3月28日	经济管理类考研辅导	茆　巍	经济管理系	经济管理系	
2009年4月29日	漫谈古汉语学习方法	詹绪左	中文系	中文系	
2009年5月6日	无线传感网络技术	丁绪星	电子信息系	电子信息系	

续　表

讲座时间	讲座名称	主讲人	主办单位	承办单位	备注
2009年5月12日	ACAA中国数字艺术院校行	段　炼	教务处	美术系	
2009年5月15日	学习·学问·学术	陶富源	教务处	教务处	
2009年5月18日	立足皖江，放眼世界——世界著名经济学网站应用	周端明	教务处	经济管理系	
2009年5月20日	爱情！爱情！爱情！我晕	赵　平	基础教学部	基础教学部	
2009年5月20日	我们的理想是：世界的，大家的	高　巍	大学生创业实践中心	大学生创业实践中心	
2009年5月23日	金融危机条件下大学生如何走就业创业之路暨人才招聘会	高　伟	教务处	教育技术系	
2009年6月1日	职业规划	Lydia（莉迪亚）	外语系	外语系	
2009年6月3日	对等网技术与应用	方　群	教务处	电子信息系	
2009年5月25日	起点写着我的未来	赵　平	基础教学部	基础教学部	
2009年6月6日	户外媒体公司运营实践	张晓缨	教务处	新闻系	
2009年6月9日	民族音乐离我们有多远	施　咏	教务处	音乐系	
2009年9月6日	文学与女性	俞晓红	教务处	中文系	
2009年9月10日	全国大学生设计大师奖分析辅导报告会	史启新	教务处	美术系	
2009年9月15日	考研前后技巧与方法	王根宝	教育技术系	教育技术系	
2009年10月12日	新生如何适应大学生活	刘晓宇	教育技术系	教育技术系	
2009年10月21日	LED照明技术	朱向冰	电子信息系	电子信息系	
2009年11月7日	大学生人际适应的艺术	赵　平	教务处	基础教学部	
2009年11月18日	证券投资技巧	汪　洋	教务处	经济管理系	
2009年11月19日	中英经济发展比较	倪　蕾	教务处	经济管理系	
2009年12月1日	情爱人生导航	赵　平	教务处	基础教学部	
2009年12月2日	用眼观察，用心发现——兼谈经济记者素质培养	马顺生	教务处	新闻系	
2009年12月4日	影像——数字影视	许之民	教育技术系	教育技术系	
2009年12月8日	新疆恐怖主义与民族团结	赵　平	教务处	基础教学部	
2009年12月9日	走近你我——大学生人际交往技巧	夏　玲	教务处	基础教学部	
2009年12月9日	基于网络的计算技术——云计算	章昭辉	电子信息系	电子信息系	
2009年12月9日	那爱情错得很透——爱情审美品位	赵　平	教务处	基础教学部	
2009年12月10日	徽商·徽商精神·徽州文化	王世华	教务处	教务处	
2009年12月16日	广告学专业的实习与就业	王利军	教务处	新闻系	
2010年2月24日	商业设计新思维	赵宏韬	教务处	美术系	

续　表

讲座时间	讲座名称	主讲人	主办单位	承办单位	备注
2010年3月12日	高校教师怎样做科研	王世华	教务处	教务处	
2010年3月19日	浅说新闻调查的方法与社会作用	程启贵	教务处	新闻系	
2010年3月24日	经济全球化背景下的营销创新	朱立冬	教务处	经济管理系	
2010年3月26日	把握语文学科特点,提高说课实际效果	张祥云	教务处	中文系	
2010年4月14日	日语学习方法漫谈——能力考试新题型应对策略	赵月娥	教务处	外语系	
2010年4月16日	专业·学业·就业	杨树森	中文系	中文系	
2010年4月21日	物联网技术和应用	许　勇	电子信息系	电子信息系	
2010年4月23日	文化素质与外语学习——外语学习方法新探	朱少华	教务处	外语系	
2010年4月27日	女人的“一生”与“一身”——“关注女性身体健康”公益讲座	张克霞	团委	团委	
2010年5月4日	凯恩斯主义·当前消费需求不足的原因·人民币升值问题	孙利平	教务处	教务处	
2010年5月5日	大学媒介素养教育的价值与实践	张舒予	教务处	教育技术系	
2010年5月7日	徽商·徽商精神·徽州文化	王世华	教务处	教务处	
2010年5月10日	轻松扮靓你自己——职场女性化妆技巧	陈　琴	教务处	外语系	
2010年5月21日	电子技术的应用与发展	张持键	教务处	教育技术系	
2010年5月24日	我是谁？我从哪里来？我想去何处？	李　萍	教务处	基础教学部	
2010年5月25日	选择快乐成功,创造不抱怨的世界	何元庆	教务处	基础教学部	
2010年5月26日	忧伤着你的忧伤——健康心理的呵护艺术	赵　平	教务处	基础教学部	
2010年6月8日	台湾印象与台湾未来	孙利平	教务处	旅游管理系	
2010年6月9日	强学业,创事业,争当时代先锋——广告传媒创业漫谈	周龙华	教务处	新闻系	
2010年9月10日	美元故事:一个主权国货币的全球攻略	解光云	教务处	教务处	
2010年6月19日	旅游管理专业人才培养模式的思考	陆　林	教务处	旅游管理系	
2010年9月29日	掌握信息技术,开启经济信息管理之门	秦忠基	经济管理系	经济管理系	
2010年10月8日	满怀信心,向成功出发	欧阳俊林	外语系	外语系	
2010年10月25日	大一新生如何开启大学之门	胡传志	教务处	中文系	
2010年10月22日	适应新角色,学好新专业,创造新业绩——零起点外语学习策略漫谈	朱少华	外语系	外语系	

续 表

讲座时间	讲座名称	主讲人	主办单位	承办单位	备注
2010年11月1日	自古英雄出少年——与大一新生谈大学生涯规划	闫蒙钢	教务处	教务处	
2010年11月3日	高尚是高尚者的墓志铭——软实力话语中诚信的价值分析	赵　平	教务处	基础教学部	
2010年11月12日	无法忘却的鲁迅	柯平凭	教务处	中文系	
2010年11月15日	美丽心情——大学生情绪管理艺术	夏　玲	基础教学部	基础教学部	
2010年11月17日	假若上帝开错了一扇窗——诠释心理与健康	王海侠	基础教学部	基础教学部	
2010年11月30日	感知皖江，关注鸠江	段玉嘉	教务处	教务处	
2010年12月3日	低碳旅游——一种新的旅游发展方式	卢　松	教务处	旅游管理系	
2010年12月3日	读书的境界	刘运好	教务处	中文系	
2010年12月4日	俏秋菊PK智商鞅——大学生法律素质的价值与培养	赵　平	团委	团委	
2011年1月12日	当代艺术与学院教育	易　英	美术系	美术系	
2011年3月10日	唐代诗歌与社会	丁　放	教务处	中文系	
2011年3月18日	20世纪下半叶的传统绘画	杨惠东	美术系	美术系	
2011年3月30日	浅谈译者与读者	陈　琳	外语系	外语系	
2011年4月14日	关注国际时事，聚焦社会热点——当前国际形势	孙利平	教务处	新闻系	
2011年4月25日	中学语文教师角色认定	孔立新	中文系	中文系	
2011年4月26日	解读“十二五”规划：由强国向富民	王世华	教务处	学院党校	
2011年5月5日	高等教育改革发展与大学生的使命	闫蒙钢	教务处	中文系 媒体技术系	
2011年5月11日	企业改制上市相关问题	汪　宇	经济管理系	经济管理系	
2011年5月19日	学与教——走进中学美术课堂	陈　军	美术系	美术系	
2011年5月19日	徽州文化与旅游	卢　松	旅游管理系	旅游管理系	
2011年10月22日	中国动漫产业的未来	孙立军	美术系	美术系	
2011年9月28日	税制改革与税收改革	刘　冰	教务处	经济管理系	
2011年10月25日	人生逻辑与逻辑人生	王习胜	教务处	基础教学部	
2011年10月29日	从绘画基础到艺术创作	胡是平	美术系	美术系	
2011年11月1日	音乐评论的写作及其他	于庆新	教务处	音乐系	
2011年11月2日	水彩画写生与创作	冯信群	教务处	美术系	
2011年11月9日	中国为什么要买美国国债	孙利平	教务处	经济管理系	

续　表

讲座时间	讲座名称	主讲人	主办单位	承办单位	备注
2011年11月16日	大型主题公园的发展与影响研究——兼论芜湖市的方特效应	卢　松	教务处	旅游管理系	
2011年11月26日	文化与人生	李　平	教务处	中文系	
2012年3月30日	现状与困境——关于中国当代艺术的考察报告	陈　明	教务处	美术系	
2012年5月11日	读图时代的文学精神传承	杨柏龄	教务处	中文系	
2012年5月18日	世界500强企业需要什么样的大学生	邓红坚	教务处	经济管理系	
2012年6月1日	直挂云帆——让物流实现你的人生远航	吴安新	教务处	经济管理系	
2012年6月5日	高考前夕话高考——高考我们携手走过	闫蒙钢	教务处	教务处	
2012年9月28日	“悄悄走在你身后”——大学生法律素养的价值与培养路径	彭凤莲	教务处	基础教学部	
2012年10月10日	“我一直在你身边从未走远”——大学生礼之素养的价值与培养艺术	戴兆国	教务处	思想政治理论课教研部	
2012年10月10日	产业成长性与旅游职业发展	王朝辉	教务处	旅游管理系	
2012年11月6日	大学生活适应与规划	王道阳	教务处	学前教育系	
2012年11月7日	网络媒体信息采制方法与技巧	沈正赋	教务处	媒体技术系	
2012年11月9日	高校青年教师如何开展科研工作	束立生	教务处	教务处	
2012年11月14日	国乐大家高校行，谁家玉笛醉学人	罗守诚	宣传部	学生处	
2012年11月18日	逆境成才	王大明	教务处	教务处	
2012年11月19日	撑起民族脊梁，重塑文化自信	潘金华	学生处	心理健康中心	
2012年11月20日	汉字与中国文化	詹绪左	教务处	中文系	
2012年12月1日	凛然于心，向上——我的这几年攀登生活	陈均均	教务处	教务处	
2012年12月2日	论文学作品的多义性	潘啸龙	教务处	中文系	
2012年12月5日	健康生活方式的培养——合理营养与科学健身	柏友萍	教务处	体育系	
2012年12月25日	台湾印象——旅游观光业	闫蒙钢	旅游管理系	旅游管理系	
2013年4月16日	海外华人的中国梦	管必红	教务处	教务处	
2013年4月17日	舞台声乐艺术	王　琳	教务处	音乐系	
2013年4月25日	迎接社会挑战	刘国亮	教务处	外语系	
2013年4月26日	工科专业特点及就业前景	丁绪星	教务处	电子工程系	
2014年5月15日	用怎样的呼吸来支持我们的歌唱	朱小芸	教务处	音乐系	

续 表

讲座时间	讲座名称	主讲人	主办单位	承办单位	备注
2014年6月6日	漫谈狭义修辞学与广义修辞学	谭学纯	教务处	外语系	
2014年6月6日	皖江走出的博士：谈不确定的时代如何拼自己	曹贤忠	教务处	经济系	
2014年9月11号	《红楼梦》中的管理之道	俞晓红	教务处	教务处	
2014年9月17号	让青春不再纠结——思想咨商的示例与方法	王习胜	教务处	思想政治理论课教研部	
2014年9月18号	仁者无敌——孟子思想的人生拷问	戴兆国	教务处	思想政治理论课教研部	
2014年9月26号	大学生学业与创业规划	余伯成	教务处	人文与传播系	
2014年10月16日	大学新生生活适应与规划	王道阳	教务处	学前教育系	
2014年10月17日	谈影视蒙太奇艺术的象征和隐喻	周建国	教务处	电子工程系	
2014年10月17日	新常态和新机遇下的影视艺术创作及教育发展前沿	姚国强	教务处	视觉艺术系	
2014年10月28日	中国的大转型：双向运动和二元体系	周端明	教务处	经济系	
2014年10月29日	爱情开花	全莉娟	教务处	学前教育系	
2014年10月29日	爸爸去哪儿——社会主义核心价值观的价值拷问	赵　平	教务处	思想政治理论课教研部	
2014年11月7日	银行行长的职场感悟	杭青山	教务处	经济系	
2014年11月7日	我的求学之路	张庭廷	教务处	外语系	
2014年11月11日	优美的汉语	崔达送	教务处	人文与传播系	
2014年11月12日	大学生人际交往	杜松涛	教务处	学前教育系	
2014年11月19日	钢琴能量演奏法	张旭良	教务处	音乐系	
2014年12月4日	依法治国的路线图探索——十八届四中全会精神分析	姚宏志	教务处	思想政治理论课教研部	
2014年12月23日	中国经济的历史惯性	马陵合	教务处	管理系	
2015年3月11日	中国现在的历史方位与努力方向	陶富源	教务处	思想政治理论课教研部	
2015年3月25日	中国经济发展现阶段对金融类人才素质的企盼	曹胜利	教务处	经济系	
2015年4月8日	自由不是你想象……	王　军	教务处	思想政治理论课教研部	
2015年4月22日	可视性动画技巧	张东烈	教务处	视觉艺术系	
2015年4月22日	儒家人生哲学的启示	武道房	教务处	人文与传播系	
2015年5月5日	拓展培训行业发展前景及培训师的职业规划	林　伟	教务处	体育系	

续 表

讲座时间	讲座名称	主讲人	主办单位	承办单位	备注
2015年5月6日	你每一个微笑都让我沉醉——完美人格的价值与修养艺术	胡梅叶	教务处	思想政治理论课教研部	
2015年5月7日	校园急救护理技能	刘耀辉	教务处	学前教育系	
2015年5月11日	沟通与职业发展	张廷龙	教务处	管理系	
2015年5月13日	掀起你的盖头来——中国、苏联和朝鲜战争解密	刘德军	教务处	思想政治理论课教研部	
2015年5月14日	心理健康的基石:自我价值	丁园园	教务处	学前教育系	
2015年5月27日	由里到外读女人——女儿当自强	赵　平	教务处	学前教育系	
2015年5月29日	办报、读书与写作	赵　焰	教务处	人文与传播系	
2015年6月12日	礼仪·细节·形象	王茂跃	教务处	人文与传播系	
2015年6月18日	这样的大学学习生活很精彩	陆正林	教务处	管理系	
2015年9月15日	经济管理类学生素能提升及就业拓展	何朝林	教务处	管理系	
2015年10月13日	你不在我不在谁还会在——习近平依法治国思想诠释	吕　明	教务处	思想政治理论课教研部	
2015年11月10日	“桐城谬种”与新文化运动	潘务正	教务处	人文与传播系	
2015年11月12日	人际沟通的艺术	黄　妍	教务处	学前教育系	
2015年11月13日	对互联网+的几点认识与思考	周鸣争	教务处	电子工程系	
2015年11月18日	滚蛋吧,肿瘤君——心理健康的呵护艺术	赵　平	教务处	思想政治理论课教研部	
2015年11月19日	我国工业机器人发展的现状及趋势	许礼进	教务处	经济系	
2015年11月20日	美国大学的“教与学”及其对我们的启示	谢劲秋	教务处	外语系	
2015年11月30日	桐城文章与作文训练	吴　微	教务处	人文与传播系	
2015年12月1日	自我认识与沟通技巧	秦宗槐	教务处	管理系	
2015年12月2日	中国国防安全与新军事变迁	陶富源	教务处	思想政治理论课教研部	

（表中内容由学院教务处、科研处提供）　　本书编写组 制

附录八：安徽师范大学皖江学院2007—2015年“皖江学子大讲堂”举办情况一览表

讲座名称	主讲人	讲座时间	主办单位	承办单位	备注
重返楚都	唐　曼	2007年6月5日	共青团安徽师范大学皖江学院委员会	安徽师范大学皖江学院社团联合会	
摄影构图艺术	钟雨婷	2007年6月7日	共青团安徽师范大学皖江学院委员会	安徽师范大学皖江学院社团联合会	
金庸武侠小说的魅力所在	张小飞	2007年6月22日	共青团安徽师范大学皖江学院委员会	安徽师范大学皖江学院社团联合会	
闲谈计算机	时春明	2007年6月27日	共青团安徽师范大学皖江学院委员会	安徽师范大学皖江学院社团联合会	
摇滚之路	张　超	2007年6月29日	共青团安徽师范大学皖江学院委员会	安徽师范大学皖江学院社团联合会	
书法章法	葛　磊	2007年12月9日	共青团安徽师范大学皖江学院委员会	安徽师范大学皖江学院社团联合会	
我是明星	杭光金	2008年4月20日	共青团安徽师范大学皖江学院委员会	安徽师范大学皖江学院社团联合会	
树立国际视野，突破英语口语	李维茂	2008年5月11日	共青团安徽师范大学皖江学院委员会	安徽师范大学皖江学院社团联合会	
大学生心理健康	陈　蓉	2008年5月25日	共青团安徽师范大学皖江学院委员会	安徽师范大学皖江学院社团联合会	
听听我们的心声	王　琳	2008年5月25日	共青团安徽师范大学皖江学院委员会	安徽师范大学皖江学院社团联合会	
九华山的神韵	王　建	2009年3月8日	共青团安徽师范大学皖江学院委员会	安徽师范大学皖江学院社团联合会	
敢想敢做，不甘平庸	汤　成	2009年3月15日	共青团安徽师范大学皖江学院委员会	安徽师范大学皖江学院社团联合会	
中国内地流行歌曲发展轨迹管窥	冯　昭	2009年3月22日	共青团安徽师范大学皖江学院委员会	安徽师范大学皖江学院社团联合会	
我的大学展望	陈雪平	2009年4月12日	共青团安徽师范大学皖江学院委员会	安徽师范大学皖江学院社团联合会	
日本文化	方力智	2009年4月19日	共青团安徽师范大学皖江学院委员会	安徽师范大学皖江学院社团联合会	
趁“危”夺“机”	孙　颖	2009年4月26日	共青团安徽师范大学皖江学院委员会	安徽师范大学皖江学院社团联合会	
芜湖的“莱茵河”畔	孔　静	2009年5月10日	共青团安徽师范大学皖江学院委员会	安徽师范大学皖江学院社团联合会	
梦想照进现实	李　尹	2009年5月17日	共青团安徽师范大学皖江学院委员会	安徽师范大学皖江学院社团联合会	

续　表

讲座名称	主讲人	讲座时间	主办单位	承办单位	备注
大学生求职十大有用证书	黄　玫	2009年5月31日	共青团安徽师范大学皖江学院委员会	安徽师范大学皖江学院社团联合会	
浅谈中国书法	万炳胜	2010年3月16日	共青团安徽师范大学皖江学院委员会	安徽师范大学皖江学院社团联合会	
新民乐的发展历程	吴双月	2010年3月25日	共青团安徽师范大学皖江学院委员会	安徽师范大学皖江学院社团联合会	
小谈魔术	刘新春	2010年4月6日	共青团安徽师范大学皖江学院委员会	安徽师范大学皖江学院社团联合会	
寻梦背后的故事	马乐陵	2010年4月14日	共青团安徽师范大学皖江学院委员会	安徽师范大学皖江学院社团联合会	
我的大学，我做主	闻　帆	2010年10月13日	共青团安徽师范大学皖江学院委员会	安徽师范大学皖江学院社团联合会	
做最好的自己——实现大学华丽转身	江梦恺	2010年11月4日	共青团安徽师范大学皖江学院委员会	安徽师范大学皖江学院社团联合会	
品鉴中国海空力量，增强大学生国防意识	范成龙 吴　斌 伍　霄	2010年11月10日	共青团安徽师范大学皖江学院委员会	安徽师范大学皖江学院社团联合会	
圣洁之光——主议西方绘画	程苏红	2010年11月18日	共青团安徽师范大学皖江学院委员会	安徽师范大学皖江学院社团联合会	
把生命装满爱与感恩	聂多伟	2010年11月25日	共青团安徽师范大学皖江学院委员会	安徽师范大学皖江学院社团联合会	
浅谈体育旅游与体育礼仪	梅韩梅	2010年12月1日	共青团安徽师范大学皖江学院委员会	安徽师范大学皖江学院社团联合会	
发现你自己的美——自信面对人生	朱　磊	2010年12月8日	共青团安徽师范大学皖江学院委员会	安徽师范大学皖江学院社团联合会	
生命在于运动，运动在于健美	宋婉莉	2010年12月9日	共青团安徽师范大学皖江学院委员会	安徽师范大学皖江学院社团联合会	
爱心是世界上最强大的动脉	韩梦洁 张新宇 穆世欢	2011年3月16日	共青团安徽师范大学皖江学院委员会	安徽师范大学皖江学院社团联合会	
影响力	张旭东	2011年3月23日	共青团安徽师范大学皖江学院委员会	安徽师范大学皖江学院社团联合会	
创出“有意思”	郑晓娟	2011年3月29日	共青团安徽师范大学皖江学院委员会	安徽师范大学皖江学院社团联合会	
话说今日人才	黄　璜	2011年4月7日	共青团安徽师范大学皖江学院委员会	安徽师范大学皖江学院社团联合会	

续 表

讲座名称	主讲人	讲座时间	主办单位	承办单位	备注
《人性的弱点》之浅谈人际关系	胡新强	2011年4月14日	共青团安徽师范大学皖江学院委员会	安徽师范大学皖江学院社团联合会	
怎样应战普通话考试	彭国强	2011年4月21日	共青团安徽师范大学皖江学院委员会	安徽师范大学皖江学院社团联合会	
您的幸福我在乎	杨善流	2011年4月27日	共青团安徽师范大学皖江学院委员会	安徽师范大学皖江学院社团联合会	
“骗人”的表演艺术	胡海玉	2011年5月5日	共青团安徽师范大学皖江学院委员会	安徽师范大学皖江学院社团联合会	
通俗唱法的一些简单技巧	李晓波	2011年5月10日	共青团安徽师范大学皖江学院委员会	安徽师范大学皖江学院社团联合会	
大学新的起点	高　原	2011年9月28日	共青团安徽师范大学皖江学院委员会	安徽师范大学皖江学院社团联合会	
好莱坞十大优秀导演	陈克贺	2011年10月20日	共青团安徽师范大学皖江学院委员会	安徽师范大学皖江学院社团联合会	
初恋那件小事	阮江曼	2011年11月3日	共青团安徽师范大学皖江学院委员会	安徽师范大学皖江学院社团联合会	
大学是理想的征途还是爱情的天堂	聂多伟	2011年11月10日	共青团安徽师范大学皖江学院委员会	安徽师范大学皖江学院社团联合会	
中国军队的现代化发展	范成龙	2011年11月24日	共青团安徽师范大学皖江学院委员会	安徽师范大学皖江学院社团联合会	
突然好想去旅行	王　桂	2011年11月30日	共青团安徽师范大学皖江学院委员会	安徽师范大学皖江学院社团联合会	
做一只快乐的小奶牛	梁　爽	2011年12月8日	共青团安徽师范大学皖江学院委员会	安徽师范大学皖江学院社团联合会	
爱传万家，我们的故事在继续	申钰莹 张　磊 窦　莉	2012年3月2日	共青团安徽师范大学皖江学院委员会	安徽师范大学皖江学院社团联合会	
如何度过大学生活	张志良	2012年3月8日	共青团安徽师范大学皖江学院委员会	安徽师范大学皖江学院社团联合会	
用发展的眼光看世界	王自炜 张　俊	2012年3月15日	共青团安徽师范大学皖江学院委员会	安徽师范大学皖江学院社团联合会	
荣耀背后刻着的一道孤独	焦　勇	2012年11月15日	共青团安徽师范大学皖江学院委员会	安徽师范大学皖江学院社团联合会	
身体和心灵总有一个在旅行	张成雷 孙　锋	2012年11月22日	共青团安徽师范大学皖江学院委员会	安徽师范大学皖江学院社团联合会	
放假了，我们在哪里？	万　帅 何　昱	2012年12月13日	共青团安徽师范大学皖江学院委员会	安徽师范大学皖江学院社团联合会	

续　表

讲座名称	主讲人	讲座时间	主办单位	承办单位	备注
把心放下，随心而安	周永康 李　堃	2012年12月21日	共青团安徽师范大学皖江学院委员会	安徽师范大学皖江学院社团联合会	
三十七度的温暖	何　山 涂小方 余　军	2012年12月27日	共青团安徽师范大学皖江学院委员会	安徽师范大学皖江学院社团联合会	
我们是90后，我们为自己代言	李凤毅 毛德宇 胡媛媛	2013年3月21日	共青团安徽师范大学皖江学院委员会	安徽师范大学皖江学院社团联合会	
油菜花开	唐娇娇	2013年3月28日	共青团安徽师范大学皖江学院委员会	安徽师范大学皖江学院社团联合会	
爱广告无所谓	王　震	2013年4月3日	共青团安徽师范大学皖江学院委员会	安徽师范大学皖江学院社团联合会	
当我们谈论未来时	万冰青	2013年5月2日	共青团安徽师范大学皖江学院委员会	安徽师范大学皖江学院社团联合会	
感恩心·中国梦·电影寻	方　红 吴景涛	2013年5月16日	共青团安徽师范大学皖江学院委员会	安徽师范大学皖江学院社团联合会	
中国梦·中华情	孙　泽 刘　婷	2013年5月23日	共青团安徽师范大学皖江学院委员会	安徽师范大学皖江学院社团联合会	
爱之花开的地方	李凤毅 夏　丽 江宗海	2013年11月7日	共青团安徽师范大学皖江学院委员会	安徽师范大学皖江学院社团联合会	
从诗歌谈人生	邢安超 何升平 邓亚颂	2013年11月12日	共青团安徽师范大学皖江学院委员会	安徽师范大学皖江学院社团联合会	
关于体育的眼前背后	关晓姝 孟小轲	2013年11月26日	共青团安徽师范大学皖江学院委员会	安徽师范大学皖江学院社团联合会	
青春·拼搏·奋斗	苏飞虹 李文丽 盛　洁	2013年12月3日	共青团安徽师范大学皖江学院委员会	安徽师范大学皖江学院社团联合会	
回首向来，静守未来	张业华 金美岭 韩亚伟	2013年12月10日	共青团安徽师范大学皖江学院委员会	安徽师范大学皖江学院社团联合会	
爱情VS友情，理想VS现实	何　倩 杨雅涵 张辰溪	2013年12月17日	共青团安徽师范大学皖江学院委员会	安徽师范大学皖江学院社团联合会	
从诗人谈感情，一个多情的诗人——徐志摩	刑安超 高俊玲 何升平	2014年3月11日	共青团安徽师范大学皖江学院委员会	安徽师范大学皖江学院社团联合会	

续 表

讲座名称	主讲人	讲座时间	主办单位	承办单位	备注
50年留声——第五十六届格莱美颁奖典礼	何 昱 严一鸣 舒 媛 陈 媛	2014年3月27日	共青团安徽师范大学皖江学院委员会	安徽师范大学皖江学院社团联合会	
大学生课余生活——飞翔吧，少年	贺 珍 邢 也 谷 宇 吴吟子弦	2014年4月3日	共青团安徽师范大学皖江学院委员会	安徽师范大学皖江学院社团联合会	
在理想与现实间摇摆的青春，怎样才会迸发光芒——我的青春谁做主	胡娜丽 干立倩	2014年4月17日	共青团安徽师范大学皖江学院委员会	安徽师范大学皖江学院社团联合会	
就业准备，走出国门——雅思、新托福的开始技巧，热门国家的留学申请和海外留学经验分享	郑文奇 Caccie and Edward	2014年4月28日	共青团安徽师范大学皖江学院委员会	安徽师范大学皖江学院社团联合会	
篮球，它让麦迪在广告里说篮球是五个人的——无兄弟，不篮球	方 颖	2014年5月15日	共青团安徽师范大学皖江学院委员会	安徽师范大学皖江学院社团联合会	
现阶段大学生生活的缩影——一座城，一个人，一本书	陈丽丽 张丽婷 阮鸿雁	2014年5月22日	共青团安徽师范大学皖江学院委员会	安徽师范大学皖江学院社团联合会	
做最好的自己	陈丽丽 张丽婷 阮鸿雁	2014年10月30日	共青团安徽师范大学皖江学院委员会	安徽师范大学皖江学院社团联合会	
亲爱的你，别离开"我"——谈当下书法	黄俊磊	2014年11月13日	共青团安徽师范大学皖江学院委员会	安徽师范大学皖江学院社团联合会	
我与话剧	姚 聪 孙雪纯 张期梦 王 晨	2014年11月26日	共青团安徽师范大学皖江学院委员会	安徽师范大学皖江学院社团联合会	
不忘初心，方得始终	刘 杰 李玉龙	2014年12月3日	共青团安徽师范大学皖江学院委员会	安徽师范大学皖江学院社团联合会	

续　表

讲座名称	主讲人	讲座时间	主办单位	承办单位	备注
女孩，你敢走夜路吗？	严一鸣 李　梅 杨际诚 王诗竹	2014年12月10日	共青团安徽师范大学皖江学院委员会	安徽师范大学皖江学院社团联合会	
学渣VS学霸——论专业知识的重要性	刘　洪 李秀珍	2014年12月17日	共青团安徽师范大学皖江学院委员会	安徽师范大学皖江学院社团联合会	
生活中的创意	徐海彬 刘亚利 汪　敏	2014年12月24日	共青团安徽师范大学皖江学院委员会	安徽师范大学皖江学院社团联合会	
学生组织之学生会	学生会	2015年3月26日	共青团安徽师范大学皖江学院委员会	安徽师范大学皖江学院社团联合会	
学生组织介绍之社团联合会	社团联合会	2015年4月2日	共青团安徽师范大学皖江学院委员会	安徽师范大学皖江学院社团联合会	
学生组织介绍之团学通讯	团学通讯	2015年4月16日	共青团安徽师范大学皖江学院委员会	安徽师范大学皖江学院社团联合会	
学生组织介绍之大学生艺术团	大学生艺术团	2015年5月6日	共青团安徽师范大学皖江学院委员会	安徽师范大学皖江学院社团联合会	
急救措施，你会应用吗？	吕志鹏	2015年11月18日	共青团安徽师范大学皖江学院委员会	安徽师范大学皖江学院社团联合会	
心怀远方，决不后退	张孔燕	2015年12月2日	共青团安徽师范大学皖江学院委员会	安徽师范大学皖江学院社团联合会	
如何度过我们的大学？	贺　珍 王　娜	2015年12月9日	共青团安徽师范大学皖江学院委员会	安徽师范大学皖江学院社团联合会	

（表中内容由学院团委提供）　　本书编写组 制

附录九：安徽师范大学皖江学院2008—2015年教师主要科研（教研）项目一览表

项目名称	项目负责人	立项时间	项目周期	项目编号	项目级别/类别	项目来源
艺术设计专业应用型人才教学培养模式	巫　俊 刘玉龙	2008年6月	2年	FIB070335-B14-03	重点课题	独立学院“十一五”国家课题
《计算机网络及应用》课程建设研究	许　勇	2008年6月	2年	FIB070335-B8-07	一般课题	独立学院“十一五”国家课题
独立学院应用型人才培养模式探索与实践	闫蒙钢	2008年12月	2年	2008jyxm162	重点项目	省级质量工程项目
独立学院动画专业人才培养模式研究	刘玉龙	2008年12月	2年	2008jyxm549	一般项目	省级质量工程项目
独立学院学生思想道德现状与德育审美化研究	赵　平	2008年12月	2年	2008jyxm550	一般项目	省级质量工程项目
独立学院应用型人才培养模式探索与实践	闫蒙钢	2008年12月	2年	2008wjjyxm01	教学研究重点项目	院级质量工程项目
独立学院就业指导对策研究	孙利平	2008年12月	2年	2008wjjyxm02	教学研究重点项目	院级质量工程项目
独立学院创业教育的研究与实践	张　萍	2008年12月	2年	2008wjjyxm03	教学研究重点项目	院级质量工程项目
独立学院学生思想道德现状与德育审美化研究	赵　平	2008年12月	2年	2008wjjyxm04	教学研究重点项目	院级质量工程项目
独立学院动画专业人才培养模式研究	刘玉龙	2008年12月	2年	2008wjjyxm05	教学研究重点项目	院级质量工程项目
网站式教学质量监控系统的研究与实现	秦忠基	2008年12月	2年	2008wjjyxm06	教学研究重点项目	院级质量工程项目
独立学院大学语文教学研究	芮道荣	2008年12月	2年	2008wjjyxm07	教学研究一般项目	院级质量工程项目
独立学院汉语言文学专业“复合型”人才培养研究	芮道荣	2008年12月	2年	2008wjjyxm08	教学研究一般项目	院级质量工程项目
电子和计算机专业“2+2”教学模式的研究	许长安	2008年12月	2年	2008wjjyxm09	教学研究一般项目	院级质量工程项目
独立学院教务管理工作的探索与实践	严　谨	2008年12月	2年	2008wjjyxm10	教学研究一般项目	院级质量工程项目
独立学院新生适应性教学研究——大一思想政治理论课课堂教学实践与改革	李斐斐	2008年12月	2年	2008wjjyxm11	教学研究一般项目	院级质量工程项目
独立学院公共体育开始的延续性研究	郁　海	2008年12月	2年	2008wjjyxm12	教学研究一般项目	院级质量工程项目

续　表

项目名称	项目负责人	立项时间	项目周期	项目编号	项目级别/类别	项目来源
新媒体艺术方向教学研究	孙　亮	2008年12月	2年	2008wjjyxm13	教学研究一般项目	院级质量工程项目
风景写生	刘玉龙	2009年10月	5年	2009年第109号	精品课程	省级质量工程项目
创业教育的实践平台——大学生创业实践中心	张先云	2009年10月	5年	2009年第36号	创新实验区	省级质量工程项目
动画	刘玉龙	2010年11月	5年	20101882	特色专业	省级质量工程项目
广告学	黎泽潮	2010年11月	5年	20101883	特色专业	省级质量工程项目
应用化学教学团队	朱昌青	2010年11月	5年	20101885	教学团队	省级质量工程项目
安徽师范大学皖江学院实验中心	许长安	2010年11月	5年	20101884	示范实验实训中心	省级质量工程项目
独立学院《大学语文》课程建设研究	钱奇佳	2010年11月	2年	20101917	一般项目	省级质量工程项目
独立学院旅游管理专业发展特征与运行机制研究	卢　松	2010年11月	2年	20101918	一般项目	省级质量工程项目
独立学院电子信息工程专业课程设计的系统化研究	许长安	2010年11月	2年	20101919	一般项目	省级质量工程项目
独立学院基于地方传统文化教育的人文素质培养探索与实践	王艳红	2010年11月	2年	20101920	一般项目	省级质量工程项目
动画	刘玉龙	2010年2月	3年	2010wjtszy01	特色专业	院级质量工程项目
思想道德修养与法律基础	赵　平	2010年2月	3年	2010wjjpkc01	精品课程	院级质量工程项目
市场营销学	朱立冬	2010年2月	3年	2010wjjpkc02	精品课程	院级质量工程项目
大学英语	张　萍	2010年2月	3年	2010wjjpkc03	精品课程	院级质量工程项目
视听语言	孙　亮	2010年2月	3年	2010wjjpkc04	精品课程	院级质量工程项目
网页设计与制作	荣姗姗	2010年2月	3年	2010wjjpkc05	精品课程	院级质量工程项目
计算机应用基础	唐叶剑	2010年2月	3年	2010wjjpkc06	精品课程	院级质量工程项目

续　表

项目名称	项目负责人	立项时间	项目周期	项目编号	项目级别/类别	项目来源
思想道德修养与法律基础教学团队	赵　平	2010年2月	3年	JW-201001	教学团队	院级质量工程项目
独立学院旅游管理专业《旅游经济学》教学中研究性学习的应用研究	卢　松	2010年2月	2年	2010wjjyxm01	教学研究重点项目	院级质量工程项目
独立学院教学改革与学生实践能力培养的探索	孙利平	2010年2月	2年	2010wjjyxm10	教学研究重点项目	院级质量工程项目
一校多区实验室的建设管理模式的探索	秦忠基	2010年2月	2年	2010wjjyxm02	教学研究重点项目	院级质量工程项目
独立学院课堂教学评价体系的构建研究	周淑芳	2010年2月	2年	2010wjjyxm09	教学研究重点项目	院级质量工程项目
科学发展观视野下的独立学院德育研究	许　宁	2010年2月	2年	2010wjjyxm03	教学研究重点项目	院级质量工程项目
独立学院思想政治理论课教学理念与模式创新研究	何光辉	2010年2月	2年	2010wjjyxm04	教学研究重点项目	院级质量工程项目
嵌入式系统课程中的实践教学研究	张　辉	2010年2月	2年	2010wjjyxm05	教学研究一般项目	院级质量工程项目
任务教学法在教育技术系专业课程教学中的应用	周　琢	2010年2月	2年	2010wjjyxm06	教学研究一般项目	院级质量工程项目
安徽省独立学院体育课程设置的现状调查与研究	李　莉	2010年2月	2年	2010wjjyxm07	教学研究一般项目	院级质量工程项目
文化遗产与独立学院人文素质教育研究	王艳红	2010年2月	2年	2010wjjyxm08	教学研究一般项目	院级质量工程项目
大自然文学的动画改编研究	张先云	2010年11月	3年	10YJA760076	一般项目	教育部人文社会科学研究
汉语言文学	钱奇佳	2011年11月	5年	2011年第215号	特色专业	省级质量工程项目
皖江学院中软国际RI实验室建设	秦忠基	2011年11月	5年	2011年第216号	示范实验实训中心	省级质量工程项目
文化强省环境下的非物质文化遗产——铁画的传承、创新与产业发展研究	刘玉龙	2011年1月	2年	2011sk623zd	重点项目	省级人文社会科学研究
大自然文学走向动漫市场研究	张先云	2011年1月	2年	2011sk624zd	重点项目	省级人文社会科学研究
徽文化符号在视觉设计中的应用	许丽云	2011年1月	2年	2011sk625	一般项目	省级人文社会科学研究
特异性化学核酸酶的分子设计及作用机制研究	杜　俊	2011年1月	2年	KJ2011A153	重点项目	省级自然科学研究

续　表

项目名称	项 目 负责人	立项时间	项目 周期	项目编号	项目级别/ 类别	项目来源
皖北和沿淮部分市县城乡互动发展动力机制及途径研究	胡一鸣	2011年1月	2年	KJ2011B068	一般项目	省级自然科学研究
基于超球机制的多播密钥更新技术	冯年荣	2011年1月	2年	KJ2011Z153	自筹项目	省级自然科学研究
传统文化与青少年语文素养养成研究	戴长江	2011年	2年	JG11032	自筹项目	省级人文社会科学研究
广播电视新闻学	周建国	2012年4月	3年	2012wjts01	特色专业	院级质量工程项目
美术学	刘玉龙	2012年4月	3年	2012wjts02	特色专业	院级质量工程项目
外国文学	钱奇佳	2012年4月	3年	2012wjjpkc01	精品课程	院级质量工程项目
电子设计自动化	许长安	2012年4月	3年	2012wjjpkc02	精品课程	院级质量工程项目
会计学原理	刘永珍	2012年4月	3年	2012wjjpkc03	精品课程	院级质量工程项目
剑桥商务英语	方　强	2012年4月	3年	2012wjjpkc04	精品课程	院级质量工程项目
俄语精读	刘宏宝	2012年4月	3年	2012wjjpkc05	精品课程	院级质量工程项目
定格动画	孙　亮 卢　俊	2012年4月	3年	2012wjjpkc06	精品课程	院级质量工程项目
高校旅游管理专业酒店实习满意度研究	张宏梅	2012年4月	2年	2012wjjyxm01	重点项目	院级质量工程项目
独立学院音乐学专业艺术实践课程教学研究	张旭良	2012年4月	2年	2012wjjyxm02	重点项目	院级质量工程项目
交互式教学模式在大学英语教学中的应用与探索	王　锋	2012年4月	2年	2012wjjyxm03	重点项目	院级质量工程项目
独立学院公共选修课程的设置与教学改革研究	朱小丽	2012年4月	2年	2012wjjyxm04	重点项目	院级质量工程项目
独立学院秘书人才培养的实践教学改革研究	张晓敏	2012年4月	2年	2012wjjyxm05	一般项目	院级质量工程项目
“青蓝”工程青年教师培养研究	张　萍	2012年4月	2年	2012wjjyxm06	一般项目	院级质量工程项目
外语教学中陈述性知识向程序性知识转化的研究	汪静波	2012年4月	2年	2012wjjyxm07	一般项目	院级质量工程项目

续 表

项目名称	项目负责人	立项时间	项目周期	项目编号	项目级别/类别	项目来源
罗伯特·勃朗宁中后期诗歌文本教学研究	杨 妍	2012年4月	2年	2012wjjyxm08	一般项目	院级质量工程项目
独立学院《西方经济学》案例教学法研究	高芳菲	2012年4月	2年	2012wjjyxm09	一般项目	院级质量工程项目
独立学院财务管理专业产学研合作教学的应用型人才培养模式研究	高智林	2012年4月	2年	2012wjjyxm10	一般项目	院级质量工程项目
《销售管理》课程教学研究	袁素红	2012年4月	2年	2012wjjyxm11	一般项目	院级质量工程项目
摄影专业课程体系研究	沈玲玲	2012年4月	2年	2012wjjyxm12	一般项目	院级质量工程项目
构建安徽省独立学院高等教育生态系统研究	闫蒙钢	2012年6月	2年	AHSK11-12D163	规划项目	省哲学社会科学规划
安徽省大型主题公园游客体验研究——以芜湖方特欢乐世界为例	张春花	2012年5月	2年	SK2012B214	一般项目	省级人文社会科学研究
独立学院经济学专业综合改革试点	马 骥	2012年11月	5年	2012zy135	专业综合改革试点	省级质量工程项目
皖江学院环球国旅旅游创业实践基地建设	伍旭中	2012年11月	5年	2012sjjd078	校企合作实践教育基地	省级质量工程项目
思想道德修养与法律基础	赵 平	2012年11月	5年	2012gxk186	精品资源共享课	省级质量工程项目
基于市场需求视角的软装饰艺术课程教学创新研究	王炳江	2012年11月	2年	2012jyxm839	一般项目	省级质量工程项目
以课例研究促进大学英语教师专业素质发展	张 萍	2012年11月	2年	2012jyxm840	一般项目	省级质量工程项目
独立学院公共选修课程教学改革研究	周淑芳	2012年11月	2年	2012jyxm841	一般项目	省级质量工程项目
独立学院财经类专业人才培养与企业互动发展模式研究	高智林	2012年11月	2年	2012jyxm842	一般项目	省级质量工程项目
“图像时代”油画人物课堂写生的教学方法研究	杨 韬	2012年11月	2年	2012jyxm843	一般项目	省级质量工程项目
辣椒籽成分提取工艺过程研究	罗 乐	2012年	2年	2012SQRL264	一般项目	省优秀青年人才基金项目
“大学生创业实践中心”育人模式改革成果推广研究	李子华	2013年9月	3年	2013cgtg049	教学成果推广项目	省级振兴计划项目

续　表

项目名称	项目负责人	立项时间	项目周期	项目编号	项目级别/类别	项目来源
全媒体时代高校学生集体生态研究——以安徽独立学院为例	方　芳	2013年11月	3年	2013SQRW092ZD	优秀青年人才基金重点项目	省级振兴计划项目
信任危机背景下我国非营利组织的治理结构与管理模式研究	徐　宁	2013年11月	3年	2013SQRW091ZD	优秀青年人才基金重点项目	省级振兴计划项目
动画	刘玉龙	2013年12月	3年	2013zy162	专业综合改革试点	省级质量工程项目
数字媒体技术	沈建智	2013年12月	3年	2013tszy109	特色专业	省级质量工程项目
皖江学院芜湖希尔顿逸林酒店旅游管理专业实训教育基地建设	李俊峰	2013年12月	3年	2013sjjd063	校企合作实践教育基地	省级质量工程项目
会计学原理	刘永珍	2013年12月	3年	2013gxk162	精品资源共享课程	省级质量工程项目
卓越工程师教育培养计划	吴　彬	2013年12月	3年	2013zjjh069	卓越人才教育培养计划	省级质量工程项目
安徽省独立学院学分制改革实践研究	汪启年	2013年12月	2年	2013jyxm528	重点项目	省级质量工程项目
《定格动画》课程主题式教学模式的探索与研究	卢　俊	2013年12月	2年	2013jyxm529	一般项目	省级质量工程项目
独立学院艺术实践教学模式研究——以皖江学院音乐学专业为例	武松林	2013年12月	2年	2013jyxm530	一般项目	省级质量工程项目
多元智能理论框架下独立学院大学英语任务型教学研究	樊　玲	2013年12月	2年	2013jyxm531	一般项目	省级质量工程项目
当代大学生感恩教育探究	苏园园	2013年12月	2年	2013szxm172	一般项目	省级质量工程项目
“徽商情·学子梦”——徽商精神对当代大学生创新创业素质培养的启示调查	潘海燕	2013年12月	2年	AH201313617001	大学生创新训练项目	省级质量工程项目
在芜企业高校毕业生工作忠诚度调查研究——以皖江学院毕业生为例	解楠楠	2013年12月	2年	AH201313617002	大学生创新训练项目	省级质量工程项目
高校信息服务与互动社区平台的构建	许　鼎	2013年12月	2年	AH201313617003	大学生创新训练项目	省级质量工程项目

续 表

项目名称	项目负责人	立项时间	项目周期	项目编号	项目级别/类别	项目来源
汉语言文学专业学生教学技能训练计划	周　彬	2013年12月	2年	AH201313617004	大学生创新训练项目	省级质量工程项目
励志武道《未来领袖特训营》训练模式下的儿童身心健康发展研究	王永超	2013年12月	2年	AH201313617005	大学生创新训练项目	省级质量工程项目
皖江学院虚拟新生指引游戏开发研制	张　俊	2013年12月	2年	AH201313617006	大学生创业训练项目	省级质量工程项目
"绿航"校园再生资源回收服务中心	王华丰	2013年12月	2年	AH201313617007	大学生创业实践项目	省级质量工程项目
青苹果大学生电脑保姆公司的构建与实践	杨　帅	2013年12月	2年	AH201313617008	大学生创业实践项目	省级质量工程项目
长丰草莓基地电子商务平台搭建及网络营销	陈　甲	2013年12月	2年	AH201313617009	大学生创业实践项目	省级质量工程项目
皖江公益康疗中心	孙康康	2013年12月	2年	AH201313617010	大学生创业实践项目	省级质量工程项目
青少年学生心理行为问题的危险因素与干预模式研究	李子华	2013年3月	2年	KJ2013A140	重点项目	省级自然科学研究
基于GPRS医疗设备远程数据通讯及动态网站管理	杜友武	2013年3月	2年	KJ2013B093	一般项目	省级自然科学研究
留守大学生心理健康状况及干预研究	李　云	2013年3月	2年	SK2013B224	一般项目	省级人文社会科学研究
独立学院边缘化大学生心理健康的体育锻炼干预研究	郜贻红	2013年1月	2年	KY-201301	重点项目	院级人文社会科学研究
中小民营企业内部控制模式研究	高智林	2013年1月	2年	KY-201302	重点项目	院级人文社会科学研究
安徽省工业节能减排绩效的评价研究	高芳菲	2013年1月	2年	KY-201303	重点项目	院级人文社会科学研究
慈善组织创新性管理模式研究——以皖江城市带为例	徐　宁	2013年1月	2年	KY-201304	重点项目	院级人文社会科学研究
吉卜林诗歌生态研究	宋　昀	2013年1月	2年	KY-201305	重点项目	院级人文社会科学研究
芜湖大型综合专业市场的物流服务业的发展思路与对策研究	袁素红	2013年1月	2年	KY-201308	一般项目	院级人文社会科学研究
中国合作经济视域下农民社会主义信念研究	苏园园	2013年1月	2年	KY-201309	一般项目	院级人文社会科学研究
网络舆论监督与网络反腐问题研究	李　丽	2013年1月	2年	KY-201310	一般项目	院级人文社会科学研究

续　表

项目名称	项目负责人	立项时间	项目周期	项目编号	项目级别/类别	项目来源
王朔小说的快感表征研究	张　伟	2013年1月	2年	KY-201311	一般项目	院级人文社会科学研究
读图时代视野下的省级党报版面视觉形式研究	沈玲玲	2013年1月	2年	KY-201312	一般项目	院级人文社会科学研究
农村土地流转与农业绩效问题的研究	李莉莉	2013年1月	2年	KY-201313	一般项目	院级人文社会科学研究
黄梅戏在定格动画中的创作研究	卢　俊	2013年1月	2年	KY-201314	一般项目	院级人文社会科学研究
安徽新媒体发展和管理研究	李　智	2013年1月	2年	KY-201315	一般项目	院级人文社会科学研究
皖南古村落与当代旅游业的发展研究	王海洋	2013年1月	2年	KY-201316	一般项目	院级人文社会科学研究
“全民健身”实施目标下安徽省城市社区体育公共服务体系构建研究	李　莉	2013年1月	2年	KY-201317	一般项目	院级人文社会科学研究
宁安城际铁路建设对芜湖市居民出游行为的影响	吉　慧	2013年1月	2年	KY-201318	一般项目	院级人文社会科学研究
芜湖市数字媒体产业发展研究报告	周　琢	2013年1月	2年	KY-201319	一般项目	院级人文社会科学研究
安徽省小学科学课程资源的开发与利用研究	朱小丽	2013年1月	2年	KY-201320	一般项目	院级人文社会科学研究
非物质文化遗产——芜湖铁画的艺术形式研究	王　璟	2013年1月	2年	KY-201321	一般项目	院级人文社会科学研究
小说《三国演义》中的秘书形象研究	张晓敏	2013年1月	2年	KY-201322	一般项目	院级人文社会科学研究
歙砚文化的传承与创新传播研究	胡　群	2013年1月	2年	KY-201323	一般项目	院级人文社会科学研究
学生事务管理视域中高校图书馆服务育人的长效机制研究	赵　玲	2013年1月	2年	KY-201331	一般项目	院级人文社会科学研究
安徽省城乡统筹发展空间分异及其机制研究	胡一鸣	2013年1月	2年	KY-201306	重点项目	院级自然科学研究
基于无线通讯网络的LED显示屏控制系统	张　辉	2013年1月	2年	KY-201324	一般项目	院级自然科学研究
校内行政办公系统研制	唐叶剑	2013年1月	2年	KY-201325	一般项目	院级自然科学研究
招生迎新系统设计与实现	饶青华	2013年1月	2年	KY-201326	一般项目	院级自然科学研究

续　表

项目名称	项目负责人	立项时间	项目周期	项目编号	项目级别/类别	项目来源
独立学院国家助学金工作中的思想政治教育研究	王　超	2013年1月	2年	KY-201307	重点项目	院级思想政治教育研究
和谐社会视野中独立学院贫困生资助体系问题研究	许　宁	2013年1月	2年	KY-201327	一般项目	院级思想政治教育研究
从学生工作层面谈独立学院的学风建设	方　新	2013年1月	2年	KY-201328	一般项目	院级思想政治教育研究
基于应用型人才培养的大学生素质拓展计划实施探究	周新胜	2013年1月	2年	KY-201329	一般项目	院级思想政治教育研究
独立学院大学生思想政治教育接受效果研究	侯　倩	2013年1月	2年	KY-201330	一般项目	院级思想政治教育研究
独立学院学前教育专业学生能力结构及其培养模式改革研究	李子华	2014年7月	3年	2014zdjy186	重大教学改革研究项目	省振兴计划项目
中国高等教育评估30年改革与探索研究	宋　波	2014年7月	3年	2014zdjy187	重大教学改革研究项目	省振兴计划项目
管理学专业综合改革试点	伍旭中	2014年12月	3年	2014zy136	专业综合改革试点	省级质量工程项目
广播电视新闻学	韩雪松	2014年12月	3年	2014tszy089	特色专业	省级质量工程项目
学前教育学教学团队	张更立	2014年12月	3年	2014jxtd117	教学团队	省级质量工程项目
网页设计与制作	荣姗珊	2014年12月	3年	2014gxk145	精品资源共享课程	省级质量工程项目
独立学院数学类课程主要教学环节质量标准研究——以经管类专业为例	申广君	2014年12月	2年	2014jyxm695	重点项目	省级质量工程项目
中外合作办学视阈下独立学院应用技术型人才培养路径探索	王光煜	2014年12月	2年	2014jyxm696	一般项目	省级质量工程项目
“大设计”环境下独立学院“三大构成”课程教学模式的建构研究	汪惟宝	2014年12月	2年	2014jyxm697	一般项目	省级质量工程项目
独立学院《大学生职业生涯发展与就业指导》教学模式改革研究	张　铮	2014年12月	2年	2014jyxm698	一般项目	省级质量工程项目
二氧化钛基光催化材料的制备及其性能研究	夏欣怡	2014年12月	2年	AH201413617001	创新训练项目	省级质量工程项目
安徽省中小民营企业内部控制问题研究	王恒亮	2014年12月	2年	AH201413617002	创新训练项目	省级质量工程项目

续 表

项目名称	项目负责人	立项时间	项目周期	项目编号	项目级别/类别	项目来源
新闻传播类学生专业技能综合实训	李　娟	2014年12月	2年	AH201413617003	创新训练项目	省级质量工程项目
基于人体工程学下城市公寓小户型功能设计研究	许晓凤	2014年12月	2年	AH201413617004	创新训练项目	省级质量工程项目
安徽师范大学皖江学院毕业生就业与专业对口度调查研究	马亚琴	2014年12月	2年	AH201413617005	创新训练项目	省级质量工程项目
大学生网店创业实践	何国顺	2014年12月	2年	AH201413617006	创业实践项目	省级质量工程项目
“一亩格·优创馆”在大学校园的构建与实践	陈　聪	2014年12月	2年	AH201413617007	创业实践项目	省级质量工程项目
《青春纪念册》个人写真、微电影	仲梦雅	2014年12月	2年	AH201413617008	创业实践项目	省级质量工程项目
关汉卿与莎士比亚戏剧创作比较研究	钱奇佳	2014年9月	2年	SK2014A262	重点项目	省级人文社会科学研究
皖江城市带开发园区与属地政府间关系形态创新研究	伍旭中	2014年6月	2年	KJ2014A089	重点项目	省级自然科学研究
人文与传播类专业相互渗透融通互补教学综合改革探究	钱奇佳	2014年2月	2年	2014WJZGZD01	专业综合改革研究重点项目	院级质量工程项目
基于问题解决的皖江学院管理学类专业教学综合改革研究	伍旭中	2014年2月	2年	2014WJZGZD02	专业综合改革研究重点项目	院级质量工程项目
皖江学院社会体育指导与管理专业人才培养学分制改革研究	郜贻红	2014年2月	2年	2014WJZG03	专业综合改革研究一般项目	院级质量工程项目
摄影专业综合改革研究	孙　亮	2014年2月	2年	2014WJZG04	专业综合改革研究一般项目	院级质量工程项目
学分制下皖江学院财务管理专业人才培养模式的创新研究	刘永珍	2014年2月	2年	2014WJZG05	专业综合改革研究一般项目	院级质量工程项目
独立学院应用型人才培养定位背景下学前教育专业学生能力结构与培养模式研究	张更立	2014年2月	2年	2014WJZG06	专业综合改革研究一般项目	院级质量工程项目
Visual Basic程序设计	李旭文	2014年2月	2年	2014WJJPKC	精品课程	院级质量工程项目
安徽省独立学院中外合作办学发展现状与对策研究	王光煜	2014年2月	2年	2014WJJYZD01	教学研究重点项目	院级质量工程项目

续 表

项目名称	项目负责人	立项时间	项目周期	项目编号	项目级别/类别	项目来源
播客在《影视节目制作》课程教学中的应用研究	周 琢	2014年2月	2年	2014WJJYZD02	教学研究重点项目	院级质量工程项目
QQ群支持下的混合式学习研究	荣姗珊	2014年2月	2年	2014WJJYZD03	教学研究重点项目	院级质量工程项目
“大设计”环境下“三大构成”课程教学模式的建构研究	汪惟宝	2014年2月	2年	2014WJJYZD04	教学研究重点项目	院级质量工程项目
独立学院大学语文经典诵读教育研究——以皖江学院为例	章敬峰	2014年2月	2年	2014WJJYZD05	教学研究重点项目	院级质量工程项目
独立学院《大学生职业生涯发展与就业指导》教学模式改革研究	张 铮	2014年2月	2年	2014WJJYZD06	教学研究重点项目	院级质量工程项目
独立学院毕业论文写作方式改革的探讨与实践研究	胡一鸣	2014年2月	2年	2014WJJY07	教学研究一般项目	院级质量工程项目
独立学院学分制下通识教育课程体系建设研究——以安徽师范大学皖江学院为例	李文祥	2014年2月	2年	2014WJJY08	教学研究一般项目	院级质量工程项目
独立学院《统计学》教学改革与有效性评估研究	李 茜	2014年2月	2年	2014WJJY09	教学研究一般项目	院级质量工程项目
以就业为导向的《新闻评论》教学改革研究	张 伟	2014年2月	2年	2014WJJY10	教学研究一般项目	院级质量工程项目
课酬系统的设计与实现	饶青华	2014年2月	2年	2014WJJY11	教学研究一般项目	院级质量工程项目
管理学启发式案例教学研究	徐 宁	2014年2月	2年	2014WJJY12	教学研究一般项目	院级质量工程项目
对社会体育专业培养目标和课程体系的研究——以皖江学院社会体育指导与管理专业为例	李 莉	2014年2月	2年	2014WJJY13	教学研究一般项目	院级质量工程项目
戏剧影视美术设计专业视听语言课程教学创新与虚拟项目化教学研究	李 智	2014年2月	2年	2014WJJY14	教学研究一般项目	院级质量工程项目
广播电视新闻学专业学生实践能力与职业适应性研究	颜 彦	2014年2月	2年	2014WJJY15	教学研究一般项目	院级质量工程项目
独立学院音乐学专业钢琴基础课教学模式研究	赵菲菲	2014年2月	2年	2014WJJY16	教学研究一般项目	院级质量工程项目
强化学生声乐实践能力与服务地方文化部门相结合——以皖江学院音乐系为例	何 琼	2014年2月	2年	2014WJJY17	教学研究一般项目	院级质量工程项目
《电子商务》实践教学模式研究	王冬菊	2014年2月	2年	2014WJJY18	教学研究一般项目	院级质量工程项目

续　表

项目名称	项目负责人	立项时间	项目周期	项目编号	项目级别/类别	项目来源
应用化学专业商品检测方向人才培养模式与课程体系建设研究	罗　乐	2014年2月	2年	2014WJJY19	教学研究一般项目	院级质量工程项目
无纸化考试系统研制	唐叶剑	2014年2月	2年	2014WJJY20	教学研究一般项目	院级质量工程项目
新形势下大学生创业实践中心运行机制研究	吴成龙	2014年2月	2年	2014WJDCZD01	大学生创新创业训练指导研究重点项目	院级质量工程项目
独立学院大学生创业训练载体研究	王　超	2014年2月	2年	2014WJDC02	大学生创新创业训练指导研究一般项目	院级质量工程项目
淘宝网店创业训练与实践研究	刘　巍	2014年2月	2年	2014WJDC03	大学生创新创业训练指导研究一般项目	院级质量工程项目
电子工程系大学生创新创业训练活动中管理机制的创新研究	张　辉	2014年2月	2年	2014WJDC04	大学生创新创业训练指导研究一般项目	院级质量工程项目
独立学院旅游管理专业《旅行社经营与管理》实训教学研究	张春花	2014年2月	2年	2014WJJYPYZD01	重点项目	院级教学研究培育项目
《管理信息系统》课程教学改革研究	李　丽	2014年2月	2年	2014WJJYPYZD02	重点项目	院级教学研究培育项目
独立学院《国际贸易理论与实务》实践教学法研究	李莉莉	2014年2月	2年	2014WJJYPYZD03	重点项目	院级教学研究培育项目
《国际经济学》本土化教学研究	方　丹	2014年2月	2年	2014WJJYPYZD04	重点项目	院级教学研究培育项目
实验中心网络综合应用研究	谢　鹏	2014年2月	2年	2014WJJYPY05	一般项目	院级教学研究培育项目
数码摄影在《广告摄影》课程教学中的应用研究	方　芳	2014年2月	2年	2014WJJYPY06	一般项目	院级教学研究培育项目
独立学院档案电子信息化探究	郑　芸	2014年2月	2年	2014WJJYPY07	一般项目	院级教学研究培育项目
实验中心安防系统	曹喜珠	2014年2月	2年	2014WJJYPY08	一般项目	院级教学研究培育项目
基于学生需求的《生活中的科学》课程改革研究	袁文娟	2014年2月	2年	2014WJJYPY09	一般项目	院级教学研究培育项目

续　表

项目名称	项目负责人	立项时间	项目周期	项目编号	项目级别/类别	项目来源
阅读治疗在独立学院的应用研究	张莹莹	2014年2月	2年	2014WJJYPY10	一般项目	院级教学研究培育项目
休闲体育产业集群化与新型城镇化模式发展的研究	李　莉	2015年7月	2年	SK2015A651	重点项目	省级人文社会科学研究
黄梅戏艺术资源融入立体3D动画的开发研究	卢　俊	2015年7月	2年	SK2015A652	重点项目	省级人文社会科学研究
当代德国教学论研究的新进展及其启示	叶旭萍	2015年7月	2年	SK2015A653	重点项目	省级人文社会科学研究
战略性新兴产业经营业绩评价问题研究	高智林	2015年7月	2年	SK2015A654	重点项目	省级人文社会科学研究
城市雕塑景观设计中社会主义核心价值观培育与践行研究	刘玉龙	2015年7月	2年	SK2015A655	重点项目	省级人文社会科学研究
独立学院学生创业能力教育渗透非智力因素研究——以安徽师范大学皖江学院为例	侯　超	2015年1月	2年	WJKY-201501	专项项目	院级人文社会科学研究
独立学院青年教师科研能力培养研究——以皖江学院为例	周淑芳	2015年1月	2年	WJKY-201502	专项项目	院级人文社会科学研究
风险投资影响创业板公司业绩研究	何　川	2015年1月	2年	WJKY-201503	一般项目	院级人文社会科学研究
大学生网络安全教育对策研究	方　新	2015年1月	2年	WJKY-201504	一般项目	院级人文社会科学研究
期待视野理论视角下的大学生英语阅读研究	吴婷婷	2015年1月	2年	WJKY-201505	一般项目	院级人文社会科学研究
德国教学论研究的当代形态及其本土意义	王光煜	2015年1月	2年	WJKY-201506	重点项目	院级人文社会科学研究
从《世说新语》看魏晋士人的心灵变迁史	曹　莉	2015年1月	2年	WJKY-201507	重点项目	院级人文社会科学研究
战略性新兴产业经营业绩评价体系构建研究	高智林	2015年1月	2年	WJKY-201508	重点项目	院级人文社会科学研究
以社会主义核心价值观引领独立学院辅导员育人能力的培养研究	张　铮	2015年1月	2年	WJKY-201509	一般项目	院级人文社会科学研究
布莱克《浮生六记》译本读者审美关照研究	吴琴琴	2015年1月	2年	WJKY-201510	一般项目	院级人文社会科学研究
对英语语言发展中语素“语法化”的研究	汪静波	2015年1月	2年	WJKY-201511	一般项目	院级人文社会科学研究
多校区办学模式下独立学院学生突发事件管理存在的问题及对策研究	侯　倩	2015年1月	2年	WJKY-201512	一般项目	院级人文社会科学研究

续 表

项目名称	项目负责人	立项时间	项目周期	项目编号	项目级别/类别	项目来源
徽派艺术在商业环境设计中的视觉提升与实现研究	王炳江	2015年1月	2年	WJKY-201513	一般项目	院级人文社会科学研究
高校独立动画创作核心软件技术研究	郎　郎	2015年1月	2年	WJKY-201514	一般项目	院级人文社会科学研究
大学新生“三自”教育的实践探索	赵慧敏	2015年1月	2年	WJKY-201515	一般项目	院级人文社会科学研究
文化发展视域下徽文化的影像传播形态与发展路径研究	沈玲玲	2015年1月	2年	WJKY-201516	一般项目	院级人文社会科学研究
钴镍复合硫化物作为超级电容器电极材料的制备及性能研究	罗　乐	2015年1月	2年	WJKY-201517	重点项目	院级自然科学研究
具非线性边界条件的高阶方程奇摄动问题的研究	刘　燕	2015年1月	2年	WJKY-201518	重点项目	院级自然科学研究
网络通识课学习平台研究	唐叶剑	2015年1月	2年	WJKY-201519	一般项目	院级自然科学研究
带无穷时滞的中立型随机微分方程问题的研究	侯婷婷	2015年1月	2年	WJKY-201520	一般项目	院级自然科学研究
校园网资源建设研究	李旭文	2015年1月	2年	WJKY-201521	一般项目	院级自然科学研究
休闲体育产业园建设与新型城镇化互动发展研究——以安徽省为例	李　莉	2015年1月	2年	WJKY-201522	一般项目	院级自然科学研究
摄影专业综合改革试点	孙　亮	2015年11月	3年	2015zy141	专业综合改革试点	省级质量工程项目
秘书学(特色专业)	鲁华锋	2015年11月	3年	2015tszy099	特色专业	省级质量工程项目
美术学教学团队	刘玉龙	2015年11月	3年	2015jxtd118	教学团队	省级质量工程项目
皖江学院青麦学院计算机科学与技术专业工程实践教育中心	王　超	2015年11月	3年	2015sjjd061	校企合作实践教育基地	省级质量工程项目
卓越新闻人才教育培养计划	韩雪松	2015年11月	3年	2015zjjh075	卓越人才教育培养计划	省级质量工程项目
独立学院实践性毕业论文写作方式改革与质量保障研究	胡一鸣	2015年11月	2年	2015jyxm702	教学研究一般项目	省级质量工程项目
独立学院EPS教学的行动研究	汪静波	2015年11月	2年	2015jyxm703	教学研究一般项目	省级质量工程项目

续 表

项目名称	项目负责人	立项时间	项目周期	项目编号	项目级别/类别	项目来源
以应用能力培养为导向的独立学院摄影专业教学体系建设	沈玲玲	2015年11月	2年	2015jyxm704	教学研究重点项目	省级质量工程项目
新闻传播类学生电视媒体运用技能实训	胡 闽	2015年11月	2年	201513617001	创新训练项目	省级质量工程项目
“百思特”英语集训营	黄孟羽	2015年11月	2年	201513617002	创业训练项目	省级质量工程项目
芜湖市旅游景点公示语英译现状的调查与研究	程东方	2015年11月	2年	201513617003	创新训练项目	省级质量工程项目
基于物联网技术的车辆识别系统的设计与实现	蔡晓宇	2015年11月	2年	201513617004	创新训练项目	省级质量工程项目
双向DC-DC变换器的设计	方 芳	2015年11月	2年	201513617005	创新训练项目	省级质量工程项目
思维(Service)大数据咨询服务公司	江宗海	2015年11月	2年	201513617006	创业实践项目	省级质量工程项目
新媒体时代下的个性化VI定制	汤娟娟	2015年11月	2年	201513617007	创业训练项目	省级质量工程项目
宜居城市公共设施设计	戴濛濛	2015年11月	2年	201513617008	创新训练项目	省级质量工程项目
芜湖市博物馆宣传册设计研究	鲁银银	2015年11月	2年	201513617009	创新训练项目	省级质量工程项目
新时代背景下的徽文化标示设计	何 凤	2015年11月	2年	201513617010	创新训练项目	省级质量工程项目
羧酸类多孔配合物的设计合成及其非均相催化性能研究	贺学益	2015年11月	2年	201513617011	创新训练项目	省级质量工程项目
校园电子商务·e购通	晏志维	2015年11月	2年	201513617012	创业训练项目	省级质量工程项目

（表中内容由学院科研处提供） 本书编写组 制

附录十：安徽师范大学皖江学院2009—2015年教师学术作品情况一览表

著作/论文名称	作者	出版社/期刊	出版/发表时间	备注
美国STC教材与我国小学科学教材的比较	闫蒙钢 朱小丽	《比较教育研究》	2009年2月	
独立学院创业教育的探索和实践	张先云	《中国电力教育》	2009年10月	
动漫展会扎堆致使成效缩水?	颜　彦	《出版参考》	2009年11月	
基于ASP的教学管理系统的设计与实现	唐叶剑	《科技创新导报》	2009年	
艺术类学生的特点及其教育引导	杜萍萍	《高校辅导员学刊》	2009年5月	
高校思想政治课凸显理论“人文向度”的意义	何光辉	《新课程》	2009年11月	
现代性转型:构建和谐社会的推力	许　宁	《河北青年管理干部学院学报》	2009年3月	第二作者
浅谈安徽省大学生体育权利现状	郁　海	《陕西教育》	2009年	
人死观理论的缺失与补救	赵　平	《科技与教育》	2009年9月	
趋骛行为理论与大学生择业决策指导	赵　平	《学校党建与思想教育》	2009年10月	
独立学院大学生思想心理问题归因与对策	赵　平	《当代教育论坛》	2009年12月	
道德向量、动量与道德的人际生成模式分析	赵　平	《高等农业教育》	2009年10月	
“礼刑合一”在和谐社会建设中的价值	赵　平	《管理观察》	2009年4月	
以美育人,建和谐心灵——当前德育工作新思考	赵 平	《黑河学刊》	2009年1月	第二作者
师爱过当的心理归因及对策	赵　平	《兰州学刊》	2009年8月	
魅力安徽	王艳红	合肥工业大学出版社	2009年11月	参编
设计素描	孙　亮	安徽美术出版社	2009年12月	参编
设计概论	孙　亮	安徽美术出版社	2009年12月	副主编
3DMax基础	孙　亮	合肥工业大学出版社	2009年12月	主编
现象写实主义视阈中的刘小东	张先云	《文艺研究》	2010年	
绘画与电影中的现象写实——从刘小东与“第六代”导演的跨界合作谈起	张先云	《阜阳师范学院学报》	2010年	
关于独立学院《大学语文》教学的思考	芮道荣	《读与写》	2010年6月	第二作者
独立学院汉语言文学专业复合型人才培养的思考	芮道荣 张晓敏	《合肥师范学院学报》	2010年9月	
秘书理论研究的实践性	张晓敏	《秘书》	2010年1月	
这样的“小差”开不得	张晓敏	《秘书工作》	2010年1月	
企业人力资源成本控制问题探讨	高智林	《经济研究导刊》	2010年10月	第二作者

续　表

著作/论文名称	作者	出版社/期刊	出版/发表时间	备 注
古村落旅游可持续性评估的初步研究	卢　松	《旅游学刊》	2010年1月	第一作者
交通发展对安徽省旅游业的影响研究	卢　松	《资源开发与市场》	2010年12月	第一作者
城市居民对大型主题公园预期影响的感知研究——以芜湖方特欢乐世界为例	张春花	《资源开发与市场》	2010年9月	第一作者
独立学院公共体育课开设的延续性研究——兼谈独立学院的俱乐部建设	郁　海	《科技信息》	2010年8月	
人文之道:庄子哲思的价值探寻	何光辉	《兰州学刊》	2010年4月	
大学生“就业恐慌症”与就业力的培养	赵　平	《人力资源管理》	2010年6月	第一作者
教材体系与教学体系的转换艺术	赵　平	《教育与教学研究》	2010年10月	
《论语》话语风格与孔子的教学理念	赵　平 李斐斐	《学理论》	2010年6月	
大学生创业能力培养及路径分析	赵　平	《科技与教育》	2010年5月	第一作者
独立学院大学生思想心理问题归因与对策分析	赵　平	《当代教育论坛》	2009年12月	
独立学院大一思想政治课教学和改革初探	李斐斐	《科技与教育》	2010年6月	
高校艺术类《计算机基础》教学改革初探	饶青华 唐叶剑	《科技创新导刊》	2010年1月	
高校机房管理系统的设计与研究	廖　君	《才智》	2010年7月	第一作者
从《弟子规》看中国古代的言语交际原则	戴长江	《安徽师范大学学报》	2010年7月	第二作者
高校图书馆馆员“服务育人”的角色能力分析	赵　玲 赵　平	《山东青年》	2010年12月	
《哥德堡变奏曲》的装饰音演奏方式	李春犁	《黄河之声》	2010年5月	
论广告摄影的艺术价值与市场效应	沈玲玲	《新闻世界》	2010年11月	第二作者
卡通形象代言品牌之利弊分析	张贝贝 李文娟	《黑河学院学报》	2010年12月	
文学与人生	赵　平	安徽人民出版社	2010年2月	
自然动画:中外动画比较研究的一个视角	张先云 孙　亮	《世界美术》	2011年2月	
“学生为主体,能力为本位”实践教学模式的构建——以安徽师范大学皖江学院为例	张先云	《黑龙江高教研究》	2011年3月	

续　表

著作/论文名称	作者	出版社/期刊	出版/发表时间	备注
有用才是硬道理——独立学院艺术类专业《大学语文》教学改革探索	张晓敏	《现代语文》	2011年12月	
城市居民对大型主题公园旅游影响的感知与态度——以芜湖方特欢乐世界为例	卢　松	《旅游学刊》	2011年8月	第一作者
人生观教育的理论与实践	赵　平	安徽人民出版社	2011年9月	第一作者
大学体育健康策略	赵　平	安徽师范大学出版社	2011年8月	主编
顺应论与思想政治理论课堂语言幽默化	赵　平	《高等农业教育》	2011年9月	
主体间性暨《文学与人生》课程的哲学基础与教学实践	赵　平	《淮北师范大学学报》	2011年6月	第一作者
孔子德育方法论	赵　平	《社会科学家》	2011年10月	
道家哲学研究的“人文向度”	何光辉	《河南师范大学学报》	2011年3月	
体育服务育人与独立学院大学生EQ培养	赵　玲 赵　平	《安徽体育科技》	2011年5月	
“服务育人”的阈限探究	赵　玲 赵　平	《西南科技大学学报》	2011年10月	
生态学视野下的安徽省独立学院应用型人才培养模式探索	闫蒙钢	《安徽师范大学学报》	2011年5月	
中学化学新课程改革案例研究	闫蒙钢	安徽师范大学出版社	2011年	
化学教学测量与评价导论	闫蒙钢	北京科技出版社	2012年	
构建创业教育平台，创新实践教学方式——“大学生创业实践中心”的建设和思考	张先云	《全国商情》	2012年3月	
大自然生态平衡的诘问与反思——析美国动画喜剧片《蜜蜂大电影》	张先云	《电影评介》	2012年	
一课一得，一课一讲，一课一练——大学语文教学模式探析	钱奇佳	《学语文》	2012年6月	第一作者
如何让调查问卷更有效	张晓敏	《办公室业务》	2012年4月	
秘书才智特长分类的意义	张晓敏	《秘书》	2012年9月	
财务会计目标：决策有用观与受托责任观的融合	高智林	《中国工会财会》	2012年4月	
以能力为本位的财务管理专业人才培养探析——基于产学研合作教育视角	高智林	《教育教学论坛》	2012年11月	
歌唱心理素质在声乐学习与演唱中的作用	黄　燕	《科教文汇》	2012年2月	
信仰教育的“双瓶颈”问题及其觉解	赵　平	《内蒙古社会科学》	2012年5月	
对安徽省独立学院体育课程设置现状的调查与分析	李　莉	《当代体育科技》	2012年3月	

续 表

著作/论文名称	作者	出版社/期刊	出版/发表时间	备 注
《永别了，武器》中的科技翻译实用化处理	杨 妍	《牡丹江师范学院学报》	2012年2月	
建构主义学习环境下的任务型英语教学	樊 玲	《教书育人》	2012年10月	
浅谈钢琴演奏中的层次与触键	赵菲菲	《音乐时空》	2012年12月	
仿生设计在景观设计中的实践应用	王炳江	《赤峰学院学报》	2012年12月	
跨界融合——泛媒体时代对平面设计的影响	刘玉龙	《美术与设计》	2012年1月	
大型商场中的标识导向设计	杜晓坤	《赤峰学院学报》	2012年11月	第三作者
美术类生源条件下的动画本科专业人才培养模式探求	孙 亮	《艺术教育》	2012年	
戏墨	孙 亮	《文艺研究》	2012年	
万变归本	孙 亮	《文艺研究》	2012年	
历史时空	孙 亮	《文艺研究》	2012年	
影像文化的深度探析与创作思维的拓展——评《摄影视界——影像的文化诉求》	沈玲玲	《淮北师范大学学报》	2012年12月	第二作者
秘书如何向领导学习	张晓敏	《办公室业务》	2013年10月	
秘书专业人才培养的实践教学方式探究	张晓敏	《江西电力职业技术学院学报》	2013年6月	
公共关系学	张晓敏	北京师范大学出版社	2013年9月	参编
媒介融合时代对体育新闻信息的再认识	颜 彦	《安徽理工大学学报》	2013年3月	
思想政治教育在大学生职业生涯规划中的作用	张 铮	《太原城市职业技术学院》	2013年8月	
企业并购的财务风险分析及防范	高智林	《齐鲁师范学院学报》	2013年8月	
企业财务风险管理方法与对策研究	高智林	《许昌学院学报》	2013年3月	
应用型本科财务管理专业产学研合作教育探讨	高智林	《赤峰学院学报》	2013年3月	
基础会计实训教程	高智林	上海财经大学出版社	2013年2月	副主编
会计学原理	高智林	中国科技大学出版社	2013年8月	参编
黄山市自驾车入游流旅行空间行为研究	吉 慧	《地理研究》	2013年1月	第二作者
论民族传统在产品设计中的应用——以生肖系列迷你音响为例	汪惟宝	《赤峰学院学报》	2013年6月	
复活的古典意向——观张见《桃色系列》感	周感平	《美术界》	2013年11月	
“人花相系，诗画互怜”——唐寅诗画中的生命观	周感平	《国画家》	2013年6月	
生态理想境界与动画片《龙猫》的形象设计	卢 俊	《艺术科技》	2013年10月	

续　表

著作/论文名称	作者	出版社/期刊	出版/发表时间	备 注
实境之思——刘玉龙作品集	刘玉龙	安徽师范大学出版社	2013年7月	
安徽师范大学皖江学院视觉艺术系教师作品集	刘玉龙	安徽师范大学出版社	2013年6月	主编
地域性艺术背景下当代商业空间设计探析	王炳江	《南华大学学报》	2013年6月	
论花艺软装在室内设计中的应用	王炳江	《艺术百家》	2013年7月	
初探阁楼空间及软装的有效设计	王炳江	《湖北经济学院学报》	2013年12月	
网球直臂正手击球技术的分析与探究	李祝青	《赤峰学院学报》	2013年7月	
任务教学法在数字媒体专业教学中的应用	周　琢 荣姗珊	《淮北师范大学学报》	2013年6月	
计算机基础	唐叶剑 曹喜珠 饶青华	科学出版社	2013年8月	参编
中、美、日“猫动画”比较	孙　亮	《长江大学学报》	2013年6月	
现代大学功能的选择与定位	李子华	《高等教育研究》	2014年11月	
大学生饮食浪费行为的心理分析	李子华	《安徽工业大学学报》	2014年9月	
影响独立学院大学生思想政治教育效果的因素分析	侯　倩	《产业与科技论坛》	2014年7月	
秘书如何“反挡驾”	张晓敏	《秘书》	2014年5月	
“××办公室”都是秘书机构吗?	张晓敏	《秘书》	2014年7月	
这些时候,秘书可以不听话又不挨批	张晓敏	《秘书》	2014年12月	
做秘书,光有智谋还不够——从庞统的坎坷秘书路谈起	张晓敏	《秘书之友》	2014年12月	
浅析抗战时期徐悲鸿的油画作品	张　雷	《美与时代》	2014年1月	
歙砚文化的创新传播研究	胡　群	《美术教育研究》	2014年8月	
新闻采访学基础——理论与方法	胡　群	浙江大学出版社	2013年11月	参编
新闻采访学基础——理论与方法	颜　彦	浙江大学出版社	2013年11月	参编
王朔小说的快感编制策略研究	张　伟	《重庆三峡学院学报》	2014年9月	
程序性知识的获取在大学英语教学中的意义	汪静波	《湖北广播电视大学学报》	2014年7月	
大学生职业生涯决策分析与干预策略	张　铮	《继续教育研究》	2014年	
会计准则、会计工作标准与内部控制	高智林	《会计之友》	2014年9月	
基于COSO报告的高校内部控制体系的构建	高智林	《财会研究》	2014年11月	
应用型本科院校与企业互动发展模式的构建	高智林	《开封大学学报》	2014年3月	
微观经济学	高芳菲	中国传媒大学出版社	2014年6月	参编
国际贸易理论与实务	李莉莉	中国传媒大学出版社	2014年4月	参编

续 表

著作/论文名称	作者	出版社/期刊	出版/发表时间	备 注
面向独立学院的《销售管理》课程教学方法研究	袁素红	《太原城市职业技术学院学报》	2014年10月	
系统思维下的城市管理	袁素红	《经济视野》	2014年10月	
试析高校辅导员绩效考核评价体系	袁素红	《河北民族师范学院学报》	2014年2月	第二作者
独立学院旅游管理专业学生酒店实习认知的历时性调查与分析	吉 慧	《旅游纵览》	2014年9月	第二作者
芜湖高铁建设对居民出游行为影响调查及对策研究	吉 慧	《云南省地理研究》	2014年10月	
主题公园游客体验质量研究——以芜湖方特为例	张春花	《旅游纵览》	2014年11月	
基于微控制器的酒精测试器的设计与实现	张 辉	《电子世界》	2014年7月	
构建应用化学专业商品检测方向课程体系——以安徽师范大学皖江学院为例	罗 乐	《广东化工》	2014年11月	
“孤独追梦，心首相融”——品读王仁华人物画	周感平	《美术界》	2014年6月	
论安徽新媒体的发展与管理	李 智	《美与时代》	2014年10月	
地域性视觉文化的建构	许丽云	《艺术教育》	2014年2月	
徽派民居图形元素在视觉传达设计中的运用	许丽云	《大众文艺》	2014年12月	
温暖的栖居——读王璐的绘画	刘玉龙	《科教文汇旬刊》	2014年11月	
校企合作下《软装饰设计》课程考核办法探索与改革	王炳江	《长江大学学报》	2014年10月	
浅析市场需求下的软装饰设计课程现状与教学创新	王炳江 王 艳	《大众文艺》	2014年12月	
从文化社会学角度看清代宫殿建筑文化	王炳江	《兰台世界》	2014年12月	
宠物怎能明白自由的意义——解读美国动画片《里约大冒险》	孙 亮	《中国电视：动画》	2014年5月	
数字电视背景下3D戏曲动画的可行性研究	孙 亮	《中国电视：动画》	2014年6月	
戏曲动画的声音艺术研究	孙 亮	《中国电视：动画》	2014年11月	
视觉文化时代广告摄影的艺术表现与市场定位	沈玲玲	《中南林业科技大学学报》	2014年10月	第二作者
众筹新闻：颠覆式的新闻生产模式	沈玲玲	《编辑之友》	2014年9月	
新媒体环境下的安徽城市形象传播策略研究	沈玲玲	《艺术与设计》	2014年12月	
基于立体影像技术的黄梅戏定格动画创作初探	卢 俊	《中国电视》	2014年11月	
浅析中国油画艺术及发展趋势	方 新	《美术教育研究》	2014年7月	

续 表

著作/论文名称	作者	出版社/期刊	出版/发表时间	备 注
浅析绘画艺术创作中的情感表达	方 新	《大众文艺》	2014年8月	
独立学院边缘化大学生心理健康的体育锻炼干预研究	郜贻红	《青年时代》	2014年9月	
曾留守大学生心理健康状况研究	李 云	《兰州教育学院学报》	2014年12月	第一作者
新时期农民社会主义信念思考	苏园园	《科技视界》	2014年11月	
EDA软件在大学物理电学实验课中的应用	许长安	《广西物理》	2014年6月	
Protues仿真时值得注意的几个问题	许长安	《电子测试》	2014年12月	
“期待效应”的潜在能量	王 灿	《高校辅导员学刊》	2014年12月	
生涯规划与自我实现	吴成龙	安徽师范大学出版社	2013年11月	参编
商务礼仪	邵 敏	广西师范大学出版社	2014年12月	副主编
以就业为导向的《新闻评论》教学改革研究	张 伟	《新闻研究导刊》	2015年7月	
强化职业意识，提高教育水平	张晓敏	《秘书》	2015年7月	
在领导面前不宜说的五种话	张晓敏	《秘书》	2015年8月	
讲话稿怎样方便领导“讲好”	张晓敏	《秘书》	2015年9月	
交互式教学模式在大学英语中的应用研究报告	王 锋	《语文学刊》	2015年2月	
基于多元智能理论的任务设计	樊 玲	《教育教学论坛》	2015年3月	
任务型语言教学中的语境建构	樊 玲	《吉林省教育学院学报》	2015年3月	
独立学院西方经济学课程案例教学法运用探究	高芳菲	《经济研究导刊》	2015年3月	
国内节能减排评价指标体系及构建方法述评	高芳菲	《安庆师范学院学报》	2015年8月	
平滑移动过程的矩完全收敛性	李 茜	《安庆师范学院学报》	20158月	第一作者
线性代数	李 茜	高等教育出版社	2015年2月	参编
我国土地流转现状的研究分析	李莉莉	《商丘职业技术学院学报》	2015年6月	
国际贸易理论与实务	李莉莉	中国科学技术大学出版社	2015年8月	参编
战略性新兴产业经营业绩评价：系统设计与评价模式	高智林	《商业经济学研究》	2015年12月	
The Enterprise Merger and Acquisition Effect on Firm Value ——a Discussion on Geely′s Acquisition of Volvo for Example	高智林	《Modern Economy》	2015年6月	
基于文化视角的中小民营企业内部控制问题探讨	高智林	《当代会计》	2015年6月	第二作者

续 表

著作/论文名称	作者	出版社/期刊	出版/发表时间	备 注
芜湖市中小民营企业内部控制问题探讨	高智林	《会计师》	2015年2月	第二作者
会计学原理	高智林	中国科学技术大学出版社	2015年3月	参编
导游基础知识(2015安徽省导游人员资格考试用书)	吉 慧	安徽师范大学出版社	2015年6月	参编
文化旅游产业概论	吉 慧	中国科学技术大学出版社	2015年6月	参编
文化旅游产业概论	邵 敏	中国科学技术大学出版社	2015年6月	参编
文化旅游产业概论	王海洋	中国科学技术大学出版社	2015年6月	参编
我国网络反腐工作中存在的问题和对策研究	李 丽	《求知导刊》	2015年2月	
我国非营利组织治理机构研究述评	徐 宁	《山东理工大学学报》	2015年11月	第一作者
试谈独立学院国家助学金工作中思想政治教育的"轻重缓急"	王 超	《文教资料》	2015年7月	
基于GTM900-B的LED屏控制系统设计	张 辉	《电子制作》	2015年5月	
播客引入《电视节目制作》课程教学的几点思考	周 琢 荣姗珊	《江汉石油职工大学学报》	2015年7月	
大众化教育背景下探索构建大课堂培养体系——以安徽师范大学皖江学院应用化学专业为例	罗 乐	《广东化工》	2015年2月	
中国戏曲动画片中的声音艺术探讨	孙 亮	《中国电视:动画》	2015年9月	
网络数字报多媒体交互设计研究	沈玲玲	《新闻战线》	2015年5月	
新媒体视阈中的视觉艺术创新	沈玲玲	《新闻战线》	2015年6月	第二作者
传统铁画的未来之路	王 璟	《大众文艺》	2015年	
基于徽派建筑元素的产品设计研究	张贝贝	《艺术科技》	2015年9月	
普通高校设计专业《设计素描》课程教学研究	张贝贝 田 甜	《美术教育研究》	2015年12月	
初探数字媒体艺术在历史文化遗产保护中的应用	张贝贝	《艺术科技》	2015年3月	
中国动漫亚文化视角下的"民工漫"探析	郎 郎	《厦门理工学院学报》	2015年8月	
戏剧影视美术设计专业视听语言课程改革与虚拟项目化教学研究	李 智	《美术教育研究》	2015年10月	
探析地域性艺术背景下徽派艺术对商业空间艺术的影响	王炳江	《美术教育研究》	2015年10月	第二作者
园林景观工程	王炳江	中央民族大学出版社	2015年8月	副主编

续表

著作/论文名称	作者	出版社/期刊	出版/发表时间	备注
基于工作室教学模式的定格动画教学探索与研究	卢　俊	《湖北科技学院学报》	2015年8月	
基于我国动漫产业市场需求为导向的动画专业教学实践与探索	孙　亮	安徽省教育厅	2015年12月	
独立学院学风建设调查及对策研究	方　新	《科教导刊》	2015年1月	
独立学院音乐学专业钢琴基础课教学形式探究	赵菲菲	《北方音乐》	2015年7月	
曾留守大学生研究述评	李　云	《赤峰学院学报》	2015年1月	
大学生心理资本问卷编制	凌　晨 李　云	《科教文汇》	2015年1月	第二作者
大学生心理资本的开发研究	凌　晨 李　云	安徽省教育厅	2015年9月	第二作者
创意旅游视域下芜湖铁画旅游多元化发展研究	方　芳	《科教文汇》	2015年	
当代大学生感恩现状及对策研究	苏园园	《山东农业工程学院学报》	2015年8月	
当代大学生感恩教育模式的创新性研究	苏园园	《山东农业工程学院学报》	2015年10月	
农民的爱党情感调查与分析	赵　平 苏园园	《宁夏党校学报》	2015年7月	
和谐视野中独立学院贫困生资助体系构建	许　宁	《科技视界》	2015年9月	
基于Protues的脉冲宽度测量电路的设计与仿真	许长安	《现代电子技术》	2015年3月	
高校基层学术组织的发展困境与变革对策	李子华	《中国高教研究》	2015年6月	
社会主义核心价值观融入大学生资助工作的意义与途径	王传辉 张　铮	《高校辅导员学刊》	2015年6月	
独立学院青年教师科研能力培养研究	周淑芳	《教育教学论坛》	2015年11月	
皖北和沿淮部分市县城乡互动发展水平综合评价	胡一鸣	《安徽省农业科学》	2015年12月	
安徽省区域发展与空间结构研究	胡一鸣	《国土资源科技管理》	2015年8月	
独立学院音乐学专业钢琴基础课教学形式探究	赵菲菲	《北方音乐》	2015年11月	
独立学院大学生素质拓展计划实施探究——以安徽师范大学皖江学院“123456”工程为例	周新胜	《开封教育学院学报》	2015年6月	
朋辈教育对独立学院创建校园文化活动品牌的启示	周新胜	《品牌》	2015年6月	
刍议新常态下大学生创业	周新胜	《都市家教》	2015年7月	

续 表

著作/论文名称	作者	出版社/期刊	出版/发表时间	备 注
安徽省高校中外合作办学的调查分析与对策研究	闫蒙钢 王光煜 叶旭萍	《阜阳师范学院学报》	2015年3月	

（表中内容由学院科研处提供）　　本书编写组 制

附录十一：安徽师范大学皖江学院2007—2015年教师获奖情况一览表

年份	获奖人	参赛项目	颁奖单位	获奖类别/等级
2007年	张　铮	安徽师范大学皖江学院第一届教学技能比赛	安徽师范大学皖江学院	一等奖
2007年	马　明	安徽师范大学皖江学院第一届教学技能比赛	安徽师范大学皖江学院	一等奖
2007年	程　婧	安徽师范大学皖江学院第一届教学技能比赛	安徽师范大学皖江学院	二等奖
2007年	廖　君	安徽师范大学皖江学院第一届教学技能比赛	安徽师范大学皖江学院	二等奖
2007年	郑　娟	安徽师范大学皖江学院第一届教学技能比赛	安徽师范大学皖江学院	二等奖
2007年	程如璋	安徽师范大学皖江学院第一届教学技能比赛	安徽师范大学皖江学院	二等奖
2008年	张　辉	安徽师范大学皖江学院第二届教学技能比赛	安徽师范大学皖江学院	一等奖
2008年	闫淳纯	安徽师范大学皖江学院第二届教学技能比赛	安徽师范大学皖江学院	一等奖
2008年	郑　娟	安徽师范大学皖江学院第二届教学技能比赛	安徽师范大学皖江学院	一等奖
2008年	朱罗莎	安徽师范大学皖江学院第二届教学技能比赛	安徽师范大学皖江学院	二等奖
2008年	杨　妍	安徽师范大学皖江学院第二届教学技能比赛	安徽师范大学皖江学院	二等奖
2008年	左　苗	安徽师范大学皖江学院第二届教学技能比赛	安徽师范大学皖江学院	二等奖
2008年	荣姗珊	安徽师范大学皖江学院第二届教学技能比赛	安徽师范大学皖江学院	二等奖
2008年	张　铮	安徽师范大学皖江学院第二届教学技能比赛	安徽师范大学皖江学院	二等奖
2008年	胡慧琼	安徽师范大学皖江学院第二届教学技能比赛	安徽师范大学皖江学院	三等奖
2008年	廖　君	安徽师范大学皖江学院第二届教学技能比赛	安徽师范大学皖江学院	三等奖
2008年	邹阆媛	安徽师范大学皖江学院第二届教学技能比赛	安徽师范大学皖江学院	三等奖
2008年	武松林	安徽师范大学皖江学院第二届教学技能比赛	安徽师范大学皖江学院	三等奖
2008年	刘玉龙	安徽省高等学校质量工程项目	安徽省教育厅	教坛新秀
2009年	张　铮	安徽师范大学皖江学院第三届教学技能比赛	安徽师范大学皖江学院	一等奖
2009年	王　珏	安徽师范大学皖江学院第三届教学技能比赛	安徽师范大学皖江学院	一等奖
2009年	荣姗珊	安徽师范大学皖江学院第三届教学技能比赛	安徽师范大学皖江学院	一等奖
2009年	郁　海	安徽师范大学皖江学院第三届教学技能比赛	安徽师范大学皖江学院	一等奖
2009年	李　晶	安徽师范大学皖江学院第三届教学技能比赛	安徽师范大学皖江学院	二等奖
2009年	方　强	安徽师范大学皖江学院第三届教学技能比赛	安徽师范大学皖江学院	二等奖
2009年	孙琴琴	安徽师范大学皖江学院第三届教学技能比赛	安徽师范大学皖江学院	二等奖
2009年	唐叶剑	安徽师范大学皖江学院第三届教学技能比赛	安徽师范大学皖江学院	二等奖
2009年	尹昌志	安徽师范大学皖江学院第三届教学技能比赛	安徽师范大学皖江学院	二等奖
2009年	周腾飞	安徽师范大学皖江学院第三届教学技能比赛	安徽师范大学皖江学院	二等奖
2009年	张晓敏	安徽师范大学皖江学院第三届教学技能比赛	安徽师范大学皖江学院	三等奖
2009年	张　辉	安徽师范大学皖江学院第三届教学技能比赛	安徽师范大学皖江学院	三等奖

续 表

年份	获奖人	参赛项目	颁奖单位	获奖类别/等级
2009年	刘宏宝	安徽师范大学皖江学院第三届教学技能比赛	安徽师范大学皖江学院	三等奖
2009年	项名翠	安徽师范大学皖江学院第三届教学技能比赛	安徽师范大学皖江学院	三等奖
2009年	汪惟宝	安徽师范大学皖江学院第三届教学技能比赛	安徽师范大学皖江学院	三等奖
2009年	夏　辉	安徽师范大学皖江学院第三届教学技能比赛	安徽师范大学皖江学院	三等奖
2009年	汪　琳	安徽师范大学皖江学院第三届教学技能比赛	安徽师范大学皖江学院	三等奖
2009年	王艳红	安徽师范大学皖江学院第三届教学技能比赛	安徽师范大学皖江学院	三等奖
2009年	周感平	第三届安徽省美术大展（作品《那年我们一起毕业》）	安徽省文化厅、安徽省美术家协会	优秀奖
2009年	周腾飞	第三届安徽省美术大展（作品《临安城》）	安徽省文化厅、安徽省美术家协会	优秀奖
2010年	许丽云	安徽师范大学皖江学院第四届教学技能比赛	安徽师范大学皖江学院	一等奖
2010年	王　璟	安徽师范大学皖江学院第四届教学技能比赛	安徽师范大学皖江学院	一等奖
2010年	戴玉珊	安徽师范大学皖江学院第四届教学技能比赛	安徽师范大学皖江学院	一等奖
2010年	戚胜蓝	安徽师范大学皖江学院第四届教学技能比赛	安徽师范大学皖江学院	一等奖
2010年	孙　蓉	安徽师范大学皖江学院第四届教学技能比赛	安徽师范大学皖江学院	二等奖
2010年	张世慈	安徽师范大学皖江学院第四届教学技能比赛	安徽师范大学皖江学院	二等奖
2010年	褚凤琴	安徽师范大学皖江学院第四届教学技能比赛	安徽师范大学皖江学院	二等奖
2010年	李　巍	安徽师范大学皖江学院第四届教学技能比赛	安徽师范大学皖江学院	二等奖
2010年	周腾飞	安徽师范大学皖江学院第四届教学技能比赛	安徽师范大学皖江学院	三等奖
2010年	杜晓坤	安徽师范大学皖江学院第四届教学技能比赛	安徽师范大学皖江学院	三等奖
2010年	王　培	安徽师范大学皖江学院第四届教学技能比赛	安徽师范大学皖江学院	三等奖
2010年	赵菲菲	安徽师范大学皖江学院第四届教学技能比赛	安徽师范大学皖江学院	三等奖
2010年	王　雪	安徽师范大学皖江学院第四届教学技能比赛	安徽师范大学皖江学院	三等奖
2010年	罗　乐	安徽师范大学皖江学院第四届教学技能比赛	安徽师范大学皖江学院	三等奖
2010年	颜　彦	安徽师范大学皖江学院第四届教学技能比赛	安徽师范大学皖江学院	三等奖
2010年	高智林	安徽师范大学皖江学院第四届教学技能比赛	安徽师范大学皖江学院	三等奖
2010年	刘玉龙	第三届安徽美术大展——油画作品展	安徽省文联	银奖
2010年	张贝贝	第二届“古铜都”杯铜艺术品设计大赛（创意类作品《柔》）	安徽省科技厅、铜陵市人民政府	银奖
2010年	张贝贝	第二届“古铜都”杯铜艺术品设计大赛（创意类作品《徽鸟》）	铜陵市人民政府、安徽省科技厅	优秀奖
2010年	孙　亮	《孔雀东南飞》	中共安徽省委宣传部、安徽省教育厅	优秀奖

续 表

年份	获奖人	参赛项目	颁奖单位	获奖类别/等级
2010年	孙　亮	安徽省第二届创新创业暨动漫创意大赛	安徽省创新办、安徽省人力资源和社会保障厅	一等奖
2010年	王　培	安徽省第二届创新创业暨动漫创意大赛	安徽省创新办、安徽省人力资源和社会保障厅	三等奖
2010年	武松林	"2010年相约上海"全国声乐、器乐作品征集和歌手、乐手选拔活动(作品《回忆》)	文化部当代音乐艺术院、中国音乐文化促进会	歌词创作奖、金奖
2010年	武松林	"2010年相约上海"全国声乐、器乐作品征集和歌手、乐手选拔活动(作品《啊，理想》)	文化部当代音乐艺术院、中国音乐文化促进会	歌词创作奖、铜奖
2010年	许长安	全国电子专业人才设计与技能大赛决赛	工业和信息化部人才交流中心、中国电子学会	优秀指导教师奖
2010年	李春犁	第二届孔雀奖全国高等艺术院校声乐大赛	中国声乐家协会、中国社会音乐研究会	优秀艺术指导奖
2010年	孙　亮	安徽省高等学校质量工程项目	安徽省教育厅	教坛新秀
2010年	荣姗珊	安徽省高等学校质量工程项目	安徽省教育厅	教坛新秀
2010年	桑青松 聂竹明 许之民 张新明 沈建智	安徽省高等学校质量工程项目	安徽省教育厅	教学成果二等奖
2010年	刘玉龙 孙　亮 王　璐 汪　洋	安徽省高等学校质量工程项目	安徽省教育厅	教学成果三等奖
2010年	杨柏岭 芮道荣 钱奇佳	安徽省高等学校质量工程项目	安徽省教育厅	教学成果三等奖
2010年	闫蒙钢	安徽省高等学校质量工程项目	安徽省教育厅	优秀教学管理工作者
2011年	王　璟	安徽师范大学皖江学院第五届教学技能比赛	安徽师范大学皖江学院	一等奖
2011年	赵菲菲	安徽师范大学皖江学院第五届教学技能比赛	安徽师范大学皖江学院	一等奖
2011年	褚凤琴	安徽师范大学皖江学院第五届教学技能比赛	安徽师范大学皖江学院	一等奖
2011年	高芳菲	安徽师范大学皖江学院第五届教学技能比赛	安徽师范大学皖江学院	二等奖
2011年	戴玉珊	安徽师范大学皖江学院第五届教学技能比赛	安徽师范大学皖江学院	二等奖
2011年	许丽云	安徽师范大学皖江学院第五届教学技能比赛	安徽师范大学皖江学院	二等奖
2011年	田　甜	安徽师范大学皖江学院第五届教学技能比赛	安徽师范大学皖江学院	二等奖
2011年	曹喜珠	安徽师范大学皖江学院第五届教学技能比赛	安徽师范大学皖江学院	三等奖
2011年	吉　慧	安徽师范大学皖江学院第五届教学技能比赛	安徽师范大学皖江学院	三等奖

续 表

年份	获奖人	参赛项目	颁奖单位	获奖类别/等级
2011年	徐　洁	安徽师范大学皖江学院第五届教学技能比赛	安徽师范大学皖江学院	三等奖
2011年	张　颖	安徽师范大学皖江学院第五届教学技能比赛	安徽师范大学皖江学院	三等奖
2011年	张世慈	安徽师范大学皖江学院第五届教学技能比赛	安徽师范大学皖江学院	三等奖
2011年	刘玉龙	2007—2008年安徽省社会科学文学艺术出版奖	安徽省人民政府	三等奖
2012年	李斐斐	安徽师范大学皖江学院第六届教学技能比赛	安徽师范大学皖江学院	一等奖
2012年	魏　静	安徽师范大学皖江学院第六届教学技能比赛	安徽师范大学皖江学院	二等奖
2012年	郑金凤	安徽师范大学皖江学院第六届教学技能比赛	安徽师范大学皖江学院	二等奖
2012年	宋　昀	安徽师范大学皖江学院第六届教学技能比赛	安徽师范大学皖江学院	三等奖
2012年	周　琢	安徽师范大学皖江学院第六届教学技能比赛	安徽师范大学皖江学院	三等奖
2012年	田　甜	安徽师范大学皖江学院第六届教学技能比赛	安徽师范大学皖江学院	三等奖
2012年	张晓敏	安徽师范大学皖江学院第六届教学技能比赛	安徽师范大学皖江学院	优秀奖
2012年	姚高峰	安徽师范大学皖江学院第六届教学技能比赛	安徽师范大学皖江学院	优秀奖
2012年	徐　洁	安徽师范大学皖江学院第六届教学技能比赛	安徽师范大学皖江学院	优秀奖
2012年	高智林	安徽师范大学皖江学院第六届教学技能比赛	安徽师范大学皖江学院	优秀奖
2012年	王　培	安徽师范大学皖江学院第六届教学技能比赛	安徽师范大学皖江学院	优秀奖
2012年	沈玲玲	安徽师范大学皖江学院第六届教学技能比赛	安徽师范大学皖江学院	优秀奖
2012年	李　莉	安徽师范大学皖江学院第六届教学技能比赛	安徽师范大学皖江学院	优秀奖
2012年	朱强军	安徽师范大学皖江学院第六届教学技能比赛	安徽师范大学皖江学院	优秀奖
2012年	吉　慧	安徽师范大学皖江学院第六届教学技能比赛	安徽师范大学皖江学院	优秀奖
2012年	鲁华锋	安徽师范大学皖江学院2012年优秀教学奖	安徽师范大学皖江学院	一等奖
2012年	戴玉珊	安徽师范大学皖江学院2012年优秀教学奖	安徽师范大学皖江学院	一等奖
2012年	吴　彬	安徽师范大学皖江学院2012年优秀教学奖	安徽师范大学皖江学院	一等奖
2012年	李　莉	安徽师范大学皖江学院2012年优秀教学奖	安徽师范大学皖江学院	一等奖
2012年	李　智	安徽师范大学皖江学院2012年优秀教学奖	安徽师范大学皖江学院	一等奖
2012年	唐叶剑	安徽师范大学皖江学院2012年优秀教学奖	安徽师范大学皖江学院	一等奖
2012年	颜　彦	安徽师范大学皖江学院2012年优秀教学奖	安徽师范大学皖江学院	二等奖
2012年	张　颖	安徽师范大学皖江学院2012年优秀教学奖	安徽师范大学皖江学院	二等奖
2012年	周　琢	安徽师范大学皖江学院2012年优秀教学奖	安徽师范大学皖江学院	二等奖
2012年	武松林	安徽师范大学皖江学院2012年优秀教学奖	安徽师范大学皖江学院	二等奖
2012年	邢　�	安徽师范大学皖江学院2012年优秀教学奖	安徽师范大学皖江学院	二等奖
2012年	王炳江	安徽师范大学皖江学院2012年优秀教学奖	安徽师范大学皖江学院	二等奖

续表

年份	获奖人	参赛项目	颁奖单位	获奖类别/等级
2012年	胡　群	安徽师范大学皖江学院2012年优秀教学奖	安徽师范大学皖江学院	三等奖
2012年	俞晓艳	安徽师范大学皖江学院2012年优秀教学奖	安徽师范大学皖江学院	三等奖
2012年	叶元龙	安徽师范大学皖江学院2012年优秀教学奖	安徽师范大学皖江学院	三等奖
2012年	项名翠	安徽师范大学皖江学院2012年优秀教学奖	安徽师范大学皖江学院	三等奖
2012年	刘宏宝	安徽师范大学皖江学院2012年优秀教学奖	安徽师范大学皖江学院	三等奖
2012年	张　辉	安徽师范大学皖江学院2012年优秀教学奖	安徽师范大学皖江学院	三等奖
2012年	杜萍萍	安徽师范大学皖江学院2012年优秀教学奖	安徽师范大学皖江学院	三等奖
2012年	程康勇	安徽师范大学皖江学院2012年优秀教学奖	安徽师范大学皖江学院	三等奖
2012年	李斐斐	安徽师范大学皖江学院2012年优秀教学奖	安徽师范大学皖江学院	三等奖
2012年	郜贻红	安徽师范大学皖江学院2012年优秀教学奖	安徽师范大学皖江学院	三等奖
2012年	李祝青	安徽师范大学皖江学院2012年优秀教学奖	安徽师范大学皖江学院	三等奖
2012年	曹喜珠	安徽师范大学皖江学院2012年优秀教学奖	安徽师范大学皖江学院	三等奖
2012年	杨　韬	安徽师范大学皖江学院2012年优秀教学奖	安徽师范大学皖江学院	三等奖
2012年	杜晓坤	安徽师范大学皖江学院2012年优秀教学奖	安徽师范大学皖江学院	三等奖
2012年	秦忠基	安徽师范大学皖江学院2012年优秀教学管理奖	安徽师范大学皖江学院	优秀教学管理先进个人
2012年	钱奇佳	安徽师范大学皖江学院2012年优秀教学管理奖	安徽师范大学皖江学院	优秀教学管理先进个人
2012年	汪惟宝	安徽师范大学皖江学院2012年优秀教学管理奖	安徽师范大学皖江学院	优秀教学管理先进个人
2012年	李秀芳	安徽师范大学皖江学院2012年优秀教学管理奖	安徽师范大学皖江学院	优秀教学管理先进个人
2012年	张　伟（男）	第四届安徽省美术大展（水粉作品《卉》）	安徽省文化厅、安徽省美术家协会	优秀奖
2012年	季　然	全国大学生广告艺术大赛、“南京青奥会”专题设计竞赛（设计作品《金金和灵灵》）	全国大学生广告艺术大赛组委会、第二届夏季青年奥林匹克运动会组织委员会	优秀奖
2012年	孙　亮	安徽省第十二届设计艺术大展（作品《戏墨》）	安徽省包装协会	银奖
2012年	孙　亮	安徽省第十二届艺术设计作品评比交流会（标志类作品《万变归本》）	安徽省包装协会	银奖
2012年	孙　亮	安徽省第十二届艺术设计作品评比交流会（招贴类作品《孔雀东南飞》）	安徽省包装协会	铜奖
2012年	孙　亮	第四届安徽美术大展（动漫作品《猫》）	安徽省文化厅、安徽省美术家协会	银奖

续 表

年份	获奖人	参赛项目	颁奖单位	获奖类别/等级
2012年	季 然	靳埭强设计奖2012年全球华人设计比赛（海报《保护能源，拥抱未来》）	汕头大学、长江艺术与设计学院、全球华人设计比赛组委会、靳埭强设计奖组委会	优秀奖
2012年	刘玉龙	第四届安徽美术大展（作品《暖》）	安徽省文化厅、安徽省文学艺术界联合会、安徽省美术家协会	铜奖
2012年	王璟珺 杜晓坤	第三届全国院校美术大赛（作品《黑与白》）	西安美术学院、美术教育研究杂志社	优秀奖
2012年	汪惟宝	第三届全国院校美术大赛（作品《白色桥的风景》）	西安美术学院、美术教育研究杂志社	优秀奖
2012年	周感平	第三届全国院校美术大赛（作品《同学》）	西安美术学院、美术教育研究杂志社	优秀奖
2012年	张先云	安徽省高等学校质量工程项目	安徽省教育厅	二等奖
2012年	闫蒙钢	安徽省高等学校质量工程项目	安徽省教育厅	二等奖
2012年	张先云	安徽省高等学校质量工程项目	安徽省教育厅	优秀教学管理工作者
2013年	周 琢	安徽师范大学第三届青年教师教学基本功大赛	安徽师范大学	二等奖
2013年	郑金凤	安徽师范大学第三届青年教师教学基本功大赛	安徽师范大学	三等奖
2013年	魏 静	安徽师范大学第三届青年教师教学基本功大赛	安徽师范大学	三等奖
2013年	李斐斐	安徽师范大学第三届青年教师教学基本功大赛	安徽师范大学皖江学院	鼓励奖
2013年	宋 昀	安徽师范大学第三届青年教师教学基本功大赛	安徽师范大学皖江学院	鼓励奖
2013年	田 甜	安徽师范大学第三届青年教师教学基本功大赛	安徽师范大学皖江学院	鼓励奖
2013年	戴玉珊	安徽师范大学皖江学院2013年优秀教学奖	安徽师范大学皖江学院	一等奖
2013年	徐 宁	安徽师范大学皖江学院2013年优秀教学奖	安徽师范大学皖江学院	一等奖
2013年	王光煜	安徽师范大学皖江学院2013年优秀教学奖	安徽师范大学皖江学院	一等奖
2013年	荣姗姗	安徽师范大学皖江学院2013年优秀教学奖	安徽师范大学皖江学院	一等奖
2013年	沈玲玲	安徽师范大学皖江学院2013年优秀教学奖	安徽师范大学皖江学院	一等奖
2013年	李斐斐	安徽师范大学皖江学院2013年优秀教学奖	安徽师范大学皖江学院	一等奖
2013年	汪静波	安徽师范大学皖江学院2013年优秀教学奖	安徽师范大学皖江学院	二等奖
2013年	何 琼	安徽师范大学皖江学院2013年优秀教学奖	安徽师范大学皖江学院	二等奖
2013年	田 甜	安徽师范大学皖江学院2013年优秀教学奖	安徽师范大学皖江学院	二等奖
2013年	李祝青	安徽师范大学皖江学院2013年优秀教学奖	安徽师范大学皖江学院	二等奖
2013年	张贝贝	安徽师范大学皖江学院2013年优秀教学奖	安徽师范大学皖江学院	二等奖

续　表

年份	获奖人	参赛项目	颁奖单位	获奖类别/等级
2013年	饶青华	安徽师范大学皖江学院2013年优秀教学奖	安徽师范大学皖江学院	二等奖
2013年	李　丽	安徽师范大学皖江学院2013年优秀教学奖	安徽师范大学皖江学院	二等奖
2013年	刘永珍	安徽师范大学皖江学院2013年优秀教学奖	安徽师范大学皖江学院	二等奖
2013年	徐　洁	安徽师范大学皖江学院2013年优秀教学奖	安徽师范大学皖江学院	二等奖
2013年	吉　慧	安徽师范大学皖江学院2013年优秀教学奖	安徽师范大学皖江学院	二等奖
2013年	王炳江	安徽师范大学皖江学院2013年优秀教学奖	安徽师范大学皖江学院	三等奖
2013年	汪惟宝	安徽师范大学皖江学院2013年优秀教学奖	安徽师范大学皖江学院	三等奖
2013年	李秀芳	安徽师范大学皖江学院2013年优秀教学奖	安徽师范大学皖江学院	三等奖
2013年	张文萍	安徽师范大学皖江学院2013年优秀教学奖	安徽师范大学皖江学院	三等奖
2013年	王　雪	安徽师范大学皖江学院2013年优秀教学奖	安徽师范大学皖江学院	三等奖
2013年	褚凤琴	安徽师范大学皖江学院2013年优秀教学奖	安徽师范大学皖江学院	三等奖
2013年	孙琴琴	安徽师范大学皖江学院2013年优秀教学奖	安徽师范大学皖江学院	三等奖
2013年	袁　苑	安徽师范大学皖江学院2013年优秀教学奖	安徽师范大学皖江学院	三等奖
2013年	袁素红	安徽师范大学皖江学院2013年优秀教学奖	安徽师范大学皖江学院	三等奖
2013年	程康勇	安徽师范大学皖江学院2013年优秀教学奖	安徽师范大学皖江学院	三等奖
2013年	汪　琳	安徽师范大学皖江学院2013年优秀教学奖	安徽师范大学皖江学院	三等奖
2013年	钟　岚	安徽师范大学皖江学院2013年优秀教学奖	安徽师范大学皖江学院	三等奖
2013年	郁　海	安徽师范大学皖江学院2013年优秀教学奖	安徽师范大学皖江学院	三等奖
2013年	许　宁	安徽师范大学皖江学院2013年优秀教学奖	安徽师范大学皖江学院	三等奖
2013年	苏园园	安徽师范大学皖江学院2013年优秀教学奖	安徽师范大学皖江学院	三等奖
2013年	张晓敏	安徽师范大学皖江学院2013年优秀教学管理奖	安徽师范大学皖江学院	优秀教学管理个人
2013年	李运鑫	安徽师范大学皖江学院2013年优秀教学管理奖	安徽师范大学皖江学院	优秀教学管理个人
2013年	沈建智	安徽师范大学皖江学院2013年优秀教学管理奖	安徽师范大学皖江学院	优秀教学管理个人
2013年	孙　亮	安徽省第二届动漫大赛(作品《猫》)	安徽省文化厅、安徽省教育厅、安徽省广播电视台等	金喜鹊奖
2013年	季　然	能源有效利用全球海报设计大赛暨能源有效利用海报全球巡回展(海报作品《保护能源，拥抱未来》)	德国通讯与设计应用技术大学、杭州师范大学艺术学院、南京艺术学院	优秀奖
2013年	季　然	能源有效利用全球海报设计大赛暨能源有效利用海报全球巡回展(海报作品《hello，future》)	德国通讯与设计应用技术大学、杭州师范大学艺术学院、南京艺术学院	优秀奖

续 表

年份	获奖人	参赛项目	颁奖单位	获奖类别/等级
2013年	季 然	能源有效利用全球海报设计大赛暨能源有效利用海报全球巡回展(海报作品《手护1》)	德国通讯与设计应用技术大学、杭州师范大学艺术学院、南京艺术学院	优秀奖
2013年	季 然	能源有效利用全球海报设计大赛暨能源有效利用海报全球巡回展(海报作品《手护2》)	德国通讯与设计应用技术大学、杭州师范大学艺术学院、南京艺术学院	优秀奖
2013年	孙 亮	安徽省第三届大学生艺术展演活动高校艺术教育科研论文评选活动(《美术类生源条件下动画本科专业人才培养模式探求》)	安徽省教育厅	三等奖
2013年	沈玲玲	第五届中国大学生现代摄影展	中国大学生现代摄影大赛组委会	优秀指导教师
2013年	刘玉龙	首届安徽省粉画作品展(作品《人体》)	安徽省美术家协会	优秀奖
2013年	田 甜	首届安徽省粉画作品展(作品《戏舞》)	安徽省美术家协会	优秀奖
2013年	汪惟宝	安徽省第十三届艺术设计作品评比交流会(招贴类作品《这就是我们的目标》)	安徽省包装设计协会设计委员会	铜奖
2013年	张 伟(男)	首届安徽(芜湖)安全生产漫画作品展	安徽省美术家协会、芜湖市总工会、芜湖市安全生产监督管理局	二等奖
2013年	戴玉珊	安徽师范大学皖江学院第一次“三育人”先进工作者评选	安徽师范大学皖江学院	教书育人先进工作者
2013年	武松林	安徽师范大学皖江学院第一次“三育人”先进工作者评选	安徽师范大学皖江学院	教书育人先进工作者
2013年	李 智	安徽师范大学皖江学院第一次“三育人”先进工作者评选	安徽师范大学皖江学院	教书育人先进工作者
2013年	朱强军	安徽师范大学皖江学院第一次“三育人”先进工作者评选	安徽师范大学皖江学院	教书育人先进工作者
2013年	李祝青	安徽师范大学皖江学院第一次“三育人”先进工作者评选	安徽师范大学皖江学院	教书育人先进工作者
2013年	张 萍	安徽师范大学皖江学院第一次“三育人”先进工作者评选	安徽师范大学皖江学院	管理育人先进工作者
2013年	周淑芳	安徽师范大学皖江学院第一次“三育人”先进工作者评选	安徽师范大学皖江学院	管理育人先进工作者
2013年	方 新	安徽师范大学皖江学院第一次“三育人”先进工作者评选	安徽师范大学皖江学院	管理育人先进工作者
2013年	周新胜	安徽师范大学皖江学院第一次“三育人”先进工作者评选	安徽师范大学皖江学院	管理育人先进工作者
2013年	俞 钢	安徽师范大学皖江学院第一次“三育人”先进工作者评选	安徽师范大学皖江学院	服务育人先进工作者

续　表

年份	获奖人	参赛项目	颁奖单位	获奖类别/等级
2013年	汪小青	安徽师范大学皖江学院第一次“三育人”先进工作者评选	安徽师范大学皖江学院	服务育人先进工作者
2013年	张　辉	安徽师范大学皖江学院学科竞赛优秀指导教师评选	安徽师范大学皖江学院	学科竞赛优秀指导教师
2013年	荣姗珊	安徽师范大学皖江学院学科竞赛优秀指导教师评选	安徽师范大学皖江学院	学科竞赛优秀指导教师
2013年	方　芳（电子工程系）	安徽师范大学皖江学院学科竞赛优秀指导教师评选	安徽师范大学皖江学院	学科竞赛优秀指导教师
2013年	夏家顺	安徽师范大学皖江学院学科竞赛优秀指导教师评选	安徽师范大学皖江学院	学科竞赛优秀指导教师
2013年	叶元龙	安徽师范大学皖江学院学科竞赛优秀指导教师评选	安徽师范大学皖江学院	学科竞赛优秀指导教师
2013年	张　颖	安徽师范大学皖江学院学科竞赛优秀指导教师评选	安徽师范大学皖江学院	学科竞赛优秀指导教师
2013年	许长安	安徽师范大学皖江学院学科竞赛优秀指导教师评选	安徽师范大学皖江学院	学科竞赛优秀指导教师
2013年	闫蒙钢	安徽省高等学校质量工程项目	安徽省教育厅	教学名师
2013年	孙　亮	安徽省高等学校质量工程项目	安徽省教育厅	教学成果三等奖
2013年	赵　平	安徽省高等学校质量工程项目	安徽省教育厅	教学成果三等奖
2013年	周　琢	安徽省高等学校质量工程项目	安徽省教育厅	教坛新秀
2013年	李子华	中华人民共和国民政部科研项目（《社会组织人才院校培养路径研究》）	中华人民共和国民政部	三等奖
2014年	荣姗珊	安徽师范大学皖江学院第七届教学技能比赛	安徽师范大学皖江学院	一等奖
2014年	高芳菲	安徽师范大学皖江学院第七届教学技能比赛	安徽师范大学皖江学院	二等奖
2014年	许　宁	安徽师范大学皖江学院第七届教学技能比赛	安徽师范大学皖江学院	二等奖
2014年	褚凤琴	安徽师范大学皖江学院第七届教学技能比赛	安徽师范大学皖江学院	二等奖
2014年	汪　琳	安徽师范大学皖江学院第七届教学技能比赛	安徽师范大学皖江学院	三等奖
2014年	梁　瑞	安徽师范大学皖江学院第七届教学技能比赛	安徽师范大学皖江学院	三等奖
2014年	聂益玲	安徽师范大学皖江学院第七届教学技能比赛	安徽师范大学皖江学院	三等奖
2014年	李　丽	安徽师范大学皖江学院第七届教学技能比赛	安徽师范大学皖江学院	三等奖
2014年	陈　林	安徽师范大学皖江学院第七届教学技能比赛	安徽师范大学皖江学院	三等奖
2014年	饶青华	安徽师范大学皖江学院第七届教学技能比赛	安徽师范大学皖江学院	三等奖
2014年	李　云	安徽师范大学皖江学院第七届教学技能比赛	安徽师范大学皖江学院	三等奖

续 表

年份	获奖人	参赛项目	颁奖单位	获奖类别/等级
2014年	孙琴琴	安徽师范大学皖江学院第七届教学技能比赛	安徽师范大学皖江学院	优秀奖
2014年	樊　玲	安徽师范大学皖江学院第七届教学技能比赛	安徽师范大学皖江学院	优秀奖
2014年	吴婷婷	安徽师范大学皖江学院第七届教学技能比赛	安徽师范大学皖江学院	优秀奖
2014年	张　伟（女）	安徽师范大学皖江学院第七届教学技能比赛	安徽师范大学皖江学院	优秀奖
2014年	王炳江	安徽师范大学皖江学院第七届教学技能比赛	安徽师范大学皖江学院	优秀奖
2014年	季　然	安徽师范大学皖江学院第七届教学技能比赛	安徽师范大学皖江学院	优秀奖
2014年	张贝贝	安徽师范大学皖江学院第七届教学技能比赛	安徽师范大学皖江学院	优秀奖
2014年	章　瑀	安徽师范大学皖江学院第七届教学技能比赛	安徽师范大学皖江学院	优秀奖
2014年	张　辉	安徽师范大学皖江学院学科竞赛优秀指导教师评选	安徽师范大学皖江学院	学科竞赛优秀指导教师
2014年	周　琢	安徽师范大学皖江学院学科竞赛优秀指导教师评选	安徽师范大学皖江学院	学科竞赛优秀指导教师
2014年	荣姗珊	安徽师范大学皖江学院学科竞赛优秀指导教师评选	安徽师范大学皖江学院	学科竞赛优秀指导教师
2014年	方　芳（电子工程系）	安徽师范大学皖江学院学科竞赛优秀指导教师评选	安徽师范大学皖江学院	学科竞赛优秀指导教师
2014年	孙　亮	安徽师范大学皖江学院学科竞赛优秀指导教师评选	安徽师范大学皖江学院	学科竞赛优秀指导教师
2014年	赵菲菲	安徽师范大学皖江学院学科竞赛优秀指导教师评选	安徽师范大学皖江学院	学科竞赛优秀指导教师
2014年	左　苗	安徽师范大学皖江学院学科竞赛优秀指导教师评选	安徽师范大学皖江学院	学科竞赛优秀指导教师
2014年	钟　岚	安徽师范大学皖江学院学科竞赛优秀指导教师评选	安徽师范大学皖江学院	学科竞赛优秀指导教师
2014年	汪　琳	安徽师范大学第四届青年教师教学基本功大赛	安徽师范大学	二等奖
2014年	梁　瑞	安徽师范大学第四届青年教师教学基本功大赛	安徽师范大学	二等奖
2014年	高芳菲	安徽师范大学第四届青年教师教学基本功大赛	安徽师范大学	三等奖
2014年	许　宁	安徽师范大学第四届青年教师教学基本功大赛	安徽师范大学	三等奖
2014年	褚凤琴	安徽师范大学第四届青年教师教学基本功大赛	安徽师范大学	三等奖
2014年	聂益玲	安徽师范大学第四届青年教师教学基本功大赛	安徽师范大学	三等奖
2014年	何　琼	安徽省高校声乐比赛暨第六届“神州唱响”全国高校声乐比赛安徽赛区选拔赛	安徽省音乐家协会	优秀奖

续　表

年份	获奖人	参赛项目	颁奖单位	获奖类别/等级
2014年	张　伟（女）	安徽师范大学皖江学院2014年优秀教学奖	安徽师范大学皖江学院	一等奖
2014年	褚凤琴	安徽师范大学皖江学院2014年优秀教学奖	安徽师范大学皖江学院	一等奖
2014年	汪静波	安徽师范大学皖江学院2014年优秀教学奖	安徽师范大学皖江学院	一等奖
2014年	高芳菲	安徽师范大学皖江学院2014年优秀教学奖	安徽师范大学皖江学院	一等奖
2014年	张春花	安徽师范大学皖江学院2014年优秀教学奖	安徽师范大学皖江学院	一等奖
2014年	王炳江	安徽师范大学皖江学院2014年优秀教学奖	安徽师范大学皖江学院	一等奖
2014年	季　然	安徽师范大学皖江学院2014年优秀教学奖	安徽师范大学皖江学院	一等奖
2014年	汪　琳	安徽师范大学皖江学院2014年优秀教学奖	安徽师范大学皖江学院	一等奖
2014年	许　宁	安徽师范大学皖江学院2014年优秀教学奖	安徽师范大学皖江学院	一等奖
2014年	胡　群	安徽师范大学皖江学院2014年优秀教学奖	安徽师范大学皖江学院	二等奖
2014年	郑金凤	安徽师范大学皖江学院2014年优秀教学奖	安徽师范大学皖江学院	二等奖
2014年	孙琴琴	安徽师范大学皖江学院2014年优秀教学奖	安徽师范大学皖江学院	二等奖
2014年	李　茜	安徽师范大学皖江学院2014年优秀教学奖	安徽师范大学皖江学院	二等奖
2014年	高智林	安徽师范大学皖江学院2014年优秀教学奖	安徽师范大学皖江学院	二等奖
2014年	袁素红	安徽师范大学皖江学院2014年优秀教学奖	安徽师范大学皖江学院	二等奖
2014年	李　丽	安徽师范大学皖江学院2014年优秀教学奖	安徽师范大学皖江学院	二等奖
2014年	张　辉	安徽师范大学皖江学院2014年优秀教学奖	安徽师范大学皖江学院	二等奖
2014年	沈玲玲	安徽师范大学皖江学院2014年优秀教学奖	安徽师范大学皖江学院	二等奖
2014年	郎　郎	安徽师范大学皖江学院2014年优秀教学奖	安徽师范大学皖江学院	二等奖
2014年	郑雪晨	安徽师范大学皖江学院2014年优秀教学奖	安徽师范大学皖江学院	二等奖
2014年	郁　海	安徽师范大学皖江学院2014年优秀教学奖	安徽师范大学皖江学院	二等奖
2014年	孔德小雅	安徽师范大学皖江学院2014年优秀教学奖	安徽师范大学皖江学院	二等奖
2014年	李旭文	安徽师范大学皖江学院2014年优秀教学奖	安徽师范大学皖江学院	二等奖
2014年	戴玉珊	安徽师范大学皖江学院2014年优秀教学奖	安徽师范大学皖江学院	三等奖
2014年	王　雪	安徽师范大学皖江学院2014年优秀教学奖	安徽师范大学皖江学院	三等奖
2014年	樊　玲	安徽师范大学皖江学院2014年优秀教学奖	安徽师范大学皖江学院	三等奖
2014年	李莉莉	安徽师范大学皖江学院2014年优秀教学奖	安徽师范大学皖江学院	三等奖
2014年	刘永珍	安徽师范大学皖江学院2014年优秀教学奖	安徽师范大学皖江学院	三等奖
2014年	王冬菊	安徽师范大学皖江学院2014年优秀教学奖	安徽师范大学皖江学院	三等奖
2014年	吉　慧	安徽师范大学皖江学院2014年优秀教学奖	安徽师范大学皖江学院	三等奖
2014年	李　智	安徽师范大学皖江学院2014年优秀教学奖	安徽师范大学皖江学院	三等奖

续 表

年份	获奖人	参赛项目	颁奖单位	获奖类别/等级
2014年	周感平	安徽师范大学皖江学院2014年优秀教学奖	安徽师范大学皖江学院	三等奖
2014年	程康勇	安徽师范大学皖江学院2014年优秀教学奖	安徽师范大学皖江学院	三等奖
2014年	李斐斐	安徽师范大学皖江学院2014年优秀教学奖	安徽师范大学皖江学院	三等奖
2014年	胡一鸣	安徽师范大学皖江学院2014年优秀教学管理奖	安徽师范大学皖江学院	优秀教学管理个人
2014年	张　雷	安徽师范大学皖江学院2014年优秀教学管理奖	安徽师范大学皖江学院	优秀教学管理个人
2014年	唐叶剑	安徽师范大学皖江学院2014年优秀教学管理奖	安徽师范大学皖江学院	优秀教学管理个人
2014年	郑雪晨	“梦想中国”全国艺术人才教育成果展示会	中国电视音乐家协会，中国教育家交流协会	特金奖
2014年	何　琼	安徽省高校声乐比赛暨第六届“神州唱响”全国高校声乐比赛安徽赛区选拔赛	安徽省音乐家协会	优秀奖
2014年	邢　憨	安徽省高校声乐比赛暨第六届“神州唱响”全国高校声乐比赛安徽赛区选拔赛	安徽省音乐家协会	铜奖
2014年	季　然	第六届全国大学生广告艺术大赛安徽分赛区	安徽省教育厅	优秀组织工作者
2014年	赵　平	安徽省优秀教师评选	安徽省教育厅	优秀教师
2014年	赵　平	安徽省高等学校质量工程项目	安徽省教育厅	教学名师
2014年	徐　宁	安徽省高等学校质量工程项目	安徽省教育厅	教坛新秀
2014年	刘玉龙	第五届安徽省美术大展（水彩作品《造船厂》）	安徽省文化厅、安徽省美术家协会	铜奖
2014年	刘玉龙	第五届安徽美术大展（油画作品《沸腾的船厂》）	安徽省文化厅、安徽省美术家协会	银奖
2014年	孙　亮	第三届安徽省动漫大赛（作品《逃离地球的鱼》）	安徽省动漫大赛组委会	优秀动画作品奖
2014年	孙　亮	第三届安徽省动漫大赛（作品《孔雀东南飞》）	安徽省动漫大赛组委会	优秀动画作品奖
2014年	何　琼	第三届亚洲青年歌唱家比赛（美声组）	国际音乐家舞蹈家协会	最佳表演奖
2014年	吴　彬	安徽师范大学皖江学院2013—2014学年“三育人”先进工作者	安徽师范大学皖江学院	教书育人先进工作者
2014年	徐　洁	安徽师范大学皖江学院2013—2014学年“三育人”先进工作者	安徽师范大学皖江学院	教书育人先进工作者
2014年	高芳菲	安徽师范大学皖江学院2013—2014学年“三育人”先进工作者	安徽师范大学皖江学院	教书育人先进工作者
2014年	徐　宁	安徽师范大学皖江学院2013—2014学年“三育人”先进工作者	安徽师范大学皖江学院	教书育人先进工作者

续　表

年份	获奖人	参赛项目	颁奖单位	获奖类别/等级
2014年	郎　郎	安徽师范大学皖江学院2013—2014学年“三育人”先进工作者	安徽师范大学皖江学院	教书育人先进工作者
2014年	侯　倩	安徽师范大学皖江学院2013—2014学年“三育人”先进工作者	安徽师范大学皖江学院	管理育人先进工作者
2014年	罗　乐	安徽师范大学皖江学院2013—2014学年“三育人”先进工作者	安徽师范大学皖江学院	管理育人先进工作者
2014年	张莹莹	安徽师范大学皖江学院2013—2014学年“三育人”先进工作者	安徽师范大学皖江学院	服务育人先进工作者
2014年	朱云峰	安徽师范大学皖江学院2013—2014学年“三育人”先进工作者	安徽师范大学皖江学院	服务育人先进工作者
2015年	钱奇佳	安徽师范大学皖江学院2015年学科竞赛优秀指导教师	安徽师范大学皖江学院	学科竞赛优秀指导教师
2015年	韩雪松	安徽师范大学皖江学院2015年学科竞赛优秀指导教师	安徽师范大学皖江学院	学科竞赛优秀指导教师
2015年	詹绪左	安徽师范大学皖江学院2015年学科竞赛优秀指导教师	安徽师范大学皖江学院	学科竞赛优秀指导教师
2015年	夏家顺	安徽师范大学皖江学院2015年学科竞赛优秀指导教师	安徽师范大学皖江学院	学科竞赛优秀指导教师
2015年	汪静波	安徽师范大学皖江学院2015年学科竞赛优秀指导教师	安徽师范大学皖江学院	学科竞赛优秀指导教师
2015年	高芳菲	安徽师范大学皖江学院2015年学科竞赛优秀指导教师	安徽师范大学皖江学院	学科竞赛优秀指导教师
2015年	张　辉	安徽师范大学皖江学院2015年学科竞赛优秀指导教师	安徽师范大学皖江学院	学科竞赛优秀指导教师
2015年	孙　亮	安徽师范大学皖江学院2015年学科竞赛优秀指导教师	安徽师范大学皖江学院	学科竞赛优秀指导教师
2015年	季　然	安徽师范大学皖江学院2015年学科竞赛优秀指导教师	安徽师范大学皖江学院	学科竞赛优秀指导教师
2015年	开　璇	安徽师范大学皖江学院2015年学科竞赛优秀指导教师	安徽师范大学皖江学院	学科竞赛优秀指导教师
2015年	李　茜	安徽师范大学皖江学院第八届教学技能比赛	安徽师范大学皖江学院	一等奖
2015年	汪静波	安徽师范大学皖江学院第八届教学技能比赛	安徽师范大学皖江学院	二等奖
2015年	张　颖	安徽师范大学皖江学院第八届教学技能比赛	安徽师范大学皖江学院	二等奖
2015年	高　原	安徽师范大学皖江学院第八届教学技能比赛	安徽师范大学皖江学院	二等奖
2015年	赵菲菲	安徽师范大学皖江学院第八届教学技能比赛	安徽师范大学皖江学院	三等奖
2015年	何　琼	安徽师范大学皖江学院第八届教学技能比赛	安徽师范大学皖江学院	三等奖
2015年	朱强军	安徽师范大学皖江学院第八届教学技能比赛	安徽师范大学皖江学院	三等奖

续　表

年份	获奖人	参赛项目	颁奖单位	获奖类别/等级
2015年	张春花	安徽师范大学皖江学院第八届教学技能比赛	安徽师范大学皖江学院	三等奖
2015年	苏园园	安徽师范大学皖江学院第八届教学技能比赛	安徽师范大学皖江学院	三等奖
2015年	郎　郎	安徽师范大学皖江学院第八届教学技能比赛	安徽师范大学皖江学院	三等奖
2015年	项名翠	安徽师范大学皖江学院第八届教学技能比赛	安徽师范大学皖江学院	优秀奖
2015年	李天容	安徽师范大学皖江学院第八届教学技能比赛	安徽师范大学皖江学院	优秀奖
2015年	胡　群	安徽师范大学皖江学院第八届教学技能比赛	安徽师范大学皖江学院	优秀奖
2015年	吴辛佳	安徽师范大学皖江学院第八届教学技能比赛	安徽师范大学皖江学院	优秀奖
2015年	韦　青	安徽师范大学皖江学院第八届教学技能比赛	安徽师范大学皖江学院	优秀奖
2015年	李　茜	安徽师范大第五届青年教师教学基本功大赛	安徽师范大学	一等奖
2015年	高　原	安徽师范大第五届青年教师教学基本功大赛	安徽师范大学	一等奖
2015年	何　琼	安徽师范大第五届青年教师教学基本功大赛	安徽师范大学	二等奖
2015年	汪静波	安徽师范大第五届青年教师教学基本功大赛	安徽师范大学	三等奖
2015年	朱强军	安徽师范大第五届青年教师教学基本功大赛	安徽师范大学	三等奖
2015年	张　伟（女）	安徽师范大学皖江学院2015年优秀教学奖	安徽师范大学皖江学院	一等奖
2015年	汪静波	安徽师范大学皖江学院2015年优秀教学奖	安徽师范大学皖江学院	一等奖
2015年	李　茜	安徽师范大学皖江学院2015年优秀教学奖	安徽师范大学皖江学院	一等奖
2015年	季　然	安徽师范大学皖江学院2015年优秀教学奖	安徽师范大学皖江学院	一等奖
2015年	马晨竹	安徽师范大学皖江学院2015年优秀教学奖	安徽师范大学皖江学院	一等奖
2015年	高　原	安徽师范大学皖江学院2015年优秀教学奖	安徽师范大学皖江学院	二等奖
2015年	戴玉珊	安徽师范大学皖江学院2015年优秀教学奖	安徽师范大学皖江学院	二等奖
2015年	褚凤琴	安徽师范大学皖江学院2015年优秀教学奖	安徽师范大学皖江学院	二等奖
2015年	高芳菲	安徽师范大学皖江学院2015年优秀教学奖	安徽师范大学皖江学院	二等奖
2015年	徐　宁	安徽师范大学皖江学院2015年优秀教学奖	安徽师范大学皖江学院	二等奖
2015年	侯婷婷	安徽师范大学皖江学院2015年优秀教学奖	安徽师范大学皖江学院	二等奖
2015年	王　璟	安徽师范大学皖江学院2015年优秀教学奖	安徽师范大学皖江学院	二等奖
2015年	郁　海	安徽师范大学皖江学院2015年优秀教学奖	安徽师范大学皖江学院	二等奖
2015年	吴成龙	安徽师范大学皖江学院2015年优秀教学奖	安徽师范大学皖江学院	二等奖
2015年	李斐斐	安徽师范大学皖江学院2015年优秀教学奖	安徽师范大学皖江学院	二等奖
2015年	张文萍	安徽师范大学皖江学院2015年优秀教学奖	安徽师范大学皖江学院	三等奖
2015年	张　雷	安徽师范大学皖江学院2015年优秀教学奖	安徽师范大学皖江学院	三等奖
2015年	孙琴琴	安徽师范大学皖江学院2015年优秀教学奖	安徽师范大学皖江学院	三等奖

续　表

年份	获奖人	参赛项目	颁奖单位	获奖类别/等级
2015年	张　颖	安徽师范大学皖江学院2015年优秀教学奖	安徽师范大学皖江学院	三等奖
2015年	袁　苑	安徽师范大学皖江学院2015年优秀教学奖	安徽师范大学皖江学院	三等奖
2015年	项名翠	安徽师范大学皖江学院2015年优秀教学奖	安徽师范大学皖江学院	三等奖
2015年	邵　敏	安徽师范大学皖江学院2015年优秀教学奖	安徽师范大学皖江学院	三等奖
2015年	胡一鸣	安徽师范大学皖江学院2015年优秀教学奖	安徽师范大学皖江学院	三等奖
2015年	周　琢	安徽师范大学皖江学院2015年优秀教学奖	安徽师范大学皖江学院	三等奖
2015年	张　辉	安徽师范大学皖江学院2015年优秀教学奖	安徽师范大学皖江学院	三等奖
2015年	郎　郎	安徽师范大学皖江学院2015年优秀教学奖	安徽师范大学皖江学院	三等奖
2015年	汪惟宝	安徽师范大学皖江学院2015年优秀教学奖	安徽师范大学皖江学院	三等奖
2015年	杜晓坤	安徽师范大学皖江学院2015年优秀教学奖	安徽师范大学皖江学院	三等奖
2015年	钟　岚	安徽师范大学皖江学院2015年优秀教学奖	安徽师范大学皖江学院	三等奖
2015年	韩　啸	安徽师范大学皖江学院2015年优秀教学奖	安徽师范大学皖江学院	三等奖
2015年	韦　青	安徽师范大学皖江学院2015年优秀教学奖	安徽师范大学皖江学院	三等奖
2015年	曹喜珠	安徽师范大学皖江学院2015年优秀教学奖	安徽师范大学皖江学院	三等奖
2015年	何　琼	安徽师范大学皖江学院2015年优秀教学管理奖	安徽师范大学皖江学院	优秀教学管理个人
2015年	李祝青	安徽师范大学皖江学院2015年优秀教学管理奖	安徽师范大学皖江学院	优秀教学管理个人
2015年	饶青华	安徽师范大学皖江学院2015年优秀教学管理奖	安徽师范大学皖江学院	优秀教学管理个人
2015年	肖　磊	第十届中国音乐金钟奖声乐比赛安徽赛区选拔赛美声组	安徽省音乐家协会、安徽广播电视台	优秀奖
2015年	杜萍萍	蒲公英第十五届青少年优秀艺术新人选拔赛	中华儿童文化艺术促进会	最佳辅导教师奖
2015年	何　琼	蒲公英第十五届青少年优秀艺术新人选拔赛	中华儿童文化艺术促进会、中国下一代教育基金会	最佳园丁奖
2015年	郑雪晨	蒲公英第十五届青少年优秀艺术新人选拔赛	中华儿童文化艺术促进会、中国下一代教育基金会	最佳园丁奖
2015年	季　然	第三届全国高校廉政文化作品征集比赛（设计类作品《字里行间不忘，书本内外谨记》）	教育部	二等奖
2015年	刘玉龙	“我们的沃土我们的梦”采风创作成果评选（作品《中国梦芜湖渔港》）	安徽省文学艺术界联合会、安徽省美术家协会	铜奖
2015年	刘玉龙	江南如画——中国油画作品展（2015）	中国油画学会	颜文樑艺术奖

续 表

年份	获奖人	参赛项目	颁奖单位	获奖类别/等级
2015年	孙 亮	第24届中国金鸡百花电影节中国电影科技论坛的优秀论文评选	中国电影家协会、中国文联电影艺术中心	优秀奖
2015年	李斐斐	安徽师范大学皖江学院2014—2015学年“三育人”先进工作者评选	安徽师范大学皖江学院	教书育人先进工作者
2015年	孙琴琴	安徽师范大学皖江学院2014—2015学年“三育人”先进工作者评选	安徽师范大学皖江学院	教书育人先进工作者
2015年	戴玉珊	安徽师范大学皖江学院2014—2015学年“三育人”先进工作者评选	安徽师范大学皖江学院	教书育人先进工作者
2015年	李 丽	安徽师范大学皖江学院2014—2015学年“三育人”先进工作者评选	安徽师范大学皖江学院	教书育人先进工作者
2015年	李祝青	安徽师范大学皖江学院2014—2015学年“三育人”先进工作者评选	安徽师范大学皖江学院	教书育人先进工作者
2015年	刘 巍	安徽师范大学皖江学院2014—2015学年“三育人”先进工作者评选	安徽师范大学皖江学院	管理育人先进工作者
2015年	胡一鸣	安徽师范大学皖江学院2014—2015学年“三育人”先进工作者评选	安徽师范大学皖江学院	管理育人先进工作者
2015年	王 超	安徽师范大学皖江学院2014—2015学年“三育人”先进工作者评选	安徽师范大学皖江学院	管理育人先进工作者
2015年	许丹丹	安徽师范大学皖江学院2014—2015学年“三育人”先进工作者评选	安徽师范大学皖江学院	管理育人先进工作者
2015年	苏 敏	安徽师范大学皖江学院2014—2015学年“三育人”先进工作者评选	安徽师范大学皖江学院	服务育人先进工作者
2015年	高芳菲	安徽省高等学校质量工程项目	安徽省教育厅	教坛新秀
2015年	伍旭中	安徽省高等学校质量工程项目	安徽省教育厅	教学名师
2015年	高智林 伍旭中 张 萍 李运鑫 刘永珍	安徽省高等学校质量工程项目	安徽省教育厅	教学成果奖三等奖
2015年	孙 亮 刘玉龙 周淑芳	安徽省高等学校质量工程项目	安徽省教育厅	教学成果奖三等奖

（表中内容由学院科研处、教务处提供） 本书编写组 制

附录十二：安徽师范大学皖江学院2008—2015年学生获市级以上奖项情况一览表

获奖时间	获奖人	专业、年级	参赛项目	颁奖单位	获奖级别	获奖等级
2007年3月	吴　凡	经济学2006级	“三用网络，热爱读书”演讲比赛	安徽省教育厅	省级	优秀奖
2008年8月	孙寅颖	新闻学2005级	中国青少年书法美术大赛	共青团中央	国家级	优秀奖
2008年9月	孙寅颖	新闻学2005级	中华绿色奥运情全国青少年书画会展	北京奥运经济研究会	国家级	祥云奖
2008年12月	王家勇	经济学2006级	第三届安徽省大学生职业规划设计大赛暨大学生创业大赛	安徽省教育厅	省级	铜奖
2009年5月	吴　静	新闻学2007级	安徽第二届“自立自强、励志成材、报效祖国”演讲比赛	安徽省教育厅	省级	三等奖
2009年5月	闻　帆	广播电视新闻学2008级	安徽第二届“自立自强、励志成才、报效祖国”演讲比赛	安徽省教育厅	省级	三等奖
2009年6月	王家勇	经济学2006级	第三届“挑战杯”安徽省大学生课外学术科技作品竞赛	安徽省教育厅	省级	三等奖
2009年6月	马继强	新闻学2007级	第三届“挑战杯”安徽省大学生课外学术科技作品竞赛	安徽省教育厅	省级	二等奖
2009年6月	聂竹丰	新闻学2007级	第三届“挑战杯”安徽省大学生课外学术科技作品竞赛	安徽省教育厅	省级	二等奖
2009年6月	杨　志	新闻学2007级	第三届“挑战杯”安徽省大学生课外学术科技作品竞赛	安徽省教育厅	省级	二等奖
2009年6月	张明龙	新闻学2007级	第三届“挑战杯”安徽省大学生课外学术科技作品竞赛	安徽省教育厅	省级	二等奖
2009年6月	缪子春	新闻学2007级	第三届“挑战杯”安徽省大学生课外学术科技作品竞赛	安徽省教育厅	省级	二等奖
2009年9月	李　峥	艺术设计2007级	“多彩动漫、创意无限”墙绘动漫原创作品征集大赛	安徽省文化厅	省级	二等奖
2009年9月	陈利涛	艺术设计2007级	“多彩动漫、创意无限”墙绘动漫原创作品征集大赛	安徽省文化厅	省级	三等奖
2009年9月	陈　蓉	艺术设计2007级	“多彩动漫、创意无限”墙绘动漫原创作品征集大赛	安徽省文化厅	省级	三等奖
2009年9月	吴　靖	艺术设计2007级	“多彩动漫、创意无限”墙绘动漫原创作品征集大赛	安徽省文化厅	省级	三等奖
2009年9月	张婉君	动画2008级	第三届“挑战杯”安徽省大学生课外学术科技作品竞赛	安徽省教育厅	省级	优秀奖
2009年9月	曾　旭	动画2008级	2009年国际动漫产权交易会原创动漫作品征集	安徽省文化厅	省级	优秀奖
2009年9月	王　艳	动画2008级	2009年国际动漫产权交易会原创动漫作品征集	安徽省文化厅	省级	优秀奖

续 表

获奖时间	获奖人	专业、年级	参赛项目	颁奖单位	获奖级别	获奖等级
2009年10月	张　兴	美术学2007级	2009年安徽省大学生美术作品展	安徽省美术家协会	省级	银奖
2009年10月	夏　露	美术学2007级	2009年安徽省大学生美术作品展	安徽省美术家协会	省级	优秀奖
2009年10月	未小艳	美术学2007级	2009年安徽省大学生美术作品展	安徽省美术家协会	省级	优秀奖
2009年10月	方　舟	动画2008级	第二届中国国际动漫产业交易博览会COSPLAY比赛	安徽省文化厅	省级	单项奖
2009年12月	王家勇	经济学2006级	“跨越发展人人有责，跨越发展从我做起”演讲比赛	中国银行芜湖分行	市级	一等奖
2009年12月	陈　阳	市场营销2007级	第四届安徽省大学生职业规划设计大赛	安徽省教育厅	省级	铜奖
2009年12月	黄　玫	英语2007级	第四届安徽省大学生职业规划设计大赛	安徽省教育厅	省级	铜奖
2009年12月	房　房	艺术设计2007级	第三届全国大学生广告艺术大赛（安徽赛区）	安徽省教育厅	省级	优秀奖
2009年12月	项　冰	艺术设计2007级	第三届全国大学生广告艺术大赛（安徽赛区）	安徽省教育厅	省级	优秀奖
2009年12月	张达伟	艺术设计2007级	第三届全国大学生广告艺术大赛（安徽赛区）	安徽省教育厅	省级	优秀奖
2009年12月	陈义柱	艺术设计2007级	第三届全国大学生广告艺术大赛（安徽赛区）	安徽省教育厅	省级	优秀奖
2009年12月	陈　蓉	艺术设计2007级	第三届全国大学生广告艺术大赛（安徽赛区）	安徽省教育厅	省级	优秀奖
2009年12月	骆　阳	艺术设计2007级	第三届全国大学生广告艺术大赛（安徽赛区）	安徽省教育厅	省级	优秀奖
2010年5月	俞　欢	汉语言文学2007级	全国大学生英语竞赛省赛	安徽省教育厅	省级	一等奖
2010年5月	宋丽媛	英语2007级	全国大学生英语竞赛省赛	安徽省教育厅	省级	一等奖
2010年5月	楼琬頔	英语2008级	全国大学生英语演讲比赛省赛	外语教学与研究出版社	省级	二等奖
2010年5月	江　河	计算机科学与技术2008级	全国大学生英语竞赛省赛	安徽省教育厅	省级	三等奖
2010年5月	江　霓	英语2008级	全国大学生英语竞赛省赛	安徽省教育厅	省级	三等奖
2010年5月	李叶青	旅游管理2009级	全国大学生英语竞赛省赛	安徽省教育厅	省级	优秀奖
2010年6月	胡　鹏 章　森	汉语言文学2007级	第四届“挑战杯”中国大学生创业计划大赛	安徽省教育厅	省级	铜奖

续　表

获奖时间	获奖人	专业、年级	参赛项目	颁奖单位	获奖级别	获奖等级
2010年6月	范银萍	汉语言文学2007级	安徽省首届高等学校师范生教学技能比赛	安徽省教育厅	省级	二等奖
2010年6月	方　心	新闻学2007级	第三届“自立自强、励志成材、报效祖国”演讲比赛	安徽省教育厅	省级	三等奖
2010年6月	吴　静	新闻学2007级	第三届“自立自强、励志成材、报效祖国”演讲比赛	安徽省教育厅	省级	三等奖
2010年6月	王小曼	英语2007级	全国口译大赛	中国翻译协会	省级	优秀奖
2010年6月	陶世畯	英语2007级	全国口译大赛	中国翻译协会	省级	优秀奖
2010年6月	宋丽媛	英语2007级	全国口译大赛	中国翻译协会	省级	优秀奖
2010年6月	闻　帆	广播电视新闻学2008级	第三届“自立自强、励志成才、报效祖国”演讲比赛	安徽省教育厅	省级	三等奖
2010年6月	蒋　帆	汉语言文学2007级	安徽省首届高等学校师范生教学技能比赛	安徽省教育厅	省级	二等奖
2010年6月	戴　倩	汉语言文学2007级	安徽省首届高等学校师范生教学技能比赛	安徽省教育厅	省级	二等奖
2010年7月	胡　赛	广告学2007级	第十九届时报金犊奖比赛	中华人民共和国国家工商行政管理总局	国家级	入围奖
2010年7月	刘庆彪	广告学2007级	第十九届时报金犊奖比赛	中华人民共和国国家工商行政管理总局	国家级	入围奖
2010年7月	周　琼	广告学2007级	第十九届时报金犊奖比赛	中华人民共和国国家工商行政管理总局	国家级	入围奖
2010年7月	胡庆贺	电子信息工程2008级	全国电子专业人才设计与技能大赛	工业和信息化部人才交流中心	省级	一等奖
2010年7月	单苏丽	电子信息工程2008级	全国电子专业人才设计与技能大赛	工业和信息化部人才交流中心	省级	二等奖
2010年7月	沈爱绪	电子信息工程2008级	全国电子专业人才设计与技能大赛	工业和信息化部人才交流中心	省级	三等奖
2010年7月	年贺贺	电子信息工程2008级	全国电子专业人才设计与技能大赛	工业和信息化部人才交流中心	省级	优秀奖

续 表

获奖时间	获奖人	专业、年级	参赛项目	颁奖单位	获奖级别	获奖等级
2010年7月	刘　静	电子信息工程2008级	全国电子专业人才设计与技能大赛	工业和信息化部人才交流中心	省级	优秀奖
2010年7月	刘　莉	电子信息工程2008级	全国电子专业人才设计与技能大赛	工业和信息化部人才交流中心	省级	优秀奖
2010年7月	李　帅	电子信息工程2008级	全国电子专业人才设计与技能大赛	工业和信息化部人才交流中心	省级	优秀奖
2010年9月	周　琼	广告学2007级	第八届中国大学生广告艺术节学院奖	中国广告协会	国家级	佳作奖
2010年9月	张凯敏	广告学2007级	第八届中国大学生广告艺术节学院奖	中国广告协会	国家级	佳作奖
2010年9月	陈忠良	广告学2007级	第八届中国大学生广告艺术节学院奖	中国广告协会	国家级	佳作奖
2010年9月	赵　杰	广告学2007级	第八届中国大学生广告艺术节学院奖	中国广告协会	国家级	佳作奖
2010年9月	胡庆贺	电子信息工程2008级	全国电子专业人才设计与技能大赛	工业和信息化部人才交流中心	国家级	三等奖
2010年9月	单苏丽	电子信息工程2008级	全国电子专业人才设计与技能大赛	工业和信息化部人才交流中心	国家级	优秀奖
2010年10月	张婷婷	美术学2009级	芜湖市公安局开发区分局开展的“8090学张磊”演讲比赛	芜湖市公安局开发区分局	市级	一等奖
2010年10月	王路路	旅游管理2009级	芜湖市公安局开发区分局开展的“8090学张磊”演讲比赛	芜湖市公安局开发区分局	市级	二等奖
2010年12月	梅光迪	动画2008级	安徽省首届动漫技能大赛	安徽省文化厅	省级	一等奖
2010年12月	张少华	计算机科学与技术2008级	安徽省大学生程序设计竞赛	安徽省高等学校计算机教育研究会	省级	优秀奖
2010年12月	马　啸	计算机科学与技术2009级	安徽省大学生程序设计竞赛	安徽省高等学校计算机教育研究会	省级	优秀奖
2010年12月	江　河	计算机科学与技术2010级	安徽省大学生程序设计竞赛	安徽省高等学校计算机教育研究会	省级	优秀奖
2010年12月	琚佳鸿	计算机科学与技术2011级	安徽省大学生程序设计竞赛	安徽省高等学校计算机教育研究会	省级	优秀奖
2010年12月	陈彤明	日语2009级	第五届安徽省大学生职业规划设计大赛暨大学生创业大赛	安徽省教育厅	省级	铜奖

续　表

获奖时间	获奖人	专业、年级	参赛项目	颁奖单位	获奖级别	获奖等级
2010年12月	左　佐	旅游管理2009级	第五届安徽省大学生职业规划设计大赛暨大学生创业大赛	安徽省教育厅	省级	铜奖
2010年	周靖宏	广播电视新闻学2008级	安徽省电视台综艺频道的原叶茶“舞动青春”比赛	安徽省电视台	省级	二等奖
2011年	叶安祎	广播电视新闻学2008级	全国大学生英语竞赛省赛	安徽省教育厅	省级	三等奖
2011年	席小龙	广告学2008级	第二十届时报金犊奖比赛	中华人民共和国国家工商行政管理总局	国家级	优秀奖
2011年	胡　玥	广告学2008级	第二十届时报金犊奖比赛	中华人民共和国国家工商行政管理总局	国家级	优秀奖
2011年1月	杨蓉莉	汉语言文学2009级	芜湖市首届“风采女生”最佳才艺奖评选	芜湖广播电视中心	市级	第四名
2011年4月	柴艺玲	汉语言文学2009级	安徽省“中华诵·2010经典诵读大赛”	安徽省教育厅	省级	二等奖
2011年4月	甘　丹	计算机科学与技术2011级	央视网“假如我是春晚导演”征文大赛	中央电视台网络电视	国家级	优秀奖
2011年5月	朱亚梅	英语2008级	全国大学生英语竞赛省赛	安徽省教育厅	省级	一等奖
2011年5月	耿梦溪	日语2008级	全国大学生英语竞赛省赛	安徽省教育厅	省级	三等奖
2011年5月	王燕秋	日语2008级	全国大学生英语竞赛省赛	安徽省教育厅	省级	三等奖
2011年5月	王青青	日语2008级	全国大学生英语竞赛省赛	安徽省教育厅	省级	三等奖
2011年5月	贡海璐	英语2008级	全国大学生英语竞赛省赛	安徽省教育厅	省级	三等奖
2011年5月	陶志曼	英语2008级	全国大学生英语竞赛省赛	安徽省教育厅	省级	三等奖
2011年5月	於笑成	电子信息工程2009级	第四届“挑战杯”安徽省大学生课外学术科技作品竞赛	安徽省教育厅	省级	三等奖
2011年5月	戴　君	广告学2009级	全国大学生广告艺术大赛省赛	安徽省教育厅	省级	优秀奖
2011年5月	韩英律	旅游管理2009级	芜湖市全城开唱月度大赛	芜湖广播电视中心	市级	二等奖
2011年5月	李叶青	旅游管理2009级	全国大学生英语竞赛省赛	安徽省教育厅	省级	三等奖
2011年5月	刘　露	英语2009级	全国大学生英语竞赛省赛	安徽省教育厅	省级	二等奖
2011年5月	周　娟	英语2009级	全国大学生英语竞赛省赛	安徽省教育厅	省级	三等奖
2011年5月	张　璐	广告学2009级	全国大学生广告艺术大赛省赛	安徽省教育厅	省级	优秀奖
2011年5月	朱叶阳	俄语2009级	全国大学生英语竞赛省赛	安徽省教育厅	省级	三等奖

续　表

获奖时间	获奖人	专业、年级	参赛项目	颁奖单位	获奖级别	获奖等级
2011年5月	李雅文	广告学2009级	全国大学生广告艺术大赛省赛	安徽省教育厅	省级	优秀奖
2011年5月	陈　玉	广告学2009级	全国大学生广告艺术大赛省赛	安徽省教育厅	省级	优秀奖
2011年5月	刘　灿	广告学2009级	全国大学生广告艺术大赛省赛	安徽省教育厅	省级	优秀奖
2011年5月	杨千帆	英语2009级	全国大学生英语竞赛省赛	安徽省教育厅	省级	三等奖
2011年6月	周雨婷	汉语言文学2010级	全国大学生英语演讲比赛省赛	外语教学与研究出版社	省级	优秀奖
2011年6月	肖艳勤	汉语言文学2008级	安徽省第二届高等学校师范生教学技能比赛	安徽省教育厅	省级	二等奖
2011年6月	赵明娟	汉语言文学2008级	安徽省第二届高等学校师范生教学技能比赛	安徽省教育厅	省级	二等奖
2011年6月	王　莹	汉语言文学2008级	安徽省第二届高等学校师范生教学技能比赛	安徽省教育厅	省级	二等奖
2011年9月	刘　云	计算机科学与技术2009级	全国大学生电子设计大赛	工业和信息化部	国家级	优秀奖
2011年9月	张丹丹	计算机科学与技术2010级	全国大学生电子设计大赛	工业和信息化部	国家级	优秀奖
2011年9月	刘　露	英语2009级	全国大学生英语演讲比赛省赛	外语教学与研究出版社	省级	优秀奖
2011年11月	胡兴敏	计算机科学与技术2012级	第六届安徽省大学生职业规划设计大赛	安徽省教育厅	省级	铜奖
2011年11月	杨　洋	旅游管理2009级	芜湖市导游服务技能大赛	芜湖市旅游局	市级	一等奖
2011年11月	张星星	旅游管理2009级	芜湖市导游服务技能大赛	芜湖市旅游局	市级	二等奖
2011年11月	张　陶	旅游管理2009级	芜湖市导游服务技能大赛	芜湖市旅游局	市级	二等奖
2011年11月	彭支才	计算机科学与技术2010级	全国大学生奥林匹克英语竞赛	教育部	国家级	三等奖
2011年11月	裴雪卉	英语2010级	芜湖市全城开唱月度大赛	芜湖广播电视中心	市级	三等奖
2011年12月	张星星	旅游管理2009级	第二届安徽省高校未来导游之星大赛	安徽省旅游局	省级	优秀奖
2011年12月	沈小静	旅游管理2009级	第二届安徽省高校未来导游之星大赛	安徽省旅游局	省级	二等奖
2011年12月	王　磊	旅游管理2010级	第二届安徽省高校未来导游之星大赛	安徽省旅游局	省级	优秀奖

续 表

获奖时间	获奖人	专业、年级	参赛项目	颁奖单位	获奖级别	获奖等级
2011年12月	段化雨	汉语言文学2010级	“蓝蓝杯”安徽省首届大学新生歌手大奖赛	安徽省学生联合会	省级	“12强歌手”
2012年2月	张彦卓	应用化学2010级	第二届安徽省百所高校百万大学生科普创意创新大赛	安徽省科学技术协会、安徽省教育厅、团省委	省级	优秀奖
2012年3月	周媛媛	经济学2011级	芜湖经济技术开发区3.15消费者权益日法律法规知识竞赛	芜湖市经济技术开发区管理委员会	市级	三等奖
2012年3月	刘 礽	物流管理2011级	芜湖经济技术开发区3.15消费者权益日法律法规知识竞赛	芜湖市经济技术开发区管理委员会	市级	三等奖
2012年9月	陈路路	艺术设计2010级	2012年设计艺术大展	安徽省包装技术协会设计委员会	省级	铜奖
2012年9月	聂文钦	艺术设计2010级	2012年设计艺术大展	安徽省包装技术协会设计委员会	省级	铜奖
2012年9月	李 博	艺术设计2010级	2012年设计艺术大展	安徽省包装技术协会设计委员会	省级	铜奖
2012年11月	柴艺玲	汉语言文学2009级	第三届安徽省高等学校师范生教学技能比赛	安徽省教育厅	省级	一等奖
2012年11月	吴丽青 王婷婷	汉语言文学2010级	第三届安徽省高等学校师范生教学技能比赛	安徽省教育厅	省级	二等奖
2012年11月	刘 露	英语2009级	全国大学生英语演讲比赛省赛	外语教学与研究出版社	省级	二等奖
2012年11月	王婷婷	汉语言文学2009级	第三届安徽省高等学校师范生教学技能比赛	安徽省教育厅	省级	二等奖
2012年11月	吴丽青	汉语言文学2009级	第三届安徽省高等学校师范生教学技能比赛	安徽省教育厅	省级	二等奖
2012年11月	李 磊 卫 娟 王伟琴 俞新灿	财务管理2010级	财政会计法规和民生工程有奖知识竞赛	芜湖市财政局	市级	第一名
2012年12月	柴艺玲	汉语言文学2009级	第七届安徽省大学生职业规划设计大赛暨大学生创业大赛	安徽省教育厅	省级	银奖

续 表

获奖时间	获奖人	专业、年级	参赛项目	颁奖单位	获奖级别	获奖等级
2012年12月	蒿建雷	数字媒体2010级	第七届全国信息技术应用水平大赛省赛	教育部教育管理信息中心	省级	二等奖
2012年12月	赵　琪	广播电视新闻学2011级	第七届安徽省大学生职业规划设计大赛暨大学生创业大赛	安徽省教育厅	省级	铜奖
2012年12月	周媛媛	经济学2011级	第七届安徽省大学生职业规划设计大赛暨大学生创业大赛	安徽省教育厅	省级	铜奖
2012年12月	曹晓靓	数字媒体技术2011级	第七届安徽省大学生职业规划设计大赛暨大学生创业大赛	安徽省教育厅	省级	铜奖
2012年12月	江天麒	计算机科学与技术2011级	第七届全国信息技术应用水平大赛省赛	教育部教育管理信息中心	省级	三等奖
2012年12月	夏　天	计算机2012级	第七届全国信息技术应用水平大赛省赛	教育部教育管理信息中心	省级	三等奖
2012年12月	高芳芳	数字媒体技术2010级	第七届全国信息技术应用水平大赛省赛	教育部教育管理信息中心	省级	三等奖
2012年12月	汤旭娟	数字媒体技术2011级	第七届全国信息技术应用水平大赛省赛	教育部教育管理信息中心	省级	三等奖
2013年1月	陈路路	艺术设计2010级	第三届全国院校美术大赛	美术教育研究杂志社、西安美术学院	国家级	三等奖
2013年6月	甄　鑫	数字媒体技术2011级	第四届“蓝桥杯”全国软件专业人才设计与创业大赛省赛	工信部人才交流中心、教育部就业指导中心	省级	三等奖
2013年6月	闵冬梅	数字媒体技术2011级	第四届“蓝桥杯”全国软件专业人才设计与创业大赛省赛	工信部人才交流中心、教育部就业指导中心	省级	优秀奖
2013年6月	吴佳鹏	数字媒体技术2011级	第四届“蓝桥杯”全国软件专业人才设计与创业大赛省赛	工信部人才交流中心、教育部就业指导中心	省级	优秀奖
2013年6月	张　俊	电子信息工程2011级	2013年“合财杯”中国大学生计算机设计大赛省赛	安徽省教育厅	省级	一等奖
2013年6月	曹晓靓 郭鹏薇	数字媒体技术2011级	2013年“合财杯”中国大学生计算机设计大赛省赛	安徽省教育厅	省级	二等奖
2013年6月	张　杰	电子信息工程2011级	2013年“合财杯”中国大学生计算机设计大赛省赛	安徽省教育厅	省级	三等奖

续　表

获奖时间	获奖人	专业、年级	参赛项目	颁奖单位	获奖级别	获奖等级
2013年6月	王超梅 张　娟	电子信息工程2011级	2013年“合财杯”中国大学生计算机设计大赛省赛	安徽省教育厅	省级	三等奖
2013年6月	谢文华等	电子信息工程2011级	2013年“合财杯”中国大学生计算机设计大赛省赛	安徽省教育厅	省级	优胜奖
2013年8月	郭鹏薇	数字媒体技术2011级	第六届中国大学生计算机设计大赛	教育部高校计算机科学与技术教学委员会	国家级	二等奖
2013年8月	曹晓靓	电子信息工程2011级	第六届中国大学生计算机设计大赛	教育部高校计算机科学与技术教学委员会	国家级	三等奖
2014年1月	徐　康	电子信息工程2011级	第五届“蓝桥杯”全国软件和信息技术专业人才大赛省赛	工信部人才交流中心、教育部就业指导中心	省级	优秀奖
2014年1月	胡剑涛	电子信息工程2011级	第五届“蓝桥杯”全国软件和信息技术专业人才大赛省赛	工信部人才交流中心、教育部就业指导中心	省级	三等奖
2014年4月	水九生	计算机科学与技术2012级	第五届“蓝桥杯”全国软件和信息技术专业人才大赛省赛	工信部人才交流中心、教育部就业指导中心	省级	三等奖
2014年4月	陶汝裕	计算机科学与技术2012级	第五届“蓝桥杯”全国软件和信息技术专业人才大赛省赛	工信部人才交流中心、教育部就业指导中心	省级	优秀奖
2014年4月	朱隆军	计算机科学与技术2012级	第五届“蓝桥杯”全国软件和信息技术专业人才大赛省赛	工信部人才交流中心、教育部就业指导中心	省级	二等奖
2014年4月	岳一沿	计算机科学与技术2012级	第五届“蓝桥杯”全国软件和信息技术专业人才大赛省赛	工信部人才交流中心、教育部就业指导中心	省级	三等奖
2014年4月	沈韦婷	计算机科学与技术2012级	第五届“蓝桥杯”全国软件和信息技术专业人才大赛省赛	工信部人才交流中心、教育部就业指导中心	省级	优秀奖

续 表

获奖时间	获奖人	专业、年级	参赛项目	颁奖单位	获奖级别	获奖等级
2014年5月	郭鹏薇	数字媒体技术2011级	2014年“合财杯”中国大学生计算机设计大赛省赛	安徽省教育厅	省级	一等奖
2014年5月	苏优优	数字媒体技术2011级	2014年“合财杯”中国大学生计算机设计大赛省赛	安徽省教育厅	省级	一等奖
2014年5月	谢文华	数字媒体技术2011级	2014年“合财杯”中国大学生计算机设计大赛省赛	安徽省教育厅	省级	二等奖
2014年5月	徐丹丹	数字媒体技术2011级	2014年“合财杯”中国大学生计算机设计大赛省赛	安徽省教育厅	省级	二等奖
2014年5月	郑丽倩	数字媒体技术2011级	2014年“合财杯”中国大学生计算机设计大赛省赛	安徽省教育厅	省级	二等奖
2014年5月	李　皓	电子信息工程2011级	2014年“合财杯”中国大学生计算机设计大赛省赛	安徽省教育厅	省级	一等奖
2014年5月	张　俊	电子信息工程2011级	2014年“合财杯”中国大学生计算机设计大赛省赛	安徽省教育厅	省级	一等奖
2014年5月	余金红	数字媒体技术2011级	2014年“合财杯”中国大学生计算机设计大赛省赛	安徽省教育厅	省级	三等奖
2014年5月	马玉秀	英语2011级	全国大学生英语竞赛省赛	安徽省教育厅	省级	三等奖
2014年5月	汪培姗	英语2011级	全国大学生英语竞赛省赛	安徽省教育厅	省级	三等奖
2014年5月	郑玲玲	英语2011级	全国大学生英语竞赛省赛	安徽省教育厅	省级	三等奖
2014年5月	许　涛	俄语2011级	第六届全球俄汉翻译大赛	“全球俄汉翻译大赛”评审委员会	国家级	优秀奖
2014年5月	蔡　悦	音乐学2011级	蒲公英第十四届青少年优秀艺术新人选拔赛	文化部中华儿童文化艺术促进会、蒲公英青少年优秀艺术新人选拔活动安徽省选区组委会	省级	银奖
2014年5月	程　冉	艺术设计2011级	第六届全国大学生广告艺术大赛省赛	安徽省教育厅	省级	优秀奖
2014年5月	龚　珊	艺术设计2011级	第六届全国大学生广告艺术大赛省赛	安徽省教育厅	省级	优秀奖
2014年5月	秦文坛	艺术设计2011级	第六届全国大学生广告艺术大赛省赛	安徽省教育厅	省级	优秀奖
2014年5月	姜晓云	艺术设计2011级	第六届全国大学生广告艺术大赛省赛	安徽省教育厅	省级	优秀奖

续 表

获奖时间	获奖人	专业、年级	参赛项目	颁奖单位	获奖级别	获奖等级
2014年5月	方　潇	艺术设计2011级	第六届全国大学生广告艺术大赛省赛	安徽省教育厅	省级	优秀奖
2014年5月	林　静	艺术设计2011级	第六届全国大学生广告艺术大赛省赛	安徽省教育厅	省级	优秀奖
2014年5月	未文芹	艺术设计2011级	第六届全国大学生广告艺术大赛省赛	安徽省教育厅	省级	三等奖
2014年5月	刘超平	艺术设计2011级	第六届全国大学生广告艺术大赛省赛	安徽省教育厅	省级	三等奖
2014年5月	柏军校	艺术设计2011级	第六届全国大学生广告艺术大赛全国赛	教育部高等教育司、教育部高等学校新闻传播学类专业教学指导委员会、中国高等教育学会广告教育专业委员会	国家级	三等奖
2014年5月	程　冉	艺术设计2011级	第六届全国大学生广告艺术大赛全国赛	教育部高等教育司、教育部高等学校新闻传播学类专业教学指导委员会、中国高等教育学会广告教育专业委员会	国家级	优秀奖
2014年5月	汤娟娟	数字媒体技术2012级	2014年“合财杯”中国大学生计算机设计大赛省赛	安徽省教育厅	省级	一等奖
2014年5月	陈佳佳	数字媒体技术2012级	2014年“合财杯”中国大学生计算机设计大赛省赛	安徽省教育厅	省级	三等奖
2014年5月	水九生	计算机科学与技术2012级	2014年安徽省“京胜杯”大学生程序设计竞赛	安徽省高等学校计算机教育研究会	省级	三等奖
2014年5月	陶汝裕	计算机科学与技术2012级	2014年安徽省“京胜杯”大学生程序设计竞赛	安徽省高等学校计算机教育研究会	省级	三等奖
2014年5月	张　娜	计算机科学与技术2012级	2014年安徽省京胜杯大学生程序设计竞赛	安徽省高等学校计算机教育研究会	省级	三等奖
2014年5月	陈　丽	自动化2012级	全国大学生英语竞赛省赛	安徽省教育厅	省级	三等奖
2014年5月	王雪琪	音乐学2012级	全国大学生英语竞赛省赛	安徽省教育厅	省级	三等奖
2014年5月	焦　洁	俄语2012级	2014年全国大学生英语竞赛省赛	安徽省教育厅	省级	一等奖

续　表

获奖时间	获奖人	专业、年级	参赛项目	颁奖单位	获奖级别	获奖等级
2014年5月	裴茜茜	俄语2012级	2014年全国大学生英语竞赛省赛	安徽省教育厅	省级	二等奖
2014年5月	胡慧慧	英语2012级	2014年全国大学生英语竞赛省赛	安徽省教育厅	省级	三等奖
2014年5月	邓　玉	英语2012级	2014年全国大学生英语竞赛省赛	安徽省教育厅	省级	一等奖
2014年5月	赵　飞	英语2012级	2014年全国大学生英语竞赛省赛	安徽省教育厅	省级	二等奖
2014年5月	李　娟	音乐学2012级	蒲公英第十四届青少年优秀艺术新人选拔赛（安徽选区）	文化部中华儿童文化艺术促进会、蒲公英青少年优秀艺术新人选拔活动安徽省选区组委会	省级	银奖
2014年5月	王瑞瑞	音乐学2012级	蒲公英第十四届青少年优秀艺术新人选拔赛（安徽选区）	文化部中华儿童文化艺术促进会、蒲公英青少年优秀艺术新人选拔活动安徽省选区组委会	省级	银奖
2014年5月	赵宁宁	音乐学2012级	蒲公英第十四届青少年优秀艺术新人选拔赛（安徽选区）	文化部中华儿童文化艺术促进会、蒲公英青少年优秀艺术新人选拔活动安徽省选区组委会	省级	银奖
2014年5月	张振威	音乐学2012级	蒲公英第十四届青少年优秀艺术新人选拔赛（安徽选区）	文化部中华儿童文化艺术促进会、蒲公英青少年优秀艺术新人选拔活动安徽省选区组委会	省级	银奖
2014年5月	杨　网	音乐学2012级	蒲公英第十四届青少年优秀艺术新人选拔赛（安徽选区）	文化部中华儿童文化艺术促进会、蒲公英青少年优秀艺术新人选拔活动安徽省选区组委会	省级	金奖

续　表

获奖时间	获奖人	专业、年级	参赛项目	颁奖单位	获奖级别	获奖等级
2014年5月	江宁宁	音乐学2012级	蒲公英第十四届青少年优秀艺术新人选拔赛(安徽选区)	文化部中华儿童文化艺术促进会、蒲公英青少年优秀艺术新人选拔活动安徽省选区组委会	省级	金奖
2014年5月	林军君	艺术设计2012级	第六届全国大学生广告艺术大赛省赛	安徽省教育厅	省级	优秀奖
2014年5月	黄婉丽	艺术设计2012级	第六届全国大学生广告艺术大赛省赛	安徽省教育厅	省级	优秀奖
2014年5月	沈冬咏	网络工程2013级	2014年“合财杯”中国大学生计算机设计大赛省赛	中国大学生计算机设计大赛组委会	省级	一等奖
2014年5月	沈韦婷	计算机科学与技术2012级	2014年安徽省“京胜杯”大学生程序设计竞赛	安徽省高等学校计算机教育研究会	省级	优秀奖
2014年5月	陆欢欢	计算机科学与技术2012级	2014年安徽省“京胜杯”大学生程序设计竞赛	安徽省高等学校计算机教育研究会	省级	优秀奖
2014年5月	江宗海	计算机科学与技术2012级	2014年安徽省“京胜杯”大学生程序设计竞赛	安徽省高等学校计算机教育研究会	省级	优秀奖
2014年5月	鲁银银	数字媒体技术2012级	2014年“合财杯”中国大学生计算机设计大赛省赛	安徽省教育厅	省级	一等奖
2014年5月	周　婷	数字媒体技术2012级	2014年“合财杯”中国大学生计算机设计大赛省赛	安徽省教育厅	省级	二等奖
2014年6月	张振威	音乐学2012级	“梦想中国”全国艺术人才教育成果展示盛会(华东赛区)	中国电视音乐家协会、中国教育家交流学会、中国教育家交流协会青少年舞蹈专业委员会	国家级	金奖
2014年6月	杨　网	音乐学2012级	“梦想中国”全国艺术人才教育成果展示盛会(华东赛区)	中国电视音乐家协会、中国教育家交流学会、中国教育家交流协会青少年舞蹈专业委员会	国家级	金奖

续 表

获奖时间	获奖人	专业、年级	参赛项目	颁奖单位	获奖级别	获奖等级
2014年6月	江宁宁	音乐学2012级	“梦想中国”全国艺术人才教育成果展示盛会(华东赛区)	中国电视音乐家协会、中国教育家交流学会、中国教育家交流协会青少年舞蹈专业委员会	国家级	金奖
2014年6月	代晨蕊	音乐学2012级	“走进北京、走进香港、走进台湾、走进韩国”选拔活动暨2014年度安徽特长生文化艺术交流比赛	中国教育国际交流协会	国家级	银奖
2014年7月	熊　冉	电子信息工程2011级	第九届全国大学生“飞思卡尔”杯智能汽车竞赛省赛	安徽省教育厅	省级	三等奖
2014年7月	徐　康	电子信息工程2011级	第九届全国大学生“飞思卡尔”杯智能汽车竞赛省赛	安徽省教育厅	省级	三等奖
2014年7月	张秀娟	电子信息工程2011级	第九届全国大学生“飞思卡尔”杯智能汽车竞赛省赛	安徽省教育厅	省级	三等奖
2014年8月	张　俊	电子信息工程2011级	第七届中国大学生计算机设计大赛	教育部高校计算机科学与技术教学委员会	国家级	二等奖
2014年8月	郭鹏薇	数字媒体技术2011级	第七届中国大学生计算机设计大赛	教育部高校计算机科学与技术教学委员会	国家级	二等奖
2014年8月	李　皓	电子信息工程2011级	第七届中国大学生计算机设计大赛	教育部高校计算机科学与技术教学委员会	国家级	二等奖
2014年8月	苏优优	数字媒体技术2011级	第七届中国大学生计算机设计大赛	教育部高校计算机科学与技术教学委员会	国家级	二等奖
2014年8月	谢文华	数字媒体技术2011级	第七届中国大学生计算机设计大赛	教育部高校计算机科学与技术教学委员会	国家级	三等奖
2014年8月	汤娟娟	数字媒体技术2012级	第七届中国大学生计算机设计大赛	教育部高校计算机科学与技术教学委员会	国家级	二等奖
2014年8月	沈冬咏	网络工程2013级	第七届中国大学生计算机设计大赛	教育部高校计算机科学与技术教学委员会	国家级	三等奖
2014年8月	甄　鑫	数字媒体技术2011级	第七届中国大学生计算机设计大赛	教育部高校计算机科学与技术教学委员会	国家级	二等奖

续 表

获奖时间	获奖人	专业、年级	参赛项目	颁奖单位	获奖级别	获奖等级
2014年8月	郑丽倩	数字媒体技术2011级	第七届中国大学生计算机设计大赛	教育部高校计算机科学与技术教学委员会	国家级	二等奖
2014年9月	黄　祁	英语2011级	第二十六届韩素音翻译大赛(英译汉)	中国翻译协会	国家级	优秀奖
2014年9月	胡素芳	英语2011级	第二十六届韩素音翻译大赛(英译汉)	中国翻译协会	国家级	优秀奖
2014年9月	陈学文	自动化2012级	2014年安徽省第九届“TI杯”大学生电子设计竞赛	安徽省教育厅	省级	三等奖
2014年9月	刘　莉	旅游管理2012级	2014年芜湖市导游大赛	芜湖市旅游局	市级	一等奖
2014年9月	赵　飞	英语2012级	第二十六届韩素音翻译大赛(英译汉)	中国翻译协会	国家级	优秀奖
2014年10月	李　娟	广播电视新闻学2012级	工商银行杯校园微电影大赛	芜湖市广播电视台	市级	三等奖
2014年10月	侯韩笑	金融工程2013级	2014全国大学生数学建模竞赛省赛	安徽省教育厅	省级	三等奖
2014年10月	方　祥	金融工程2013级	2014全国大学生数学建模竞赛省赛	安徽省教育厅	省级	三等奖
2014年10月	唐庆松	金融数学2013级	2014全国大学生数学建模竞赛省赛	安徽省教育厅	省级	三等奖
2014年10月	唐庆松	金融数学2013级	2014全国大学生数学建模竞赛省赛	安徽省教育厅	省级	三等奖
2014年10月	方　祥	金工数学2013级	2014全国大学生数学建模竞赛省赛	安徽省教育厅	省级	三等奖
2014年10月	侯韩笑	金工数学2013级	2014全国大学生数学建模竞赛省赛	安徽省教育厅	省级	三等奖
2014年11月	朱　丽	汉语言文学2011级	安徽省第五届师范生教学技能比赛	安徽省教育厅	省级	二等奖
2014年11月	马人珍	应用化学2012级	第九届安徽省大学生职业规划设计大赛暨大学生创业大赛	安徽省教育厅	省级	铜奖
2014年11月	赵　飞	英语2012级	全国大学生英语演讲比赛省赛	外语教学与研究出版社	省级	三等奖
2014年11月	汪伦祥	社会体育2012级	全国大学生英语演讲比赛省赛	外语教学与研究出版社	国家级	二等奖
2014年11月	汪荣荣	汉语言文学2011级	安徽省第五届高等学校师范生教学技能比赛	安徽省教育厅	省级	二等奖
2014年11月	江　莉	汉语言文学2011级	安徽省第五届高等学校师范生教学技能比赛	安徽省教育厅	省级	二等奖

续　表

获奖时间	获奖人	专业、年级	参赛项目	颁奖单位	获奖级别	获奖等级
2014年12月	苗　卉	广播电视新闻学2012级	第十一届安徽省高校校园“好新闻奖”评选活动	安徽省青年新闻工作者协会	省级	三等奖
2014年12月	丁　健 杜　锐 吴家明等	汉语言文学2012级	2014年“青春·理想”安徽省第三届大学生自创话剧展演	安徽省教育厅	省级	二等奖
2014年12月	秦秀莲 何艳霞 程珂等	新闻学2013级	2014年“青春·理想”安徽省第三届大学生自创话剧展演（话剧《夜空中最亮的星》）	安徽省教育厅	省级	三等奖
2014年12月	凌巧雯	新闻学2013级	第十一届安徽省大学生记者峰会“以回归之名”主题征文比赛	安徽省大学生记者峰会组委会	省级	一等奖
2014年12月	杨　峦	信息管理与信息系统2013级	第九届安徽省大学生职业规划设计大赛暨大学生创业大赛	安徽省教育厅	省级	铜奖
2014年12月	蒋　云	学前教育2012级	第十一届安徽省高校校园“好新闻奖”评选	安徽省青年新闻工作者协会	省级	一等奖
2014年12月	刘　莉	旅游管理2012级	2014年安徽省导游大赛	安徽省旅游局、安徽省文明办、安徽省总工会、团省委	省级	优秀奖
2015年5月	钱　慧	信息管理与信息系统2012级	2015年全国大学生英语竞赛省赛	安徽省教育厅	省级	一等奖
2015年5月	宋　玉	旅游管理2012级	2015年全国大学生英语竞赛省赛	安徽省教育厅	省级	二等奖
2015年5月	欧海玲	旅游管理2012级	2015年全国大学生英语竞赛省赛	安徽省教育厅	省级	三等奖
2015年5月	李雅玲	英语2013级	2015年全国大学生英语竞赛省赛	安徽省教育厅	国家级	一等奖
2015年5月	丁阿玉	英语2013级	2015年全国大学生英语竞赛省赛	安徽省教育厅	国家级	二等奖
2015年5月	何璞玉	英语2013级	2015年全国大学生英语竞赛省赛	安徽省教育厅	国家级	三等奖
2015年5月	肖　俊	汉语言文学2013级	2015年全国大学生英语竞赛省赛	安徽省教育厅	省级	优秀奖
2015年5月	卢　钥	汉语言文学2013级	2015年全国大学生英语竞赛省赛	安徽省教育厅	省级	优秀奖
2015年5月	陈尚婷	广播电视学2013级	2015年全国大学生英语竞赛省赛	安徽省教育厅	省级	三等奖
2015年5月	王佳瑶	英语2013级	2015年全国大学生英语竞赛省赛	安徽省教育厅	国家级	三等奖
2015年5月	金　敏	英语2013级	2015年全国大学生英语竞赛省赛	安徽省教育厅	国家级	三等奖

续　表

获奖时间	获奖人	专业、年级	参赛项目	颁奖单位	获奖级别	获奖等级
2015年5月	伍娇娇	英语2013级	2015年全国大学生英语竞赛省赛	安徽省教育厅	国家级	三等奖
2015年5月	方毓锦	英语2013级	2015年全国大学生英语竞赛省赛	安徽省教育厅	国家级	三等奖
2015年5月	朱雅男	英语2013级	2015年全国大学生英语竞赛省赛	安徽省教育厅	国家级	一等奖
2015年5月	郭凯旋	日语2013级	2015年全国大学生英语竞赛省赛	安徽省教育厅	国家级	二等奖
2015年5月	吴志萍	英语2014级	2015年全国大学生英语演讲大赛省赛	安徽省教育厅	省级	三等奖
2015年5月	何璞玉	英语2014级	2015年全国大学生英语写作大赛省赛	安徽省教育厅	省级	三等奖
2015年6月	周　梅	音乐学2011级	蒲公英第十四届青少年优秀艺术新人选拔赛(安徽选区)	文化部中华儿童文化艺术促进会、蒲公英青少年优秀艺术新人选拔活动安徽省选区组委会	省级	铜奖
2015年6月	陆学竹	音乐学2012级	蒲公英第十四届青少年优秀艺术新人选拔赛(安徽选区)	文化部中华儿童文化艺术促进会、蒲公英青少年优秀艺术新人选拔活动安徽省选区组委会	省级	金奖
2015年6月	骆美玲	音乐学2012级	蒲公英第十四届青少年优秀艺术新人选拔赛(安徽选区)	文化部中华儿童文化艺术促进会、蒲公英青少年优秀艺术新人选拔活动安徽省选区组委会	省级	银奖
2015年6月	时淑君	音乐学2012级	蒲公英第十四届青少年优秀艺术新人选拔赛(安徽选区)	文化部中华儿童文化艺术促进会、蒲公英青少年优秀艺术新人选拔活动安徽省选区组委会	省级	银奖
2015年6月	孙　阳	音乐学2012级	蒲公英第十四届青少年优秀艺术新人选拔赛(安徽选区)	文化部中华儿童文化艺术促进会、蒲公英青少年优秀艺术新人选拔活动安徽省选区组委会	省级	金奖

续　表

获奖时间	获奖人	专业、年级	参赛项目	颁奖单位	获奖级别	获奖等级
2015年6月	孙玉琴	音乐学2012级	蒲公英第十四届青少年优秀艺术新人选拔赛（安徽选区）	文化部中华儿童文化艺术促进会、蒲公英青少年优秀艺术新人选拔活动安徽省选区组委会	省级	金奖
2015年6月	汪雅玲	音乐学2012级	蒲公英第十四届青少年优秀艺术新人选拔赛（安徽选区）	文化部中华儿童文化艺术促进会、蒲公英青少年优秀艺术新人选拔活动安徽省选区组委会	省级	金奖
2015年6月	王　媛	音乐学2012级	蒲公英第十四届青少年优秀艺术新人选拔赛（安徽选区）	文化部中华儿童文化艺术促进会、蒲公英青少年优秀艺术新人选拔活动安徽省选区组委会	省级	银奖
2015年6月	许　涌	音乐学2012级	蒲公英第十四届青少年优秀艺术新人选拔赛（安徽选区）	文化部中华儿童文化艺术促进会、蒲公英青少年优秀艺术新人选拔活动安徽省选区组委会	省级	银奖
2015年6月	李　南	旅游管理2012级	第五届全国大学生“创新、创意、创业”电子商务大赛省赛	安徽省教育厅	省级	二等奖
2015年6月	陈　威	市场营销2012级	第五届全国大学生“创新、创意、创业”电子商务大赛省赛	安徽省教育厅	省级	二等奖
2015年6月	夏欣怡	应用化学2012级	第六届“挑战杯”安徽省大学生课外学术科技作品竞赛	安徽省教育厅	省级	三等奖
2015年6月	吴修丽	广播电视新闻学2012级	“中国体育，放飞梦想”中国高等院校设计艺术专题活动	国家体育总局宣传司	国家级	三等奖
2015年6月	潘梦涵	音乐学2013级	蒲公英第十四届青少年优秀艺术新人选拔赛（安徽选区）	文化部中华儿童文化艺术促进会、蒲公英青少年优秀艺术新人选拔活动安徽省选区组委会	省级	金奖

续　表

获奖时间	获奖人	专业、年级	参赛项目	颁奖单位	获奖级别	获奖等级
2015年6月	杨钰莹	音乐学2013级	蒲公英第十四届青少年优秀艺术新人选拔赛(安徽选区)	文化部中华儿童文化艺术促进会、蒲公英青少年优秀艺术新人选拔活动安徽省选区组委会	省级	金奖
2015年6月	叶静雯	学前教育2013级	第六届"挑战杯"安徽省大学生课外学术科技作品竞赛	安徽省教育厅	省级	三等奖
2015年6月	朱　青	学前教育2013级	第六届"挑战杯"安徽省大学生课外学术科技作品竞赛	安徽省教育厅	省级	三等奖
2015年6月	程霞飞	音乐学2014级	蒲公英第十四届青少年优秀艺术新人选拔赛(安徽选区)	文化部中华儿童文化艺术促进会、蒲公英青少年优秀艺术新人选拔活动安徽省选区组委会	省级	银奖
2015年6月	代晨蕊	音乐学2014级	蒲公英第十四届青少年优秀艺术新人选拔赛(安徽选区)	文化部中华儿童文化艺术促进会、蒲公英青少年优秀艺术新人选拔活动安徽省选区组委会	省级	金奖
2015年6月	李静静	音乐学2014级	蒲公英第十四届青少年优秀艺术新人选拔赛(安徽选区)	文化部中华儿童文化艺术促进会、蒲公英青少年优秀艺术新人选拔活动安徽省选区组委会	省级	金奖
2015年6月	李梦璇	音乐学2014级	蒲公英第十四届青少年优秀艺术新人选拔赛(安徽选区)	文化部中华儿童文化艺术促进会、蒲公英青少年优秀艺术新人选拔活动安徽省选区组委会	省级	银奖
2015年6月	王园圆	应用化学2012级	第六届"挑战杯"安徽省大学生课外学术科技作品竞赛	安徽省教育厅	省级	三等奖
2015年6月	李　尹	应用化学2012级	第六届"挑战杯"安徽省大学生课外学术科技作品竞赛	安徽省教育厅	省级	三等奖

续 表

获奖时间	获奖人	专业、年级	参赛项目	颁奖单位	获奖级别	获奖等级
2015年6月	郭　旭	应用化学2012级	第六届“挑战杯”安徽省大学生课外学术科技作品竞赛	安徽省教育厅	省级	三等奖
2015年6月	方小飞	应用化学2012级	第六届“挑战杯”安徽省大学生课外学术科技作品竞赛	安徽省教育厅	省级	三等奖
2015年7月	王　翰	音乐学2012级	安徽省第七届西洋管乐大赛	安徽省音乐家协会	省级	二等奖
2015年8月	徐　曼	社会体育指导2012级	2015年中国南京国际标准舞全国公开赛大中专院校单人拉丁舞单项C	中国国际标准舞运动协会	国家级	第六名
2015年8月	徐　曼	社会体育指导2012级	2015年中国南京国际标准舞全国公开赛大中专院校单人拉丁舞单项R	中国国际标准舞运动协会	国家级	第六名
2015年8月	刘媛园	社会体育2012级	2015年中国南京国际标准舞全国公开赛成人单人拉丁舞A组	中国国际标准舞运动协会	国家级	第四名
2015年8月	刘媛园	社会体育2012级	2015年中国南京国际标准舞全国公开赛大中专院校单人拉丁舞三项组	中国国际标准舞运动协会	国家级	第二名
2015年10月	章文涛	俄语2012级	2015年全国高校俄语大赛	教育部国际合作与交流司	国家级	优秀奖
2015年10月	杨　璇	俄语2014级	2015年全国高校俄语大赛	教育部国际合作与交流司	国家级	优秀奖
2015年11月	钱　慧	信息管理与信息系统2013级	全国大学生英语写作大赛省赛	外语教学与研究出版社	省级	二等奖
2015年12月	戴濛濛	数字媒体技术2013级	第十届安徽省大学生职业规划设计大赛暨大学生创业大赛	安徽省教育厅	省级	铜奖
2015年12月	胡亚男	数字媒体技术2013级	第六届安徽省百所高校百万大学生科普创意创新大赛	安徽省科学技术协会	省级	优秀奖
2015年12月	许雨秋	数字媒体技术2013级	第六届安徽省百所高校百万大学生科普创意创新大赛	安徽省科学技术协会	省级	优秀奖
2015年12月	张曼娣	数字媒体技术2013级	第六届安徽省百所高校百万大学生科普创意创新大赛	安徽省科学技术协会	省级	优秀奖
2015年12月	张　惠	数字媒体技术2013级	第六届安徽省百所高校百万大学生科普创意创新大赛	安徽省科学技术协会	省级	优秀奖
2015年12月	王　翠	数字媒体技术2013级	第六届安徽省百所高校百万大学生科普创意创新大赛	安徽省科学技术协会	省级	优秀奖
2015年12月	孙亚兰	数字媒体技术2013级	第六届安徽省百所高校百万大学生科普创意创新大赛	安徽省科学技术协会	省级	优秀奖
2015年12月	吴贻静	数字媒体技术2013级	第六届安徽省百所高校百万大学生科普创意创新大赛	安徽省科学技术协会	省级	优秀奖